高等院校人文素质教育系列教材

大学生职业发展与就业指导
(微课版)

黄　月　柳　伟　刘大维　主　编
王　博　高志达　闫俊杰　副主编

清华大学出版社
北　京

内 容 简 介

本教材为高校本科通识教育课程教材，在充分吸纳同类教材优势的基础上，紧密结合我国国情和高等教育实际进行编写，充分挖掘并融合"爱国情怀、价值基因、榜样力量"等教育内容，以"实用、管用、够用"为宗旨，帮助大学生正确把握目前就业市场的需求以及国家就业政策导向，为大学生职业发展和择业就业提供全面的指导和帮助，使大学生循序渐进地提升对职业生涯发展的认识，逐步树立生涯意识，提升生涯决策能力和就业竞争力，按照社会需求确立就业期望值，树立正确的择业就业观，了解大学生就业程序，把握一定的就业技巧，为就业创业和终身职业发展做好必要的准备，以保证顺利就业。

教材采用"理论-方法-实践"三维结构，每章章首设置"课程目标""知识结构图""情景导入"三大学习支架，章末配备"本章小结""复习与思考"两大巩固环节。本书既可以作为高等院校职业发展与就业指导课程的教材，也可作为社会求职者的职业发展与就业参考用书。

本书封面贴有清华大学出版社防伪标签，无标签者不得销售。

版权所有，侵权必究。举报：010-62782989，beiqinquan@tup.tsinghua.edu.cn。

图书在版编目(CIP)数据

大学生职业发展与就业指导 ：微课版 / 黄月，柳伟，刘大维主编. -- 北京 ：清华大学出版社，2025.7.
(高等院校人文素质教育系列教材). -- ISBN 978-7-302-69472-4

Ⅰ. G647.38

中国国家版本馆 CIP 数据核字第 20256Q92S4 号

责任编辑：陈冬梅
装帧设计：李　坤
责任校对：马宏华
责任印制：刘海龙
出版发行：清华大学出版社
网　　　址：https://www.tup.com.cn, https://www.wqxuetang.com
地　　　址：北京清华大学学研大厦 A 座　　　邮　　编：100084
社 总 机：010-83470000　　　邮　　购：010-62786544
投稿与读者服务：010-62776969, c-service@tup.tsinghua.edu.cn
质量反馈：010-62772015, zhiliang@tup.tsinghua.edu.cn
课件下载：https://www.tup.com.cn, 010-62791865
印 装 者：三河市科茂嘉荣印务有限公司
经　　销：全国新华书店
开　　本：185mm×260mm　　　印　张：16　　　字　数：388 千字
版　　次：2025 年 7 月第 1 版　　　印　次：2025 年 7 月第 1 次印刷
定　　价：49.80 元

产品编号：110745-01

前　言

就业是民生之本、安国之策。就业不仅关系到人民群众的生活质量，还关系到社会的稳定和繁荣。在新时代背景下，大学生能否顺利就业已成为国家、社会、毕业生家庭及毕业生本人高度关注的焦点。因此，如何有针对性地对大学生进行职业生涯规划和就业指导，如何通过全面系统的训练来提升大学生的综合素质和职业技能，已成为所有高校必须正视和解决的重要课题。

本教材立足我国高校大学生职业发展教育新形势，严格遵循国务院办公厅《大学生职业发展与就业指导课程教学要求》，结合当前高校大学生就业工作实际情况编写。编写团队均为长期从事大学生职业发展和就业指导的专职一线教师，以及大学生就业创业部门的实际工作者，积累了丰富的教学经验、科研和实践经验。鉴于职业发展与择业就业是每个大学生都要面对的人生课题，明确的职业目标和切实可行的职业生涯规划已成为大学生走向职业成功的重要保障。本教材结合当代大学生的特点及面临的困惑，系统介绍了当前就业形势与政策、职业探索与决策、择业就业相关知识，并有针对性地提出了职业发展、求职就业的具体解决方案及行动建议。编写过程中坚持理论与实践相结合、普遍性与特殊性兼顾、知识传授与技能培养并重的原则，秉承"贴近实际、注重实用、讲求实效、锐意创新"的编写理念。教材内容及时反映学科和行业的最新发展态势，贴近大学生就业场景，以期帮助大学生合理规划职业方向、指导大学生择业与就业。

本教材在编写过程中突出了以下特点。

第一，体系科学，体例创新。构建"理论-方法-实践"三维结构，系统介绍了大学生职业生涯规划理论择业、就业、创业实务。新增求职材料的制作、职场适应、职场沟通等技巧，强化教材实用价值。在章节设计上，每章章首设置课程目标、重点和难点、知识结构逻辑图、情景导入，每章章尾配备本章小结和复习与思考，有利于读者更好地阅读和理解。

第二，案例鲜活，指导性强。书中收录的一些大学生的实际案例和近年来社会生活中的一些典型案例，贴近大学生生活，对指导大学生规划职业生涯、顺利就业和创业具有很强借鉴性。

第三，图文并茂，配套资料丰富。本书在文中插入了精美的图片和丰富的图表，使知识点的讲解更加生动、形象，帮助大学生更快、更好地理解和掌握相关知识。本书配备了精美的教学课件，同时还制作了资料包，方便教师使用。

本书由沈阳理工大学招生就业处黄月组织编写并负责最后的统稿和审定，柳伟、刘大维辅助完成。编写团队具体分工如下：刘大维、许宝丰(第一章、第二章)；闫俊杰(第三章、第四章)；黄月、邹宽(第五章、第六章)；高志达(第七章、第八章)；王博(第九章、第十章)；柳伟、王璐(第十一章)；柳伟(第十二章、第十三章)。衷心感谢清华大学出版社的大力支持，特别致谢尹飒爽编辑的专业指导。

在编写过程中，我们借鉴和参考了一些专家教授的理论和观点，并直接引用了同类教材内容和文献资料，以及教育同行的经验和案例，限于篇幅，恕不一一列出，特此说明并致谢。本书所有引用仅作教学之用。

限于编者水平及时间有限，书中难免存在不足之处，恳请广大师生及读者不吝指正。您的建议将是我们持续完善教材的重要动力。

编　者

目 录

第一章　分析就业形势与就业政策

课程目标

- **知识目标**：通过本章学习，大学生能够系统把握当前高校毕业生就业形势与环境、就业方式以及就业创业的相关政策。
- **能力目标**：通过了解世界与中国的经济形势变化对高校毕业生就业的影响，掌握当前高校毕业生就业的特点及存在的问题，树立正确的择业观与就业观。
- **素质目标**：通过分析就业形势与就业政策，总结自身的优势与不足，设定明确的学习成长目标，积极适应社会需求。

重点和难点

(1) 大学生就业结构矛盾分析。
(2) 就业趋势与存在的问题。

知识结构逻辑图

```
                                          ┌─── 世界经济形势
                                          │    与就业情况
                          ┌── 分析就业形势 ┼─── 国内就业形势
                          │               │
                          │               └─── 大学生就业总量压力
分析就业形势              │                    和结构性矛盾
与就业政策 ───────────────┤
                          │               ┌─── 毕业生毕业去向落实率
                          │               │
                          └── 分析就业政策 ┼─── 毕业生的就业结构
                                          │
                                          ├─── 近年就业趋势与存在的问题
                                          │
                                          └─── 政策扶持与措施导向
```

情景导入

　　随着高等教育的普及化，大学生群体日益庞大，而与之相对应的是毕业生数量持续攀升，市场上合适工作岗位稀缺，高等学历不断贬值。这种供需失衡的现象，在经济形势不确定性的催化下，变得更加严峻。企业为了应对市场波动，不得不采取裁员措施以降低成本，这一举动无疑让本就艰难的就业市场雪上加霜，尤其是对于缺乏工作经验的应届毕业生而言，更是难上加难，出现了"年年都是史上最难就业季"的现象。

　　根据近年来某高校的就业招聘情况统计，每年进校招聘的岗位数，均达到就业意向数的 100 倍左右，而实际入职工作岗位的人数还不到意向数的一半。在对未达成意向的大学生进行调查时，80%的大学生对来校招聘的企业(单位)不感兴趣，觉得招聘待遇低、不是理想的企业、工作条件差、地理位置不满意等；还有小部分同学感觉很迷茫，害怕找工作，也不愿意找工作，依赖家里帮忙找工作等，出现了"慢就业、缓就业"的现象。

小王同学是一位来自西北地区低保家庭的大学本科毕业生。在家庭情况和当地教育资源都不好的环境下，他通过自己的努力考取了东北某省会城市的一所不错的本科高校。本以为大学毕业了就能顺利找到一份满意的工作，为家庭改善生活的困境。但通过参加校园招聘会、网上投递简历等途径找工作时，发现大多数都石沉大海。主要原因是企业规模大、薪资待遇好一些的企业(单位)，招聘对象或者以博士、硕士研究生为主，要么要求英语四、六级等资质证书，要么地理位置偏远，工作环境艰苦。

(资料来源：本书作者整理编写)

第一节　分析就业形势

分析就业形势.mp4

随着我国高等教育迈入大众化阶段，越来越多的公民得以享受接受高等教育的机会。大学毕业生的角色从"精英教育"的产物转变为"大众教育"的一部分，不再享有计划经济时代"宠儿"的特殊地位。在"精英教育"时期，高校毕业生的供给量远低于社会的需求，形成了一个毕业生主导的"卖方市场"。然而，随着高等教育的快速发展，大学毕业生的数量迅速膨胀，导致毕业生与社会需求之间的关系从"供不应求"转变为"供大于求"，大学生就业市场也相应地从过去的"卖方市场"演变为"买方市场"。与此同时，世界经济的持续低迷和科技水平的不断提升促使企业寻求降低成本、减少人力需求，并逐渐转向使用人工智能技术等手段，这给大学毕业生的就业带来了新的挑战。

一、世界经济形势与就业状况

(一)脆弱的韧性掩盖了潜在的风险和脆弱性

冲突和气候变化引发的多重冲击，已经对数百万人民的生活和生计造成了严重破坏，并进一步威胁了可持续发展的进程。然而，在全球范围内，尽管货币政策大幅收紧且政策不确定性持续存在，世界经济仍展现出了超出预期的韧性。一些主要的发达经济体尤其显示出惊人的适应能力，即便在货币政策显著紧缩的情况下，强劲的劳动力市场仍在支撑着消费者支出。与此同时，能源和食品价格的下降导致了多数地区的通货膨胀率逐渐降低，这使得中央银行得以减缓或暂停加息的步伐。许多国家仍然面临着巨大的潜在价格压力。中东地区的冲突若进一步升级，可能会扰乱能源市场，并在世界范围内重新引发通货膨胀的压力。

(二)发达经济体进一步放缓

美国，作为全球最大的经济体，预计其增长率将持续下降。然而，在家庭资产负债表的稳健、劳动力市场和住房市场的强劲支撑下，2023 年的消费支出表现强劲，超出了预期。尽管美国联邦储备委员会("美联储")采取了激进的货币紧缩政策，2023 年第三季度的失业率仍然保持在 3.7%的低位。房价的显著上涨不仅维持了房主的净资产，还产生了强大的财富效应，从而支撑了高水平的家庭支出。

与此同时，在通胀仍然高企、利率居高不下的情况下，欧洲的经济前景面临诸多挑战。在欧洲联盟，预计经济将经历温和复苏，主要得益于消费者支出的回升。随着价格压力的缓解和实际工资的上升，劳动力市场保持强劲。然而，金融条件的紧缩以及财政支持措施的持续撤出和滞后效应，可能会部分抵消这些主要增长动力的积极影响。

(三)发展中国家面临不同的近期增长前景

东亚经济体预计将出现适度放缓。在大多数经济体中，私人消费增长预计将保持稳定，这得益于通货膨胀压力的缓解和劳动力市场的稳步复苏。

在西亚，基本粮食进口价格高企继续对通货膨胀造成上行压力，预计通货膨胀将在 2024 年逐步下降；在土耳其，当局激进地收紧货币政策以控制通胀，预计这将对 2024 年的增长产生负面影响。

拉丁美洲和加勒比地区的前景依然充满挑战，预计国内生产总值增速将持续放缓。虽然通货膨胀率有所下降，但仍居高不下，金融环境趋紧将削弱国内需求，中国和美国经济增长放缓将制约出口。

(四)不均衡的劳动力市场复苏

全球劳动力市场的复苏呈现出不均衡态势，尤其是不同发展中经济体的趋势各异。中国、巴西和土耳其的失业率有所下降，但西亚和非洲国家，仍在努力应对高失业率问题。在大多数经济体中，工资增长未能抵消通货膨胀的影响，反而进一步加剧了生活成本危机。一些发展中国家的劳动力市场持续面临非正规就业、性别不平等以及青年失业率高的挑战。鉴于前景不明朗，且货币紧缩政策的滞后效应也可能对许多发展中国家的就业产生负面影响。

二、国内就业形势

(一)稳定的政治环境给大学生就业提供了坚实的基础

高校毕业生就业工作的有序平稳开展离不开稳定的政治环境。高校毕业生是国家宝贵的人才资源，做好高校毕业生就业工作是促进社会发展和社会和谐的重要举措，从根本上需要稳定的政治环境。面对新形势，党和国家领导人十分关心大学生的就业问题，把大学生就业问题上升到"国计"与"民生"的高度，相继出台了一系列就业创业扶持政策，每年多次召开全国就业创业视频工作会议，全力推进大学生就业创业工作，确保大学生高质量就业与充分就业。

2024 年 9 月，《中共中央 国务院关于实施就业优先战略促进高质量充分就业的意见》中指出：坚持以习近平新时代中国特色社会主义思想为指导，深入贯彻党的二十大和二十届二中、三中全会精神，坚持以人民为中心的发展思想，全面贯彻劳动者自主就业、市场调节就业、政府促进就业和鼓励创业的方针，以推动高质量发展为基础，以实施就业优先战略为引领，以强化就业优先政策为抓手，以破解结构性就业矛盾为着力点，以深化就业体制机制改革为动力，以不发生规模性失业风险为底线，持续促进就业质的有效提升和量的合理增长，推动实现劳动者工作稳定、收入合理、保障可靠、职业安全等目标，不断增强广大劳动者的获得感、幸福感、安全感，为以中国式现代化全面推进强国建设、民族复兴伟业提供有力支撑。

经过努力，就业机会充分、就业环境公平、就业结构优化、人岗匹配高效、劳动关系和谐的局面逐步形成，系统集成、协调联动、数字赋能、管理科学、法治保障的就业工作体系更加健全。城镇就业稳定增长，失业水平有效控制，劳动参与率基本稳定，现代化人力资源加快塑造，就业公共服务体系更加完善，中等收入群体规模稳步扩大，社会保险覆盖面不断扩大，劳动者就业权益有效维护，使人人都有通过辛勤努力实现自身发展的机会。

随着国家政策方针的完善和发展，当前高校毕业生就业方式由过去单一地找企业(单位)签订就业协议、劳动合同等，逐渐向包括升学、创业、灵活就业、自主择业、出国、西部志愿服务、大学生村官和农村特岗教师等多元化方向转变。而近几年一直在改革的户籍管理制度，弱化了户口对大学生就业的限制，这不仅促进了大学生择业的自主性和能动性，也扩大了大学生就业的空间。

(二)良好的经济环境给大学生就业提供了坚实的保障

一个国家、一个地区在一定时期内的经济状况，直接影响其劳动就业状况。大学生选择职业，不可避免地要受到社会经济状况的影响。从整个国家范围来说，经济发展和科学技术进步、劳动生产率提高、职业结构演变快速、就业岗位增加都是极为相关的因素。

区域经济发展不协调是我国经济发展的一个重要特征。"北上广深"等一线城市和沿海区域经济发展速度较快，对大学生的吸引力更强。"一带一路"建设、京津冀协同发展、长江经济带发展、东北老工业基地振兴等国家重点建设地区，有大量各专业的人才缺口，无论是在薪酬水平、发展机会、职业成长空间，还是生活水平等方面，都更加符合当前大学生的就业选择。成都、杭州、重庆、武汉、苏州、西安、天津、南京、郑州、长沙、沈阳、青岛、宁波、东莞、无锡等新一线城市先后出台"留才"政策，加大力度吸引优秀毕业生，不仅为北上广深的就业市场进行了分流，而且为打算留在大城市的毕业生提供了更多的机遇和优惠。而欠发达的中部、西部地区，则很难吸引和留住人才。越来越多的大学生在毕业后，选择到大城市去奋斗和拼搏，导致大城市的劳动力市场过剩，竞争日益激烈，而经济欠发达的地区和农村则因缺乏人才，限制了经济的发展。

在经济新常态背景下，新兴产业的兴起给毕业生就业带来了新的机遇与挑战。例如，以互联网信息技术为基础的网络经济兴起，小微企业得到发展，此时大学生可以根据互联网技术获得更广阔的就业和创业平台。同时，随着产业结构的调整演变，第三产业逐渐成为国民经济的重要产业类型。第三产业具有吸纳大量劳动力的特点，毕业生在就业时可以不局限于国企、外企或者公务员、事业编制等传统选择，在新兴产业和第三产业中寻找就业机会并获得报酬和自身发展平台。

三、大学生就业总量压力和结构性矛盾

(一)高校毕业生数量增长与就业岗位减少之间的矛盾

进入 21 世纪，随着我国普通高等教育的扩招，高等教育进入大众化时代。高校毕业生人数呈井喷式增长，从 2001 年的 114 万人到 2025 年的 1222 万人，23 年间毕业生人数净增长超过 1000 万人，高等教育由"精英教育"走向"大众教育"。与此同时，我国经济经过多年持续发展后进入新常态运行，提档提质、转型升级，社会对高素质创新型人才的需求增长，而总体就业岗位趋于减少。社会对人才的需求与大学生的供给不平衡、不匹配，造成越来越多的大学生面临失业风险，就业形势日趋严峻。此外，随着人工智能的发展，越来越多的人工作业被机器所代替，用人单位吸纳大学毕业生的能力也会有所下降，这使得劳动力总供给和总需求的矛盾更加突出。

(二)高校毕业生就业的结构性矛盾

我国经济处在增长期，传统行业不断更新改造，新兴行业不断涌现，产业发展对人才的需求不断提高。产业结构升级、区域经济布局调整、教育培训体制改革滞后等因素叠加，导致现阶段结构性就业问题越来越突出。例如，劳动力就业市场"招工难"与高校毕业生"就业难"两难现象并存，产业结构与就业结构错配，以及"硕士博士满街跑，高级技工难寻找"等现象。我国就业结构性矛盾主要体现在以下五个方面：

(1) 大学毕业生就业结构性错配。近年来，我国产业结构调整加快，而相应的教育培养结构滞后于经济社会需求的实际变化，导致毕业生在技能、知识和适应性等方面与企业需求脱节，部分专业的大学生供过于求和紧缺专业人才短缺的结构性矛盾十分突出。

(2) 隐性失业显性化。由于深化国有企业改革，煤炭、钢铁等传统行业化解过剩产能等原因，部分地区、企业下岗人员增多。下岗人员的职业技能不能适应再就业岗位的需要，隐性失业情况严重，就业质量下降。

(3) 传统行业中低端就业岗位减少。传统劳动密集型产业通过"机器换人""智能制造"等方式转型升级，或者低端产业向其他地区转移、外迁，导致制造业中低端就业岗位大量消失。

(4) 高技能人才短缺现象比较严重。人力资源和社会保障部的统计数据显示，目前技能劳动者数量仅占全国就业人员总量的 20%，高技能人才数量不足 6%；同时，近年来技能劳动者的求人倍率一直在 1.5∶1 以上，高级技工的求人倍率甚至超过 2∶1。我国技能劳动者总体严重不足，技工短缺现象非常突出。

(5) 就业岗位外流现象加剧。劳动力成本不断提高，竞争力下降，一些外资劳动密集型企业从中国转移到劳动力成本相对较低的国家，就业岗位转移流失，企业职工面临再就业问题。

第二节　分析就业政策

分析就业政策.mp4

面对高校毕业生就业的严峻形势，国家和各地积极出台一系列就业政策，多管齐下为毕业生铺就就业之路。这些政策从岗位拓展、扶持激励、基层引导、服务保障以及观念培养等多个方面入手，全方位助力高校毕业生实现高质量就业。

在岗位拓展与资源汇聚方面，通过访企拓岗、丰富招聘活动、深化校企供需对接以及加大"国聘行动"力度等举措，为毕业生提供了丰富多样的就业机会，促进了企业与高校人才的精准对接。在政策扶持与补贴激励方面，通过提供生活与居住补贴、企业吸纳补贴、灵活就业补贴等，减轻了毕业生和企业的负担，提高了就业积极性。在基层就业引导与鼓励政策方面，为毕业生开拓了新的就业空间，推动了基层和中小微企业的发展。在就业服务与保障方面，通过建立实名台账与精准服务、困难群体帮扶以及权益保障强化，确保每一位毕业生都能得到有效的就业支持。同时，就业引导与观念培养政策帮助毕业生树立正确的就业观和择业观，拓宽就业选择。总体而言，2024 年的就业政策为高校毕业生就业提供了坚实保障。

一、毕业生毕业去向落实率

毕业去向落实率：毕业去向落实率=已就业毕业生数/毕业生总数。其中，已就业人群包括"受雇工作""升学"等五类。

(一)按区域统计

东部地区整体经济发展水平较高，且优质高等教育资源集中，能为毕业生提供更多求职或求学的选择机会，因此毕业半年后的去向落实率较高。西部地区本科院校大学生毕业半年后的毕业去向落实率仅次于东部地区、位列第二。西部地区经济整体增长较快，同时面向高校毕业生的基层就业项目较多，对毕业生就业形成了有力支撑。中部地区以湖北、湖南、安徽为代表，在"中部崛起"高质量发展的背景下，逐步构建了以先进制造业为支撑的现代化产业体系，为毕业生在本地就业提供了助力。此外，中部地区优质高等教育资源也较为丰富，能够吸纳大量本科毕业生读研深造。相比之下，受经济发展影响，东北地区本科院校大学生毕业半年后的毕业去向落实率相对较低。2021—2023 届各区域本科院校大学生毕业半年后的毕业去向落实率变化趋势见表 1-1。

(二)按学科门类统计

从不同学科门类来看，工学毕业生的毕业去向落实率持续高于其他学科门类；教育学、农学、管理学紧随其后；法学的毕业去向落实率相对较低，且呈下降趋势。工学门类包括较多应用性强、与经济发展和产业升级紧密相关的专业，毕业生求职难度相对较低。此外，工学研究生招生人数明显多于其他学科门类，并且由其衍生的交叉学科(如人工智能、大数据、新能源、双碳等)是近年来研究生教育大力发展的方向，毕业生深造的机会也较多。法学毕业生主要面向领域的岗位供给相对固定，而相关专业毕业生规模较大，容易出现供大于求的情况。此外，包括法学在内的人文社科类专业研究生报考竞争激烈，毕业生二次考研的现象较为普遍。2021~2023届本科各学科门类大学生毕业半年后的毕业去向落实率见表1-2。

表1-1　2021~2023届各区域本科院校大学生毕业半年后的毕业去向落实率变化趋势(单位：%)

序　号	地　区	省(市、区)	2023届	2022届	2021届
1	东部	北京、天津、河北、上海、江苏、浙江、福建、山东、广东、海南	87.2	88.0	88.5
2	西部	山西、安徽、江西、河南、湖北、湖南	86.4	85.9	87.7
3	中部	内蒙古、广西、重庆、四川、贵州、云南、西藏、陕西、甘肃、青海、宁夏新疆	86.1	85.2	87.3
4	东北	辽宁、吉林、黑龙江	83.6	84.4	87.1
5	全国	全国	86.4	86.0	87.8

(资料来源：麦克思研究院.2024年中国本科生就业报告[M].北京：社会科学文献出版社，2024)

表1-2　2021~2023届本科各学科门类大学生毕业半年后的毕业去向落实率(单位：%)

序　号	本科学科门类名称	2023届	2022届	2021届
1	工学	89.4	89.5	90.6
2	教育学	87.7	87.0	89.9
3	农学	87.7	86.6	88.8
4	管理学	86.9	85.3	89.1
5	历史学	86.5	84.2	85.3
6	理学	86.0	85.6	87.4
7	医学	84.6	85.2	87.7
8	艺术学	83.6	83.1	85.1
9	文学	83.5	82.7	86.1
10	经济学	83.1	83.3	85.6
11	法学	77.7	78.2	81.8
12	全国本科	86.4	86.0	87.8

(资料来源：麦克思研究院.2024年中国本科生就业报告[M].北京：社会科学文献出版社，2024)

(三)按专业统计

从各专业类来看，工学相关专业的毕业去向落实率整体排名靠前。其中，面向新型能源体系建设、能源资源安全保障等相关领域的能源动力类、电气类专业，近两届毕业去向落实率均保持在前列。与此同时，制造业高端化、智能化、绿色化转型的深入推进，为机械类专业毕业生就业创造了新机遇，这类专业的毕业去向落实率排名上升较为明显。值得关注的是，计算机类专业毕业去向落实率下降较为明显。这类专业毕业生规模较大，在互联网等相关领域面临需求饱和、业务结构调整的情况下，毕业生求职难度增加。

非工学专业中，公共卫生与预防医学类专业的毕业去向落实率相对较高。高水平公共卫生学院建设是普通高等教育学科专业设置调整优化改革的重要内容。伴随着多层次人才培养体系的不断健全完善，以公共卫生硕士专业学位培养为主体的公共卫生研究生教育不断发展，这类专业毕业生通过读研落实去向的比例较高。2021~2023届本科主要专业类大学生毕业半年后的毕业去向落实率见表1-3。

表1-3　2021~2023届本科主要专业类大学生毕业半年后的毕业去向落实率(单位：%)

序　号	本科专业类名称	2023届	2022届	2021届
1	能源动力类	95.3	94.2	94.7
2	电气类	95.0	93.5	92.9
3	安全科学与工程类	93.9	91.8	93.3
4	机械类	93.0	91.0	91.8
5	土木类	92.7	92.3	93.9
6	仪器类	92.6	91.9	91.1
7	矿业类	92.6	90.3	89.2
8	自动化类	92.3	90.4	91.2
9	公共卫生与预防医学类	92.0	91.9	91.5
10	材料类	91.6	91.1	90.6
11	交通运输类	91.5	91.9	92.9
12	物流管理与工程类	91.0	91.4	93.6

(资料来源：麦克思研究院. 2024年中国本科生就业报告[M]. 北京：社会科学文献出版社，2024)

二、毕业生的就业结构

高校毕业生的就业结构呈现出多元化、动态化的特点。在当前复杂的就业形势下，毕业生的就业选择不再局限于传统的就业路径，而是在不同领域和方向上积极探索，努力实现自身价值与职业发展的平衡。

从就业去向来看，高校毕业生的就业结构主要包括以下几个方面。首先，单位就业依然是重要的选择之一，但占比有所变化。部分毕业生进入国有企业、民营企业、外资企业等不同类型的单位，在专业领域发挥自己的才能。然而，随着就业观念的转变和市场环境的影响，单位就业的比例有所下降。其次，深造情况呈现分化。一部分毕业生选择继续攻读硕士、博士学位，提升自己的学术水平和专业能力，为未来的职业发展打下更坚实的基础。双一流院校毕业生的深造意愿和机会相对较强，而普通院校毕业生则根据自身情况做出不同的选择。再者，自由职业和创业的比例有所上升。一些毕业生凭借自身的专业技能和创新精神，选择成为自由职业者或自主创业，在互联网、文化创意、科技创新等领域开拓新的天地。最后，基层就业也成为越来越多毕业生的选择。国家政策的引导和基层发展的需求，吸引了一批毕业生投身基层建设，为乡村振兴、社区服务等贡献自己的力量。整体来说，具有以下几个特点：

(1) 行业分布多元化，新兴产业吸引越来越多的毕业生，说明大学生的就业观念在逐渐转变，更加注重行业的发展前景和自身的职业发展。同时，这也反映了我国经济结构的调整和转型升级，新兴产业的发展为大学生提供了更多的就业机会。

(2) 单位性质多样化，毕业生应根据自身情况选择适合的就业单位。国有企业、民营企业、外资企业和机关事业单位各有特点，毕业生应根据自己的专业、兴趣、职业发展规划等因素进行选择。

(3) 在区域分布方面，国家对中西部地区和基层岗位的扶持力度加大，使得越来越多的毕业生选择到这些地区就业。这有助于缓解区域发展不平衡的问题，促进人才的合理流动。同时，大城市出台优惠政策吸引毕业生就业，也反映了大城市对人才的需求依然旺盛。

毕业生的就业结构还可以从以下几个方面进一步细化。

(一)按就业领域划分

1. 制造业

岗位类型：生产管理、质量检测、工艺工程师、设备维护工程师等。

专业需求：机械工程、电气工程、材料科学与工程等专业的毕业生有较大优势。例如，机械工程专业的毕业生可以从事机械设计、制造工艺规划等工作；电气工程专业的毕业生可负责电气设备的安装、调试与维护等工作。

发展前景：随着智能制造的推进，对具备数字化、自动化知识的毕业生需求将增加。毕业生在该领域还可通过不断提升技术水平，向高级工程师或管理岗位发展。

2. 信息技术业

岗位类型：软件工程师、算法工程师、数据分析师、网络工程师等。

专业需求：计算机科学与技术、软件工程、电子信息工程等专业受欢迎。例如计算机科学专业的毕业生可从事软件开发和系统设计等工作；电子信息工程专业的毕业生可从事通信设备研发等工作。

发展前景：行业发展迅速，技术更新换代快，为毕业生提供广阔的发展空间和较高的薪资待遇。但同时也要求毕业生不断学习新技能，以适应行业变化。

3. 金融服务业

岗位类型：投资分析师、风险管理专员、银行柜员、证券经纪人等。

专业需求：金融学、经济学、会计学等专业的毕业生较为适合。金融学专业的毕业生可从事金融市场分析和投资决策等工作；会计学专业的毕业生可负责财务审计和财务管理等工作。

发展前景：与经济发展密切相关，对高端金融人才需求持续增长。毕业生可通过考取专业证书、积累工作经验，向高级金融管理岗位迈进。

4. 教育行业

岗位类型：中小学教师、教育培训机构教师、高校辅导员等。

专业需求：师范类专业及相关学科专业。例如，汉语言文学专业的毕业生可从事语文教学等工作；数学专业的毕业生可担任数学教师等工作。

发展前景：教育始终是社会关注的重点，对优秀教育人才的需求稳定。随着在线教育的发展，也为毕业生带来了新的就业机会。

5. 医疗卫生行业

岗位类型：医生、护士、药剂师、医学检验师等。

专业需求：医学类专业，如临床医学、护理学、药学等。临床医学专业的毕业生经过长期的学习和实践，可成为合格的医生；护理学专业的毕业生为医疗护理工作提供重要支持。

发展前景：随着人们对健康的重视以及医疗水平的提高，医疗卫生行业的就业前景广阔。毕业生可在医院、社区卫生服务中心等单位工作，也可选择从事医学科研等领域。

(二)按就业性质划分

1. 公务员及事业单位

特点：工作稳定，社会地位较高，福利待遇较好。公务员考试竞争激烈，需要具备良好的综合素质和应试能力。事业单位涵盖教育、医疗、科研等多个领域，招聘方式多样。

适合人群：追求稳定工作、对公共服务有热情的毕业生。例如，一些具有奉献精神、希望为社会作出贡献的毕业生会选择报考公务员或进入事业单位。

2. 国有企业

特点：规模大，实力雄厚，具有较好的职业发展平台和福利待遇。企业管理规范，注重员工培训和职业发展规划。

适合人群：对行业发展有较高期望值、希望在大型企业中积累经验的毕业生。例如，工程类专业的毕业生进入大型国企，可参与重大工程项目，提升专业技能。

3. 民营企业

特点：数量众多，行业分布广泛，创新活力强。提供的岗位丰富多样，发展空间较大，但工作压力相对较大，稳定性可能不如国企和事业单位。

适合人群：敢于挑战、适应能力强、追求快速成长的毕业生。在一些新兴民营企业中，毕业生有机会参与企业的创业过程，获得更多锻炼和发展机会。

4. 外资企业

特点：国际化程度高，管理先进，薪资待遇较好。注重员工的专业能力和综合素质，对英语水平要求较高。

适合人群：具有国际视野、英语能力强、适应跨文化工作环境的毕业生。例如，商务英语专业的毕业生在外资企业中可发挥语言优势，从事国际贸易等工作。

(三)按就业地域划分

1. 一线城市

特点：经济发达，就业机会多，薪资水平高，文化生活丰富。但生活成本高，竞争压力大，交通拥堵等问题也较为突出。

适合人群：有强烈的职业发展欲望、敢于挑战自我、适应快节奏生活的毕业生。例如，计算机专业的毕业生在一线城市的互联网企业中，能接触到最前沿的技术和理念。

2. 新一线城市

特点：发展迅速，就业机会逐渐增多，生活成本相对较低，城市环境和基础设施不断改善。

适合人群：既希望有较好的职业发展前景，又注重生活质量的毕业生。如在杭州、成都等新一线城市，电子商务、文化创意等产业蓬勃发展，吸引了大量相关专业的毕业生。

3. 二三线城市及中小城市

特点：生活节奏较慢，生活压力小，对人才的需求也在不断增加。但就业机会相对较少，职业发展空间可能有限。

适合人群：希望离家近、追求稳定生活的毕业生。在这些城市，一些传统产业和公共服务领域为毕业生提供了就业机会，如制造业、教育、医疗等。

(四)按学历层次与专业划分

1. 理工科专业本科毕业生

就业方向：主要集中在制造业、信息技术业、工程建设等领域。例如，机械工程专业的毕业生可从事机械设计与制造工作；计算机科学专业的毕业生多进入软件企业或互联网公司。

优势：具备较强的专业技术能力，在技术研发、工程实施等岗位上有较大优势。

发展路径：可通过不断提升技术水平，成为技术专家或向管理岗位转型。

2. 文科专业本科毕业生

就业方向：教育、金融、文化传媒、公共管理等领域。如汉语言文学专业的毕业生可从事语文教学或文字编辑工作；金融学专业的毕业生可进入银行、证券等金融机构。

优势：具有良好的语言表达、沟通协调和文字处理能力。

发展路径：可在相关领域积累经验，向专业领域的高级管理岗位或专家型人才发展。

3. 医学、法学等专业本科毕业生

就业方向：医学专业的毕业生主要进入医疗卫生机构；法学专业的毕业生可从事律师、法官助理、企业法务等工作。

优势：专业针对性强，就业方向较为明确。

发展路径：医学专业的毕业生需要通过不断实践和进修，提升医疗水平；法学专业的毕业生可通过司法考试等途径，提升职业竞争力。

三、近年就业趋势与存在的问题

(一)近年就业趋势

(1) 线上筛选面试越来越受到欢迎。线上招聘具有便捷、高效、成本低等优点，可以为毕业生和用人单位提供更多的选择。然而，信息不对称和面试效果不佳等问题也需要引起重视。可以通过加强信息审核、优化面试流程等方式来解决这些问题。

(2) 灵活就业比例上升。灵活就业具有灵活性高、自主性强等优点，可以满足一些毕业生的个性化需求。然而，灵活就业人员的社会保障不完善和职业发展不稳定等问题也必须引起重视，政府和社会需要加强对灵活就业人员的社会保障，为他们提供更多的职业发展机会。

(3) 职业技能培训需求增加。毕业生意识到自身能力与市场需求的差距，积极寻求提升途径。政府和企业正在不断加大对职业技能培训的投入，有助于提高毕业生的就业竞争力，促进就业市场的稳定发展。

(4) 失业率呈下降趋势。随着经济的逐步恢复和政策的支持，就业情况得到改善。例如，2023年全国城镇失业率各季度平均值逐渐下降，1—11月份城镇新增就业人数同比有所增加。

(5) 重点群体和困难群体就业保障有力。国家一系列稳岗支持和扩岗激励措施落地生效，农民工、青年人、就业困难人员等群体的就业得到了有效保障。脱贫人口就业稳定增长，各地区各、部门通过多种帮扶机制，推动重点帮扶县和易地扶贫搬迁专项帮扶工作，保障脱贫人员的就业。

(6) 新兴行业创造新的就业机会。新产业、新业态、新商业模式蓬勃发展，产生了许多全新的岗位需求。例如，人工智能、大数据、云计算、新能源等新兴行业的快速发展，为求职者带来了新的就业机遇。这些行业对专业技术人才的需求旺盛，吸引了大量的求职者。

(二)存在的问题

(1) 就业质量有待提高。部分毕业生的工资待遇低、工作环境差、职业发展空间有限，这反映了就业市场的结构性问题。政府和企业应共同努力，提高毕业生的就业质量，为他们提供更好的发展机会。

(2) 就业结构性矛盾依然突出。部分专业的毕业生就业困难，而一些企业却招不到合适的人才。这需要高校加强专业设置和人才培养的针对性，提高人才培养质量；同时，政府也应加强对就业市场的引导，促进人才的合理流动。

(3) 就业政策落实不到位。一些企业对就业补贴政策不了解或不愿意申请补贴，同时存在对就业政策的宣传力度不够的问题。这需要加大政策宣传和执行力度，确保就业政策能够真正惠及毕业生和企业。

(4) 就业发展动能不足。经济恢复基础不牢影响用工需求：尽管经济有所恢复，但总需求仍存在不足且有收缩趋势，企业订单减少，消费增长疲软，投资增长乏力，导致企业用工需求趋弱。部分行业从业人员指数持续下行，企业招聘的岗位和人数减少，就业市场竞争加剧。

(5) 民营企业扩就业动力不足。民营企业面临市场准入不公平、融资难、融资贵、税费负担重等问题，加上一些新政策的约束以及技术转型升级困难等因素，使得民营中小微企业家在投资和招工方面较为谨慎，扩就业的动力和张力明显不足。

(6) 青年失业率持续攀高。高校毕业生规模不断增加，而适合青年的就业岗位相对不足，导致青年失业率较高。

(7) 就业供需不匹配。从需求端看，企业对毕业生的技术技能和工作经验要求较高，可高校毕业生的专业知识和技术能力与市场需求存在差距，导致企业招不到合适的人才，而毕业生又难以找到符合自身能力和期望的工作。从供给端看，高校的原有专业设置和人才培养模式有待与产业结构调整和市场需求变化同步进行，并且毕业生的就业观念也存在不适应性，部分应届生宁可慢就业、缓就业，也不愿意积极争取现有就业机会。

四、政策扶持与措施导向

(一)政策扶持

为了积极推动毕业生就业，国家在经济政策、产业发展、企业扶持、就业服务、教育培训等方面，推出了一系列的促进政策。

1. 经济政策方面

(1) 强化宏观调控就业优先导向，把高质量充分就业作为经济社会发展的优先目标，纳入国民经济和社会发展规划，促进财政、货币、产业、价格、就业等政策协同发力，提高发展的就业带动力。例如，在制定产业发展政策时，充分考虑其对就业的带动作用，鼓励发展吸纳就业能力强的产业。

(2) 健全就业影响评估机制。重大政策制定、重大项目确定、重大生产力布局时，同步开展岗位创造和失业风险评估，构建就业友好型发展方式，避免因政策或项目实施对就业产生不利影响。

2. 产业发展方面

(1) 发展数字经济。大力推进产业数字化，支持平台经济健康发展，挖掘数字转型中的岗位潜力，为就业者提供新的就业空间和职业转换机会。例如，电商直播、数字化营销等领域的发展，创造了大量的新兴就业岗位。

(2) 推动绿色产业发展。积极发展节能降碳、环境保护、生态修复和利用等绿色产业，推动绿色发展与就业增长协同增效。绿色产业的兴起带动了相关环保技术、新能源开发等领域的就业需求。

(3) 开拓康养领域。发展银发经济，促进健康与养老、旅游、休闲、食品等产业深度融合，催生新的就业增长点，满足日益增长的养老服务和健康产业人才需求。

(4) 培育专精特新企业。加大力度培育更多专精特新中小企业、"小巨人"企业和制造业单项冠军企业，支持中小企业增加就业吸纳能力。这些企业通常具有较强的创新能力和发展潜力，能够为高校毕业生等群体提供更多的就业选择。

(5) 推动传统产业升级。鼓励传统产业通过技术改造、转型升级，提高生产效率和竞争力，从而创造更多的高质量就业岗位。例如，传统制造业向智能制造转型，需要大量技术人才和高端装备操作人才。

3. 企业扶持方面

(1) 加大政策支持力度。出台一系列稳企稳岗的政策，减轻企业负担，鼓励企业稳定和扩大就业岗位。对于吸纳就业困难人员、高校毕业生等重点群体的企业，给予额外的政策优惠和补贴。例如，税收减免、社保补贴、稳岗返还等。

(2) 解决企业融资难题。引导金融机构加大对企业的信贷支持，拓宽企业融资渠道，降低融资成本。建立政府性融资担保体系，为企业提供融资担保服务，缓解企业融资难、融资贵的问题，使企业有更多资金用于扩大生产和招聘员工。

(3) 优化营商环境。持续推进"放管服"改革，简化企业审批流程，提高政务服务效率。加强市场监管，维护公平竞争的市场秩序，为企业创造良好的发展环境。消除对民营企业在市场准入、项目招标等方面的不公平待遇，激发民营企业的发展活力和就业带动能力。

4. 就业服务方面

(1) 强化供需匹配。推出全国就业公共服务信息平台，推动就业服务信息化、智能化，提高人岗匹配效率。加强对重点领域人才需求预测，为企业和求职者提供准确的就业市场信息。开展访企拓岗专项行动，组织人力资源服务机构、高校等深入企业了解用工需求，促进供需对接。

(2) 鼓励灵活就业。合理布局零工市场，推进即时招聘服务，完善促进灵活就业的激励政策和保障措施，支持劳动者通过灵活就业方式实现就业。例如，对灵活就业人员给予社保补贴，提供劳动纠纷调解等服务，保障灵活就业者的合法权益。

5. 教育培训方面

(1) 优化高等教育专业设置。根据市场需求和产业发展趋势，调整优化学科专业设置，提高教育供给与人才需求的匹配度，推动高等教育改革。淘汰部分不适合社会发展的学科，加强新兴学科、交叉学科建设，培养适应经济社会发展需要的高素质人才。

(2) 加强职业技能培训。健全终身职业技能培训制度，拓宽技能人才发展通道。针对企业用工需求和劳动者的就业需求，开展大规模的职业技能培训，提高劳动者的技能水平和就业能力，缓解就业结构性矛盾。

(二)措施导向

通过各种就业政策扶持，高校毕业生就业呈现多方面特点和积极导向，具体有以下几个方面。

1. 岗位拓展与资源汇聚方面

(1) 访企拓岗加速推进。各高校加速落实"访企拓岗"工作任务，二级院系建立毕业生岗位需求和拓岗任务清单，精准有效访企，为毕业生开拓专业相关性强、人岗匹配度高的就业岗位。这有助于将企业的岗位需求与高校毕业生的专业技能更好地对接，提高就业适配性和成功率。

(2) 招聘活动丰富多样。教育部会同有关部委举办多种招聘活动，如"优企进校招才引智"专项行动、"百城千校万企"民企高校携手促就业行动和全国中小企业网上百日招聘等。同时，各地各高校也集中组织行业性、区域性、联盟性招聘活动，邀请企业组团进校招聘，持续保持校园招聘热度，为毕业生提供了多元化的就业选择和机会。

(3) 校企供需对接深化。各地积极组织区域类、行业类供需对接交流活动，推动校企双方在定向人才培养培训、共建就业实习基地、重点领域合作交流等方面构建新机制、取得新成果。这不仅有利于毕业生的就业，也为企业的人才储备和发展提供了支持，实现了校企双赢。

(4) "国聘行动"力度加大。教育部会同多部门联合开展重点群体促就业"国聘行动"，众多央国企响应号召，提供大量优质岗位，并适当降低招录门槛，为高校毕业生进入优质单位创造更多机会。

2. 政策扶持与补贴激励方面

(1) 生活与居住补贴。部分地区对符合条件的高校毕业生发放生活补贴和居住补贴。例如，北镇市对 2023 年以后毕业且在当地企事业单位缴纳社会保险的博士、应届硕士和应届本科生，按不同标准发放为期 3 年的补贴，"双一流"高校毕业生、在特定产业或重点帮扶县工作者可享受上浮补贴。

(2) 企业吸纳补贴。对招用应届或登记失业高校毕业生并签订 1 年以上劳动合同的企业，给予社会保险补贴。该政策有效降低企业的用人成本，提升了企业招聘高校毕业生的积极性。

(3) 灵活就业补贴。毕业年度和离校两年内未就业的高校毕业生，灵活就业后在规定地区缴纳基本养老保险和医疗保险的，可申请社保补贴(期限为 24 个月，特殊情况可延长 6 个月)。该政策为灵活就业的高校毕业生提供了一定的经济支持，鼓励多元化就业。

3. 基层就业引导与鼓励方面

(1) 政策导向明确。《中共中央 国务院关于实施就业优先战略促进高质量充分就业的意见》明确提出，鼓励青年投身重点领域、城乡基层和中小微企业就业创业，有条件的地方可对到县乡中小微企业就业的高校毕业生加大政策支持力度。这既为高校毕业生拓展了就业空间，又推动了基层和中小微企业的发展。

(2) 基层岗位开发。各地结合实施乡村振兴战略和基层治理模式创新的需要，挖掘医疗卫生、养老服务、社会工作等基层岗位，为高校毕业生提供了多样化的选择，同时也为基层建设注入了新的活力。

4. 就业服务与保障方面

(1) 实名台账与精准服务。建立全口径高校毕业生实名台账，动态更新个人信息、毕业院校、专业以及就业状态，对未就业的毕业生落实"就业服务专员"一对一全程对接服务，针对性地提供"1311"就业创业服务(即 1 次职业指导、3 次岗位推荐、1 次职业培训、1 次就业见习)。

(2) 困难群体帮扶。将脱贫家庭、低保家庭、零就业家庭以及有残疾的高校毕业生作为重点帮扶对象，实施"一人一档""一生一策"精准帮扶，积极引导社会公益组织、人力资源机构和新就业形态企业释放更多适合重点群体的就业岗位，并组织重点群体专场招聘活动。

(3) 权益保障强化。加强人力资源市场秩序监管，重点整治虚假招聘、就业歧视、"培训贷"及隐私信息泄露等违法行为，保障高校毕业生的合法权益，营造良好的就业环境。

5. 就业引导与观念培养方面

(1) 就业宣传多样化。充分利用电视、互联网等各类媒体平台，开展形式多样、内容丰富的宣传活动，让高校毕业生了解促进就业创业的政策措施，感受党和国家的关怀，引导毕业生树立正确的就业观和择业观。

(2) 征兵宣传加强。教育部依托国家大学生就业服务平台，举办征兵主题公开课和"征兵政策咨询周"活动，各地高校摸排参军意向的毕业生，开展爱国主义教育和征兵政策解读，为毕业生提供了另一条实现人生价值的途径。

本 章 小 结

本章主要分析了目前高校毕业生就业形势的严峻性。全国普通高校毕业生规模持续增加，竞争压力进一步加剧。为此，国务院和地方各级政府出台了一系列就业政策，从岗位拓展、扶持激励、基层引导、服务保障和观念培养等多方面助力毕业生实现高质量就业。

在毕业生去向落实率方面，不同院校、地区、学历层次之间存在显著差异。例如，重点院校与普通院校、经济发达地区与欠发达地区的落实率分化明显。

高校毕业生在就业结构上呈现多元化、动态化特点，如单位就业占比下降、继续深造情况分化、自由职业和自主创业比例上升等。在求职关注因素上，薪资福利、稳定性及安全感、通勤距离为关键，且毕业生更加关注企业前景和个人发展。在行业需求与薪资方面，电子电气制造业和运输业分别领跑本科、高职行业薪酬榜，电子信息类、自动化类及与人工智能相关专业薪资较高。就业机会在行业上呈多元化分布。从地区分布看，经济发达地区和重点城市群岗位需求旺盛。

总体而言，高校毕业生就业面临诸多挑战又蕴含机遇，在国家宏观政策的支持下呈现出多重发展趋势。

复习与思考

(1) 在当前就业形势下，高校对毕业生就业问题应有哪些认识？

(2) 对毕业生就业结构的分析，可以得出哪些具有指导价值结论？

(3) 就业机会分布不均衡，面对就业机会下沉的趋势，如何把握新兴领域与基层岗位的发展机会？

(4) 如何正确理解和利用好国家就业支持政策？

第二章　大学生活与职业生涯规划

课程目标

- **知识目标**：通过本章学习，大学生能够理解大学生活与职业生涯的核心要素，掌握职业生涯规划的方法与实施步骤，明确职业生涯规划对于大学生的现实意义。
- **能力目标**：大学生能够掌握职业生涯规划的基本素质与核心能力，熟练运用职业生涯规划工具，辨别自我职业锚类型，并学会为自己定制一份职业生涯规划。
- **素质目标**：理解职业生涯教育对大学生发展的指导价值，思考自己的职业生涯发展，正确认识并理性对待人生发展。

重点和难点

(1) 职业生涯内涵与职业生涯周期。
(2) 大学生如何实现自我价值，取得人生成功。

知识结构逻辑图

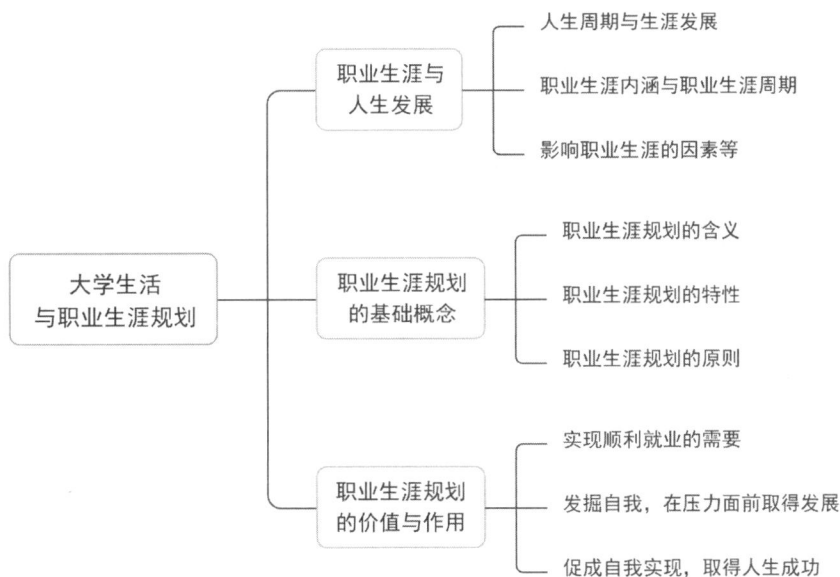

情景导入

　　王潮歌，中国实景演出的开创者，用三十余年职业生涯诠释了动态规划与持续成长的力量。从高考失利与舞蹈梦想擦肩而过，到成为中国文旅演艺领域的标志性人物，她的职业发展轨迹生动演绎了职业生涯周期理论与自我实现的深层关联。

　　1988 年，那个因身高不足被舞蹈学院拒之门外的少女，在中国传媒大学导演系的课堂上重新找到了坐标。当同学们沉迷于影视创作时，她却着迷于将敦煌壁画转化为舞台语言，在毕业作品《敦煌印象》中首次尝试"让文化遗产活起来"。这种将传统与现代嫁接的创作理念，如同埋下一粒种子，等待时光浇灌。

职业生涯初期，她在央视纪录片导演与舞台剧创作间辗转。1996年执导音乐剧《春天来了》时，她白天在电视台剪辑新闻片，深夜在剧场调试灯光，这种"双轨并行"的状态持续了五年。这种复合型能力的储备，在2003年接到《印象·刘三姐》邀约时迸发出惊人能量。面对漓江畔的渔火与樵歌，她创造出山水实景演艺的范式，却鲜有人知项目曾因资金断裂停摆8个月。王潮歌呈现的不是山水标本，而是活着的文化呼吸。

五十五岁那年，当多数人开始规划退休生活时，王潮歌在郑州荒原上建起《只有河南·戏剧幻城》。56个格子剧场，700分钟不重复剧目，这个耗费四年筹备的工程，是她职业生涯的"第二曲线"。如今，六十岁的她正在探索"元宇宙戏剧"，在虚拟与现实交织的新疆域里，继续书写着职业生命的更多可能。

(资料来源：本书作者整理，仅供教学使用)

第一节　职业生涯与人生发展

职业生涯与人生发展.mp4

职业生涯与人生发展紧密相连，既是个人在职场中实现自我价值、追求职业成就的过程，同时也是人生发展框架下不可或缺的组成部分。科学的职业生涯规划能够为个人提供清晰的发展路径，帮助其更好地平衡工作与生活，实现个人目标与职业发展的有机结合，从而全面提升生活幸福感和职业成就感。

一、人生周期与生涯发展

(一)人生周期的三维空间

从纵向维度看，人生要经历从诞生直至死亡的完整过程；从横向维度看，人生包含三个相互联系的生命空间：生物生命周期、家庭生命周期和职业生命周期。每一个生命空间周期相对独立，又存在交互作用。

1. 生物生命周期

人的生物生命周期是从生理变化的角度看待人的发展，具有单向性和不可逆性。例如，我们从出生、成长、成熟、衰老到死亡的过程不可逆转，这一特性警示人们要珍惜时间。该周期贯穿于人的一生。

2. 家庭生命周期

家庭生命周期是根据家庭主人的婚姻状况、家庭成员的年龄、家庭规模等因素划分的家庭发展阶段。根据我国实际情况，家庭生命周期分为9个阶段。

(1) 单身阶段：未婚且与父母同住的青年。

(2) 新婚夫妇：已婚未育的年轻夫妇。

(3) 满巢期1：最小子女年龄低于6岁。

(4) 满巢期 2：最小子女年龄超过 6 岁。

(5) 满巢期 3：中老年夫妇仍需抚养子女。

(6) 空巢期 1：子女离家，父母仍在职。

(7) 空巢期 2：子女离家，父母已退休。

(8) 鳏寡就业期：丧偶且仍在工作的阶段。

(9) 鳏寡退休期：丧偶且已退休的阶段。

该周期通常自青年期(20 余岁)延续至生命终结。

3. 职业生命周期

职业生命周期是一个人为了个人及家庭生活而工作，从事一种职业直至退休的整个生命活动过程。它包括早期职业意向、教育和培训所构成的工作预备期，历经寻找工作、熟悉工作、建立职业锚、在职业中发展，直至最后退休。职业生命周期一般从 20 岁左右开始，持续到 60 岁，甚至更长。

在市场经济条件下，职业发展呈现出与经济发展相似的特征。经济发展的周期包括繁荣、衰退、萧条、复苏等阶段，这是经济发展内在矛盾决定的。同理，职业生命周期包括晋升、转型、停滞、新机遇涌现等阶段，这几个阶段的更替和发展是人们职业活动内在矛盾运动的产物。

生物、家庭、职业三大周期构成了人的总生命周期。其中，职业生命周期具有决定性作用，它是人生存和发展的前提条件，从职前教育开始，直到完全退出职业工作为止，占据了人生大部分时间。

(二)人生周期及其阶段任务

人的生命周期按照年龄可分为不同的时间段，称为发展阶段。每个发展阶段与其他时期相比都具有明显不同的特点。各国学者根据年龄、身体发育状况、社会生命发展任务，对人生阶段的划分有多种不同的方法。这些典型的人生阶段划分方法表现了人在生理上从发育到成熟再到衰老的历程，以及心理上从启蒙到成熟的发展特征，对于从家庭、社会、工作等多角度研究人生具有重要意义。

《论语·为政篇》中记载了中国古代大思想家、教育家孔子的观点："吾十有五而志于学，三十而立，四十而不惑，五十而知天命，六十而耳顺，七十从心所欲不逾矩。"按照孔子的这一思想，人生可划分为七个阶段。

第一阶段：学前期(0～15 岁)。这是心智启蒙的关键期，个体通过家庭引导和环境熏陶被动习得生存技能和社会认知，具有显著的被动学习特征。

第二阶段：立志学习与社会实践期(15～30 岁)。这一阶段的学习更为主动积极，并且参与社会实践，且与个人志向相结合，是有目的的学习阶段。

第三阶段：自立发展期(30～40 岁)。人的心智已经完全成熟，懂得许多道理，并且在经济上和人格上都实现了独立。

第四阶段：价值确立期(40～50 岁)。经过多年的学习与实践，人们已形成完整的个人见解，不被外界事物所迷惑，办事果断，行为不再犹豫。

第五阶段：规律认知期(50～60 岁)。丰富的人生经验使人认识自然规律，懂得自己的人生使命。

第六阶段：智慧沉淀期(60～70岁)。能够冷静地倾听他人的意见，明辨是非，洞察真伪。

第七阶段：自由规范平衡期(70岁以上)。能够做到言行自由，同时不违背客观规律和道德规范。

根据不同的人生发展阶段，明确各个人生阶段的任务，有计划、有步骤地去完成，最终实现自己的人生目标。

(三)人生需求与人生价值

美国心理学家亚伯拉罕·马斯洛(Abraham H. Mashow)曾指出："人是永远不能满足的动物。"并提出了著名的"需求层次理论"，将人的需求划分为五个层次，依次是：生理需求、安全需求、情感与归属需求、尊重需求以及自我实现需求。马斯洛的需求层次理论有两个基本点：第一，人的需求是有层次的，某一层次的需求得到满足后，更高层次的需求才会出现；第二，某一层次的需求一旦得到满足，便不再起激励作用。这个理论在管理学界广为传播，并占据着重要地位。

马斯洛在晚年对这个理论进行了扩展研究，在他去世后，他的大学生将这些研究成果发表出来，形成了"需求层次八层次理论"。在这个理论中，人的需求层次从低到高分为：生理需求、安全需求、情感和归属需求、尊重需求、求知需求、审美需求、自我实现需求以及超越自我需求。

较高级的需求，如情感和归属需求、自我实现需求等是无限的，必须通过满足社会公众和他人的需求才能实现。而所有这些需求实际上都要通过职业生涯活动来丰富。高级需求的实现很大程度上依赖于我们的职业生涯进展状况，很难想象一个抱着"得过且过"心态、浑浑噩噩度日的人能充分体会到上述高级需求，感受到人生成功的快乐。

我们讲人生价值，首先要讲清人生价值的条件。这个条件只能由"人生"来规定。那么什么是人生呢？《现代汉语词典》中的解释是："人的生存和生活。"但这里没有明确指出是哪一类人的生存和生活，我们知道，从个别到一般的意义上划分，人可以是个人、集体、社会、人类。要分析人的价值，也必须循着从特殊到普遍，从个别到一般的顺序，从个人的人生价值分析起。

需要指出的是，人的价值和人生价值是两个范围不同的概念。人生价值主要指个人的价值，而人的价值则主要指人类的价值，后者是前者的抽象和一般化，前者是后者的具体表现。我们这里所谈的人生价值，是指具体的个人或一定范围内的个人的生存和生活，对满足主体需要的效用或意义。

二、职业生涯内涵与职业生涯周期

(一)职业生涯内涵

什么是职业生涯呢？西方的很多学者都做过相关研究并给出定义。美国职业心理学家沙特尔(Carroll L. Shartle)在职业生涯研究中较早系统性地提出了职业生涯的概念，他认为职业生涯是指一个人在工作生活中所经历的职业或职位的总称。美国管理学家麦克·法兰德

(Mc Farland)指出，职业生涯是指一个人依据理想的长期目标所形成的一系列工作选择，以及相关的教育或训练活动，是有计划的职业发展历程。美国职业心理学家萨帕(Donald Super)提出，职业生涯是生活中各种事件的演进方向和历程。是统合人一生中的各种职业和生活角色，由此表现出个人独特的自我发展形态。美国管理学家韦伯斯特(Webster)指出，职业生涯是个人一生中职业、社会与人际关系的总称，代表个人终生发展的历程。美国组织心理学家和管理学家格林豪斯(Jeffery H. Greenhaus)认为，职业生涯是贯穿于个人整个生命周期的、与工作相关的经历的组合。

此类定义可谓五花八门。但有一点是相同的：都把职业生涯作为个人经历来界定，从而接近了职业人生的基点。科学的发展历程告诉我们，最原始的定义也许不完善，但往往是最接近概念本质的，上述职业生涯概念就属于这种情况。

我们认同职业生涯这一概念，因为它揭示了职业人生的本质内涵。其实，职业生涯就是职业活动的总称，代表个人的职业生活历程。这一通俗易懂的定义可能更容易被人理解和接受。我们也可以将职业生涯理解为一个人在其一生中所承担职务的相继历程。它有以下四方面的含义。

(1) 职业生涯仅表示一个人一生中在各种职业岗位上所度过的整个经历，并不包含着成功与失败的含义，也没有进步快慢的含义。

(2) 职业生涯由行为活动与态度、价值观两方面组成。要充分了解一个人的职业生涯必须从主观和客观两方面理解：表示职业生涯客观特征的概念是"外在职业生涯"，指一个人在工作时期进行的各种活动和表现的各种行为的连续体；"内在职业生涯"则表示职业生涯的主观特征，涉及一个人的价值观、态度、需求、动机、气质、能力、发展取向等。

(3) 职业生涯是一种过程，是一生中所有与工作相关的连续经历，而不仅仅是指一个工作阶段。

(4) 职业生涯受各方面因素的影响。例如，个人对终身职业生涯的设想与计划、家庭中父母的意见与配偶的理解与支持、组织的需要与人事安排、社会环境的变化等都会对职业生涯产生影响。因此，职业生涯在一定程度上可以认为是多方面因素相互作用的结果。

由此可以看出，职业生涯只与职业生活有关，而与人生长短无关，更与人生成败无关。职业生涯只反映职业生活时间的长短，以及职业生涯发展变化的经历和过程，并不包含对职业生活的评价。一个人的职业生涯，是其一生中从事职业工作的经历。这个经历可能是连续的，也可能是断断续续的；可能是从一而终的职业生活方式，也可能是变换多种职业的生活方式；可能是功成名就的辉煌历程，也可能是充满挑战的艰难经历。总之，只要有工作经历、有职业生活内容，无论从事何种职业、具有何种素质和业绩水平，都拥有属于自己的职业生涯纪录。

(二)职业生涯周期及其任务

人的职业生涯经历不同的发展阶段，这个过程称为职业生涯周期。在不同的周期中，都有该阶段需完成的任务。职业生涯的周期和任务密不可分，也可以说任务推动了周期的进展。对此，我们按职业生涯的周期将其分为三个阶段。

(1) 早期职业生涯阶段。这一阶段的关键任务包括：首先，获得一份工作；其次，学会处理和调整日常工作中遇到的各种问题；再次，为成功完成工作任务承担责任；最后，做出是否改变职业或调换工作单位的决定。阶段过程中应开展的工作包括：了解和评价职业及工作单位的信息；明确工作和职位的任务与职责；学习如何与上级、同事及其他人员协调工作关系；开发某一方面或多方面的专业知识。

(2) 中期职业生涯阶段。这一阶段的任务包括：选择专业并决定承担义务的程度；确定从事的专业并落实到具体工作单位；明确生涯发展的路径和目标；在可供选择的职业方案中做出选择(如技术工作或者管理职位)。阶段过程中应开展的工作包括：拓展职业发展的路径；了解如何进行自我评价(例如工作成绩和效果)；掌握如何正确处理工作、家庭和其他利益之间的矛盾。

(3) 后期职业生涯阶段。这一阶段的任务包括：承担更大的责任或缩减在某一方面责任；培养关键下属和接班人；规划退休。阶段过程中应开展的工作包括：提高个人对工作的兴趣；拓展所掌握的技术领域；了解工作和单位的其他综合成果；学习"合理安排生活"方法；避免完全被工作所束缚。

上述职业生涯周期反映了与生理年龄变化相联系的个人职业生涯发展的一般规律。

(三)职业生涯在人生中的作用

在人的一生中，用于职业活动或进行职业活动有关的思考和社交等的时间约占可利用时间的 71%~92%，有的人甚至更多。职业生涯在人生中占有重要的时间比例，并在人生发展中起着非常重要的作用。

1. 职业生涯是满足人生需求的重要途径

马斯洛第一个提出了著名的需求层次理论，指出人的需求由低级向高级依次推进，即生理需求、安全需求、友爱和归属需求、尊重需求和自我实现需求。

毫无疑问，我们大部分人生需求都要通过职业生涯来满足，而满足的程度取决于职业生涯的发展水平，职业生涯的发展直接影响一个人的生活质量。刚开始参加工作时，主要是为了满足基本的生理需求，高层次需求的满足程度相对较低。随着职业生涯的发展，需求层次的满足也相应提高。职业生涯使我们体验到爱与被爱、受人尊敬和自我实现的快乐。相对而言，人的素质越高，精神需求越高，对职业生涯的期望也越大。

2. 职业生涯是促进人全面发展的重要手段

随着生活水平的提高，人们的自我意识逐步增强，追求全面发展的意识也越来越强烈。人们不仅渴望拥有丰富的知识、能力、良好的人际关系和健康的身体，还希望在事业上有所建树，并享有幸福和谐的家庭生活和丰富多彩的休闲生活。我们追求成功的职业生涯，最终是为了实现个人的全面发展。

我们常说"找工作""求职"。工作是可以找来的，而一份职业则是需要努力寻求才能得到的。职业的发展需要用心"经营"。一份工作是暂时的，而职业的发展是长期的。在这里，职业不只是谋生的手段，更是实现个人价值、追求理想生活的重要途径。因此，我们应该对自己的职业生涯进行积极有效的开发和管理，才可能拥有成功的职业生涯，实现完美人生。

三、影响职业生涯的因素

(一)教育背景

大学提升了大学生的思想境界。有人说，大学的价值并不仅仅在于它提供的知识，而在于学有所成后能够以崭新的思想境界观察和审视大学生所处的这个世界。正如德国教育家雅斯贝尔斯(Jaspers)所说："教育的过程首先是一个精神成长的过程，然后才是科学获知过程的一部分。"人生需要境界，没有境界的人生站不高、看不远。所谓思想境界，就是对信仰的坚守和对理想的追求。表面上看来，境界对大学生没有什么直接用处，不会给大学生带来直接效用，但实际上对大学生的人生影响很大。

在美国哈佛大学的每一届校长就职典礼上，新老校长都要传递两把钥匙：一把钥匙象征开启信仰之门，另一把钥匙象征开启理想之门。人们从中可以感悟到，有了对信仰的坚守和对理想的追求，人就会放弃眼前利益，追求长远利益；放弃个人利益，追求公众利益。大学就是要将一种崇高的社会理念和历史责任传递给大学生，唯有如此，大学生才能在追求理想、追求真理、追求知识的进程中不断超越、提升自我。

大学为大学生提供了多样化的文化体验，作为文化传承和创新的场所，大学集合了多样的文化资源。社会与文化在这里聚合，科学与人文在这里交相辉映，历史与现实在这里汇集交融。更形象地说，大学就是一个"南来北往""南腔北调"大熔炉。在多元文化的互动中，大学生犹如在时空隧道中穿梭，会发生各种条件反射。通过各种讨论和交流，大学生在比较和选择中慢慢将人类社会积累的丰富经验和智慧内化为自我成长的重要组成部分，练就应对各种文化环境的敏锐感受力和强大适应力。相反，倘若没有这样一种多元文化的熏陶和多样文化的体验，每当他们遇到新的文化环境，就难免会出现"适应性休克"。

(二)家庭影响

家庭环境分析指的是对家庭软硬环境的分析。家庭软环境是指笼罩在特定场合的特殊气氛或氛围，它诉诸人的内在情绪和感受，对人起着潜移默化的作用。家庭软环境是家庭生活中人与人之间相互联系时所形成的一种气氛，如家庭结构、教养方式等。家庭硬环境是指特定的物质条件，它是人得以发展的基础条件，如家庭资源、父母文化水平和职业状况等。每个人从出生伊始就受到家庭环境的影响，这种影响往往是多方面的、深远的，一个好的家庭环境往往能够影响人的一生。

家庭环境对人的心态影响非常大，家庭经济状况、家庭文化、家人期望等都会对自己的职业选择产生影响，进而影响到个人的工作和事业发展。

(三)个人需求与心理动机

大学生的就业问题是大学生自己、家长、学校以及国家特别关注的问题，也是社会的焦点问题。能否顺利就业是大学生在大学期间的动力和目标，是检验学校办学成果的重要标尺。大学是步入社会的最后一道门槛，在此期间，大学生生活阅历尚浅、社会经验不足，正处于世界观、人生观、价值观形成的关键时期。当面临复杂的就业过程时，心理难免会有波动起伏。因此，培养大学生健康的就业心理，对于他们的成长成才至关重要。

(1) 要树立正确的职业理想。职业理想是指人们在一定的世界观、人生观、价值观指导下，对未来所从事的职业、工作部门、工作种类、发展目标所作出的设想，以及对自己在事业上取得成就大小的向往和追求。树立正确的职业理想，对大学生正确处理择业问题和正确对待职业生涯，最大限度地施展自己的才华、实现自身人生价值具有重要意义。

大学生要实现自身职业理想，必须实现人与职业的合理匹配。由于人的心理、生理特点不同，适应的职业范围也不同，职业本身的特点对人的要求也存在客观差别。从人与职业两方面来看，人选择了自己理想的职业，其特长和潜能得以充分发挥，在同样的劳动时间内比从事其他不理想职业的劳动效率更高，社会贡献也更大。职业与适应其特点的人匹配，能发挥出应有的社会功能，产生应有的社会效益。因此，大学生要实现自身职业理想，必须实现人与职业的合理匹配。

大学生在职业选择过程中要处理好职业理想与择业现实的矛盾。职业理想应该建立在个人的专业知识与能力、兴趣和职业激情的基础上，只有三者重叠的部分，才可确立为自己的职业理想。然而，大学生在职业选择过程中会发现择业现实与自己职业理想存在较大反差，我们把步入职场的头几年称作"职业探索期"，大学生应利用这段时间积累经验，调整自我，寻找机会，为长远发展奠定基础。首先，要认真分析自己的职业理想是否符合实际，自己的职业素质是否符合所选择职业的要求。职业理想必须以个人能力为基础，超越客观条件去追求所谓的职业理想是不现实的。这就要求大学毕业生在择业前一定要正确评估自己，合理定位。

(2) 需要培养高尚的职业道德。职业道德是从事一定职业的人在特定工作和劳动中应遵循的行为规范，是一般社会道德原则和道德规范的特殊形式和重要补充。随着现代化社会的发展和专业化程度的提高，就业市场竞争日益激烈，社会对从业人员的职业素养和职业技能要求也越来越高。良好的职业道德，有利于个人养成良好的道德习惯，也有利于促进社会的稳定发展。大学生作为社会主义的建设者和接班人，培养高尚的职业道德，是促进国家发展、社会和谐、人民幸福的基础性工程。

(四)机会

在职业生涯中，机会占据了很大一部分。随着我国经济改革的不断深化，人才市场体系初步形成，市场管理和配置人才的功能不断完善，市场机制在促进人才合理流动中开始发挥重要作用。为了适应这种变化，我国从 20 世纪 80 年代开始初步探索，1992 年明确改革方向后加速推进，1995 年《中华人民共和国劳动法》实施标志市场就业制度基本框架确立，此后不断深化完善。市场就业制度是国家通过构建和完善市场机制，将劳动力纳入市场体系，使劳动力市场成为沟通劳动力供需双方的渠道；市场就业制度下，劳动力供需双方直接见面、互相选择，并通过签订合同的方式维系双方的劳动关系；同时，国家会在法律许可的范围内，为劳动者提供宽松的创业环境，并且出台一系列优惠政策，鼓励劳动者自主开创事业。

在积极发挥市场对人才的基础性配置作用的同时，国家也在积极履行促进就业的责任，从宏观上对人才市场的运行进行调控，以促进人才的合理流动和正常流动，推动社会的和谐发展。以下是国家有关毕业生就业的一些方针和原则。

(1) 按照《中国教育改革和发展纲要》的规定，对按国家任务计划招收的大学生，原则上仍由国家负责在一定范围内安排就业，实行"供需见面"和"双向选择"的办法，落实毕业生就业方案。

(2) 贯彻"统筹安排、合理使用、加强重点、兼顾一般，面向基层，充实生产、科研、教育第一线"的方针。在保证国家需要的前提下，贯彻"学以致用、人尽其才"的原则。

(3) 国家采取措施，鼓励和引导毕业生到边远地区、艰苦行业和其他急需人才的地方工作。国家规定，来源于边远省区的高校毕业生，只要是边远省区急需的，原则上回生源省区就业。

(4) 定向生、委培生毕业后按合同规定派回原定向、委培单位(地区)工作。自费生毕业后应通过多种渠道、多种方式自主择业。"并轨"招收的大学生毕业后，在国家就业方针政策指导下，在一定范围内自主择业。单招定向生毕业后回生源地所在县，安排到乡镇一级农业技术推广、农村经济管理、乡镇企业、合作经济组织、职业技术教育等岗位工作。

(5) 国家计划内招收的地方职业大学毕业生和电大普通专科班毕业生，主要面向生源所在地、面向基层、面向中小企业自主择业，就业后享受普通高校毕业生同等待遇。

(五)社会环境

人脱离不了社会，作为社会的一员，无论从事何种工作，都要适应社会环境的变迁。适者生存，自然界万物如此，人也不能例外。因此，对社会环境进行了解和分析也是职业生涯规划的重要内容之一。对社会环境因素的了解主要包括以下几个方面：

(1) 国家的法规政策。对国家法规政策的分析尤其要关注国家的就业政策，主要包括国家的人事政策和劳动政策。这些政策涉及一个国家或地区的法律法规、方针政策、经济管理体制、人才培养开发政策以及人才流动的有关规定等。

(2) 国家就业形势。国家就业形势主要包括国家整体就业形势和大学生就业形势。

(3) 社会变迁。社会变迁会对人的职业生涯发展产生较大影响，如知识经济和信息化社会的发展。

(4) 社会价值观。价值观会随着社会的不断发展和进步而发生变化，人的需求层次也在不断地提升，从过去的生理和安全需求，逐渐上升为尊重及自我价值实现需求。这些变化会影响人们对社会的认识和职业的要求。

(5) 科学技术的发展。科学技术的发展会带来理论更新、观念转变、思维变革和技能提升等，这些要素在职业生涯规划中不可或缺。此外，科技发展还会引起产业结构调整，对职业模式产生重大影响。据统计，在 20 世纪，我国消失的旧职业达到 3000 个。据专家预测，未来 10 年将发生一次全面的"职业大革命"，其中重大变化每两年就会出现一次。另有专家预测，人类职业将面临每 15 年更换 20%的严峻局面。

(6) 竞争对手的情况。了解目前我国高校本专业毕业生的情况(包括人数、素质、就业去向等)，分析他们的优势和劣势，以及我们自身的竞争优势。我们需要明确自己在哪些方面可以与他们竞争。

(7) 经济环境。经济环境对人的职业生涯发展也会产生影响，当经济发展繁荣时，百业兴旺，就业渠道、薪资提升和职业发展的机会就会大增；反之，职业发展可能会受阻。对经济环境的了解可以通过经济改革状况、经济发展速度、通货膨胀率、经济建设状况、国际贸易状况五个方面获得。

四、外、内职业生涯与职业锚

(一)外职业生涯

外职业生涯是指从事职业时的工作单位、工作地点、工作内容、工作职务与职称、工作环境和工资待遇等因素的组合及其变化过程。外职业生涯的构成因素通常是由他人认可和给予的,也容易被他人否认和收回。外职业生涯的因素可能往往与自己的付出相差很大,尤其是在职业生涯初期。有的人一生疲于追求外职业生涯的成功,但内心却极为痛苦,这样的人往往不了解,外职业生涯的发展是以内职业生涯的发展为前提条件。

(二)内职业生涯

内职业生涯是指在职业生涯发展中所具备的知识、能力、心理素质、经验、健康状况、内心感受等因素的组合及其变化过程。内职业生涯的各项因素可以通过他人的帮助获得,但主要依靠自己的努力来实现。一旦获得,这些因素通常不会被他人收回或剥夺。

内职业生涯是真正的人力资本所在,通过提升内职业生涯而取得的工作成绩,会转化为外职业生涯的优势。内职业生涯匮乏的人总是担心找不到好工作,找到工作后又担心失业,担心企业被别人兼并,担心无法晋升,担心未来没有保障,担心自己不能胜任工作。相反,内职业生涯丰富的人会抓住每一次发展的机会,甚至能主动地为自己和为他人创造机会。

(三)职业锚

职业锚又称职业定位,是指当一个人不得不做出选择时,无论如何他都不会放弃的职业中至关重要的东西或价值观,这实际上是人们选择和发展职业时所围绕的中心。职业锚是自我意向的一个习得部分,强调个人能力、动机和价值观三方面的相互作用与整合,是个人与工作环境互动作用的产物,也是在实际工作中不断调整的结果。

职业锚的概念是由美国著名职业生涯管理专家埃德加·施恩(Edgar H. Schein)提出的。他认为,职业生涯规划实际上是一个持续不断的探索过程。在这个过程中,每个人都在根据自己的天资、能力、动机、需要、态度和价值观等,逐渐形成较为清晰的与职业相关的自我概念。随着一个人对自己越来越了解,他就会越来越明确地形成一个占主导地位的职业锚。有些人可能一直不清楚自己的职业锚是什么,直到他们不得不做出某种重大选择时,过去的所有工作经历、兴趣、资质、性向等才会集合成一个富有意义的模式(即职业锚),这个模式会告诉他,对他来说,到底什么东西是最重要的。

施恩在其早期著作《职业动力论》中首次对职业锚理论进行了系统论述,并提出了五种职业锚的概念。1992 年,他又将其拓展为八种职业锚。根据不同的职业锚,人们对职业有不同的选择,从而形成职业生涯的八种方向。

1. 技术/职能型职业锚

以技术/职能为锚位的人,有特定的职业工作追求、需要和价值观,其表现特征如下:

强调实际技术或某项职能业务工作。这类人热爱自己的专业技术或职能工作，注重个人专业技能的发展，往往不愿意选择一般管理性质的职业。他们倾向于选择那些能够保证自己在既定的技术或技能领域不断发展的职业，通常从事工程技术、营销、财务分析、系统分析、企业计划等工作。

2. 管理能力型职业锚

以管理能力为锚位的人，其表现特征如下：愿意承担管理责任，且认为责任越大越好，这是这类人追求的目标。与不喜欢甚至惧怕全面管理的技术/职能型岗位的人不同，他们更倾向于选择能够全面管理、掌握更大权力、肩负更大责任的工作。这类人把具体的技术或职能工作看成通向更高、更全面管理层的必经之路，其职业目标是获得具有相当大职责的管理岗位，通常从事管理类工作。

3. 创造型职业锚

创造型职业锚是定位非常独特的一种职业锚，它在某种程度上与其他类型职业锚有重叠。追求创造型职业锚的人要求有自主权、管理能力，能施展自己的才干，他们需要建立完全属于自己的东西，如以自己名字命名的产品或工艺、自己的公司，或是能反映个人成就的私人财产。然而，这些并不是他们的主要动机和价值观，创造才是他们的主要动机和价值观。他们认为只有实实在在地属于自己的事物或带有自己标记的事物，才能体现自己的才干，如创立自己的公司或品牌。

4. 自主/独立型职业锚

追求自主/独立型职业锚的人，其表现特征为试图最大限度地摆脱组织的约束，追求能施展个人职业能力的工作环境。这类人认为组织生活对人的限制太多，是非理性的，甚至侵犯了个人私生活。他们追求自由自在、不受约束或少受约束的工作生活环境。

5. 安全/稳定型职业锚

追求安全/稳定型职业锚的人，其表现特征如下：职业的稳定和安全是这类人的追求、驱动力和价值观。他们的安全取向主要为两类：一种是追求职业的稳定和安全，稳定源和安全源主要是一个给定组织中的稳定成员资格，如大公司通常具有较高的组织安全性和成员稳定系数；另一种是注重情感的稳定和安全，包括归属感、家庭稳定以及融入团队的情感需求。他们更愿意从事能够提供有保障的工作、体面的收入以及可预测未来生活的职业。对于那些对地理安全性更感兴趣的人来说，如果追求更优越的职业意味着在其生活中引入不稳定或无保障的地域因素，那么在一个熟悉的环境中维持一种稳定的、有保障的职业对他们来说是更为重要。对于另外一些追求安全型职业锚的人来说，安全意味着所依托组织的安全性。他们可能优先选择到政府机关工作，因为政府公务员岗位通常被视为一种终身性职业。这类人更愿意让雇主决定他们从事何种职业。他们极为重视长期的职业稳定和工作保障，愿意为了安定的工作、可观的收入、优渥的福利与养老制度而付出努力。目前，我国绝大多数人倾向于定位为安全/稳定型职业锚。在大多数情况下，这并不完全是个人的意愿，而是由社会发展水平决定的。

6. 服务型职业锚

追求服务型职业锚的人，其表现特征是寻找帮助他人的机会，为人们提供安全稳定的环境，并通过创新产品解决各种问题。

7. 挑战型职业锚

追求挑战型职业锚的人会选择新奇、富于变化且难度较高的工作或职业，他们以战胜各种看似不可能的任务为终极目标。他们喜欢战胜强劲的对手，解决棘手的问题，克服看似无法克服的困难和障碍。

8. 生活型职业锚

生活型职业锚的人希望将工作和生活融为一体，喜欢能够平衡并结合个人、家庭和职业需求的工作环境。因此，这类人倾向于选择工作时间和工作环境具有较大弹性的职业。

五、职业生涯发展

(一)职业生涯发展的定义

从词义学的角度来说，"职业"一词由"职"和"业"构成。"职"即职责、天职、权利和义务；"业"即事业、事情、行业和特定性工作。从社会劳动学的角度来说，职业是劳动者能够稳定地从事的有酬工作。从科学的角度来说，职业是指人们从事的相对稳定的、有收入的、专门类别的社会劳动。职业是一个人的权利、义务、社会职责和社会地位的综合表现，同时也是人们的生活方式、经济状况、文化水平、行为模式、思想情操的综合反映。

"生涯"的英文是 career，根据《牛津辞典》的解释，其原有"道路"之意，可以引申为个人一生的道路或进展途径。美国国家生涯发展协会(National Career Development Association)于 1973 年提出：生涯是个人通过从事工作所创造出的一个有目的的、延续一定时间的生活模式。这个定义包含了一些重要含义，对生涯规划具有重要意义。

职业生涯规划是指个人结合自身情况、眼前的机遇和制约因素，为自己确立职业方向和职业目标，选择职业道路，确定教育计划和发展计划，为实现职业目标而制定行动时间和行动方案，并对计划持续执行与反馈。职业生涯规划是对个人职业生涯的规划，不是社会或学校强加在个人身上的实施方案，而是当事人在内心动力的驱使下，结合社会职业的要求和社会发展利益，依据现实条件和机会所制订的个性化实施方案。因此，从个人的角度来讨论职业生涯规划，它的主要内容包括：自我认识、自我规划、自我管理和自我实现。

(二)职业生涯的发展维度

舒伯认为，生涯发展是一个连续的、长期的发展过程，在人的生涯发展过程中，一个人的兴趣爱好、知识能力、自我概念等都会随着时间及经验而发生改变，从而可以将人的生涯发展划分为成长、探索、建立、维持和衰退五个连续的阶段。

(1) 成长阶段(0～14 岁)，主要特征是个人能力、态度、兴趣及追求的发展。

(2) 探索阶段(15～24 岁)，个人尝试其有兴趣的职业活动，其职业偏好也逐渐趋向于特定领域，但这些特定领域不见得是个人最终的决定领域。

(3) 建立阶段(25～44 岁)，个人由于工作经验的增加以及不断努力尝试，在自己的领域里逐渐能稳定下来。

(4) 维持阶段(45～64 岁)，个人在工作职位上不断调适、进步，并逐渐在自己的领域里占有一席之地。

(5) 衰退阶段(65 岁及以后)，个人可能欣赏自己在工作上的成果，同时也思考退休之后的一些问题。

舒伯指出，在不同发展阶段，有不同的发展任务。在 20 世纪 90 年代，舒伯又尝试以生涯彩虹图来阐释，如图 2-1 所示。

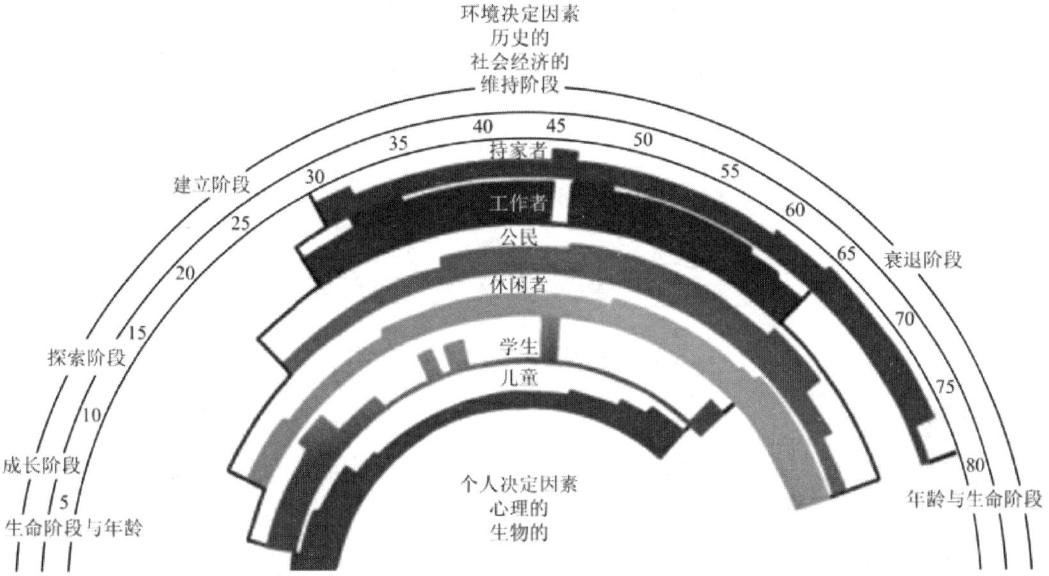

图 2-1　舒伯的生涯彩虹图

他的生涯发展理论如图 2-2 所示。他认为，在生涯发展的不同阶段中，个人所扮演的角色经常随着社会环境及个人发展而有所不同，拱门图能用来表示个人所处的环境、社会，以及个人的心理及生理基础如何影响个人的生涯发展。

在图 2-2 中，拱门的底部是个人所处的生理及环境基础。左侧的拱柱代表着个人生理条件及由此发展出来的相关心理因素，包括个人的需求、价值观、兴趣、智力、性向与特殊倾向，以及人格特质等；右侧的拱柱代表着地理环境因素，以及由此发展出来的相关社会及经济变量，包括社区、家庭、学校、同伴团体，以及社会经济政策和就业状况等。

在左右两大拱柱之上的拱形，由生涯发展阶段与自我概念串联而成，主导个人的生涯选择与发展。这两个拱柱向上延伸，透过个人的生涯发展阶段，逐渐形成"角色的自我概念"。居于拱门中央最高点的是"自我"，"自我"的支撑力量是由左右两侧一块块的基石从底层堆积而上。正因为这些基石的存在，"自我"才能屹立于顶端。基于基石之间的接缝，必须有水泥镶砌其间，舒伯称这些水泥为各种学习理论。

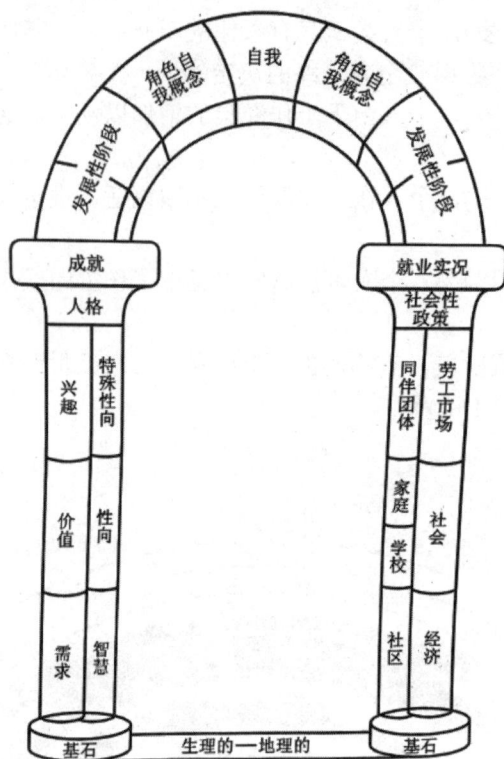

图2-2　舒伯的生涯发展拱门模式

🔗 **拓展阅读2-1**

　　小王是一名即将毕业的大学本科生，面临着从校园走向社会的转折点。他对未来充满了期待，但同时也感到一丝迷茫和焦虑。在一次职业生涯规划讲座中，小王听到了一个让他印象深刻的故事。

　　故事的主人公小李，和小王一样，也曾是一名普通的大学生。小李在大学期间学习成绩优秀，但对自己的职业方向并不清晰。在毕业前夕，他通过参加学校举办的职业生涯规划工作坊，开始学习如何进行自我评估、了解行业趋势、设定职业目标以及制订行动计划。

　　在工作坊的引导下，小李首先进行了自我评估，发现自己对数字和市场分析有着浓厚的兴趣，并且具备较强的逻辑思维能力。接着，他通过市场调研，了解到金融分析师是一个前景广阔的职业。于是，小李设定了自己的职业目标：成为一名专业的金融分析师。

　　为了实现这一目标，小李制定了详细的行动计划，包括自学金融相关知识、参加行业实习、拓展职业网络等。在执行计划的过程中，小李不断评估自己的进展，并根据反馈调整计划。他利用业余时间学习金融模型和数据分析工具，积极参加行业交流活动，逐渐提升了自己的专业能力。

　　最终，小李在毕业前成功获得了一家知名金融机构的实习机会，并在实习期间表现出色，获得了正式工作的录用通知。这个故事让小王意识到，掌握职业生涯规划的基础知识，不仅能够帮助他明确职业方向，还能为他未来的发展奠定坚实的基础。

第二节　职业生涯规划的基本概念

职业生涯规划的
基本概念.mp4

一、职业生涯规划的含义

"职业生涯"勾勒了个体从职业启蒙之初，到职业生涯巅峰乃至圆满落幕的全程轨迹。它不仅是专业实践的累积，更是个人智慧、才能与生命意义在职业领域内的深刻交融与持续绽放。

"职业生涯规划"，则是一项高瞻远瞩的自我导航工程，它要求个体在洞悉自我本质——包括独特才能、深层动机与高远志向——的同时，精准把握时代脉搏，融合行业前沿动态与未来趋势，从而设定既雄心勃勃又切实可行的职业愿景。这一过程不仅涉及对职业路径的深思熟虑的选择，更包括一系列旨在深化专业素养、拓宽国际视野、强化创新思维的教育与培训计划的设计与实施。它是一场关于自我超越的精心策划，通过策略性的行动规划，确保每一步都稳健地迈向理想的职业巅峰。

因此，进行职业生涯规划，实则是在绘制一幅精细入微、意蕴深远的未来人生图谱。这不仅是对个人职业旅程的精心布局，更是对自我潜能的深度挖掘与极致发挥，力求在职业生涯的浩瀚星空中，留下独一无二、璀璨夺目的光芒。

二、职业生涯规划的特性

职业生涯受到多种因素的影响，它既依赖于个人的偏好与职业选择，又依赖于劳动力市场提供的工作机会。职业生涯是个人、家庭、社会等多方面相互作用的结果，每个人的职业生涯发展轨迹不尽相同，但其内在特性主要表现在以下几点。

(1) 发展性。职业生涯是一种发展的动态过程，是逐步实现职业目标，不断设立并实施新目标的过程。这一发展过程主要有两种表现形式：一种是职务的升迁，即在同一职业或同一个组织中，一个人职位的不断晋升；另一种是职业的改变，即一个人所从事工作内容的变化。例如，一个人在某一企业某一岗位上工作，先是一般技术工人，经过努力成长为技术人员，这是职位上的改变。

(2) 阶段性。每个人的职业生涯都由若干个不同的发展阶段组成，在不同的发展阶段，有不同的发展目标和发展任务。一般情况下，前一个阶段是后一个阶段的基础，后一个阶段是前一个阶段的发展，各个阶段之间具有递进性。例如，绝大多数中职毕业生从事的第一份工作都是基础性的，多在单位的基层岗位，这是职业生涯的起步阶段。从业人员的任务是要尽快熟悉和掌握职业技能，成为一名合格的技术工人；随着技术的不断熟练，任务和目标也会进一步提升。经过不断磨炼，很多中职生在自己的岗位上都取得了优异成绩，还有一些人最终选择自主创业，也取得了成功。

(3) 整合性。在职业生涯发展过程中，个人并非仅仅局限于工作或职位，而是与家庭、业余生活紧密联系在一起。职业选择往往决定一个人的生活状态，多重角色的存在以及每种角色的不同期望，使每个人在职业生涯中不断寻找平衡点。

(4) 独特性。每个人对未来职业的憧憬存在差异，职业选择的态度多种多样，从事某种职业的条件不同，职业中付出的努力程度不一样，对职业的评价角度也不一致，从而使每个人的职业生涯呈现出独特的个性。

(5) 互动性。职业生涯是个人与社会、个人与环境、个人与自我、个人与他人互动的结果。人是社会关系的总和，不能脱离社会而存在。社会上新职业的不断涌现和职业需求的不断变化，促使个体重新思考未来的职业生涯。个体自我认知的深化、新技能的开发、就业能力的提升，对职业生涯有着重要影响。通过熟人、朋友、群体以及组织建立起来的社交关系网，为个人提供职业生涯发展的动力与方向。

三、职业生涯规划的原则

大学生是国家未来发展的重要人才，三百六十行，行行出状元。只要通过合理有效的职业生涯规划指导，大学生可以充分发挥个人优势，实现职业理想与个人价值。然而，尽管大学生拥有一定的知识储备和理论基础，但在社会实践与职业认知方面仍然存在不足。他们在面临就业压力和选择职业道路时，内心常常会产生各种矛盾和冲突，如对职业目标不清晰、自我认知模糊、对社会需求缺乏了解等，这些因素可能会影响他们的职业生涯发展。因此，大学生在职业生涯规划中应从自身实际出发，首先要明确职业目标，并在思想、心理和技能等方面做好充分准备，为将来进入职场奠定坚实基础。在职业生涯规划的过程中，大学生要综合考虑个人的兴趣、能力和价值观，与社会需求相结合，制定适合自己的职业发展路径。无论是职业生涯规划指导，还是个人的自我规划，都要科学、理性地进行，才能有效应对未来的职业挑战，实现个人与社会的双赢。

(1) 与专业学习和社会实践紧密结合。大学生的职业生涯规划不仅依赖于课堂上的知识积累，更依赖于社会实践和实习机会。他们在大学阶段不仅学习理论知识，还要通过实习、科研项目、社团活动等不断积累实际经验。因此，职业生涯规划应贯穿整个大学生涯，结合所学专业和社会需求，明确职业方向。通过实习、行业调研等机会，大学生能够将课堂知识应用于实际，提升对未来职业的认知与规划能力。

(2) 注重自我认知与职业目标的明确。大学生已具备一定的生活阅历与认知能力，但对于自我认知和职业定位仍然可能存在模糊。职业生涯规划需要帮助大学生深入思考自己的兴趣、能力、性格和职业理想。通过心理测评、职业生涯规划课程和职业咨询服务，大学生能够更好地认清自己的优势与不足，设定清晰的职业目标。与中职生相比，大学生职业生涯规划更侧重于自主性与个性化的职业发展路径，而非仅仅为了就业。

(3) 强化核心竞争力的培养。大学生职业生涯规划的关键在于提升个人的核心竞争力，包括专业能力、通用技能和职业素质。除了学科知识外，团队协作能力、沟通技巧、领导力和创新思维等综合素质在就业市场中至关重要。大学生在规划职业生涯时，应有意识地培养这些能力，为未来的职业发展打下坚实基础，特别是在跨学科领域和全球化背景下，培养适应多样化工作的能力尤为重要。

(4) 拓宽职业视野，适应多元化的就业环境。与中职生相比，大学生面临的职业选择更加多元化和复杂化。他们的职业生涯规划不仅要考虑如何顺利就业，还要考虑职业发展的长期性和多阶段性。因此，大学生应扩大职业视野，主动了解行业趋势、市场需求以及全球就业机会。同时，学校应通过校企合作、职业指导中心等途径为大学生提供更多职业探索的机会，帮助他们逐步明确职业方向并适应多元化的就业环境。

(5) 建立长期的职业生涯发展路径。大学生的职业生涯规划不仅仅局限于毕业后的第一份工作，还应考虑长期的职业发展。在做职业生涯规划时，大学生需要有全局观，考虑未来的职业发展阶段，包括晋升路径、继续教育和职业转型等。学校可以通过职业指导、校友资源和行业导师等途径，帮助大学生为未来的职业生涯建立更完善的长期发展策略。

第三节 职业生涯规划的价值与作用

职业生涯规划的
价值与作用.mp4

在当今快速变化的职业环境中，有效的职业生涯规划通过以下三个方面展现其核心价值：保障就业竞争力、促进个人成长、实现职业与人生的协调发展，这些作用构成了现代职业发展的支撑体系。

一、保障就业竞争力

(一)激烈的市场竞争，严峻的就业形势

大学生就业形势的原因纷繁复杂，从联系的角度来看，它是万事万物普遍联系的结果。世界上没有孤立存在的事物，每一种事物都与周围的事物存在这样那样的联系。作为一个普遍的哲学范畴，"联系"意味着事物内部各要素之间、事物与事物之间相互影响、相互制约、相互作用。

就业问题是重大的经济社会问题，具有重要性、紧迫性和长期性。对很多大学生而言，毕业即失业，四处跳槽，甚至在家啃老，是很多年轻人正在经历的困境。"就业难"成了绝大多数年轻人心中的困惑，其实，难的不仅仅是找到一份工作，而是找到一份人岗相适、薪酬满意的好工作。

现代社会对职场的要求越来越高，拥有必要的知识和技能对于成功就业至关重要。通过职业生涯规划，大学生可以提前了解未来工作的需求和趋势，并有针对性地学习和培养相关的知识和技能，从而增加自己在就业市场上的竞争力。因此，职业生涯规划的意义显得尤为重要。

(二)职业生涯规划对于就业的作用

职业生涯规划，对大学生而言，就是在自我认知的基础上，根据自己的专业特长和知识结构，结合社会环境与市场环境，对未来要从事的职业以及要达到的职业目标所作的方向性规划。因此，大学期间是职业生涯规划的黄金阶段，对大学生个人的未来职业走向和职业发展具有十分深远的影响。

职业生涯规划有助于全面提高大学生的综合素质，避免学习的盲目性和被动性；规划个人的职业生涯，可以使职业目标和实施策略了然于心，并便于从宏观上进行调整和掌控，能让大学生在职业探索和发展中少走弯路，节省时间和精力。同时，职业生涯规划还能对大学生起到内在的激励作用，使大学生产生学习和实践的动力，激发他们不断为实现各阶段目标和终极目标而努力。大学生首先要认识到生涯规划的重要意义，职业生涯活动

将伴随我们大半生，拥有成功的职业生涯才能实现完美人生。因此，职业生涯规划具有特别重要的意义。

职业生涯规划应该从大学生入学开始就进行培养、引导和训练，以便为大学生未来的职业发展打下坚实的基础。了解自己是职业生涯规划中最难的事情，适当使用性格测验等科学工具，并结合专业咨询师的协助，有助于厘清兴趣与能力的盲点。更重要的是帮助个人真正了解自己，为自己定下事业大计，筹划未来。在此基础上，进一步详细估量主、客观条件和内外环境的优势和限制，在"衡外情、量己力"的情形下，设计出符合自己特点的合理而可行的职业生涯发展方向。

二、促进个人成长

1. 如何发现兴趣

在过往接受的教育理念中，我们往往面临这样一个现实：在家庭和学校环境中，家长和教师们更关注孩子的学习成绩——也就是可以显性化呈现、被排名衡量高低的分数。在这样的教育背景下，每个人的天赋和独特优势就很容易被忽略，甚至被遗忘。而个人天赋就像一颗被蒙上尘埃的宝石，即便被遗弃在一个偏僻的角落，它也在静静等待被发掘的那一天，等待闪耀光芒。寻找自己的闪光点。

2. 目标拆分

其次是拆分目标。可以先确立长期目标，再拆分出中期目标，进而列出短期和近期目标。这就是人生规划的整个过程。自我认知是一个浩大的工程，很多人宁愿闻风而动，四处乱窜，也不愿意静下心来聆听内心的声音，剖析自己，其中带有恐惧和逃避。你越敢对自己忠诚，你的直觉也就越敏锐，也就越能发掘出自己的优势领域，刻意投入，形成个人和职场的核心竞争力。

3. 个人成长与自我提升

在这个日新月异的时代，我们每一个人都像是航行在广阔无垠大海中的小船，不断面对风浪的洗礼，也在风雨中磨砺出坚韧的品格。作为一名普通的上班族，我深知个人成长与自我提升的重要性，它不仅仅关乎职业发展，更是我们实现自我价值、拥抱精彩人生的必由之路。

自我提升是一个永无止境的过程。在这个过程中，我们需要保持一颗好奇心，勇于尝试新事物，不断挑战自我。每一次的尝试，无论成功还是失败，都是一次宝贵的经历。它们会让我们更加了解自己，也会让我们更清楚自己的优势和不足。通过不断地反思和总结，我们能够不断调整自己的方向，找到最适合自己的成长道路。

4. 人际关系与社会贡献

同时，我们也要学会与他人建立良好的关系。人是社会性动物，我们的成长离不开与他人的交流和合作。通过与他人分享经验和知识，我们不仅能够获得更多的启发和灵感，还能够建立起深厚的友谊和信任。这种良好的人际关系，不仅会让我们的生活更加丰富多彩，也会为我们的个人成长提供有力的支持。

当然，在追求个人成长的过程中，我们也不能忽视对社会的贡献。作为社会的一员，我们有责任和义务为社会的发展贡献自己的力量。无论是通过工作创造价值，还是通过志愿服务帮助他人，我们都能在实现自我价值的同时，为社会的美好未来添砖加瓦。

三、实现职业与人生的协调发展

上学的最终目的是就业，无论是创业还是找工作，都是我们必须经历的过程。职业生涯规划对于大学生来说非常重要。只有规划好未来的职业生涯，才能更容易地享受未来美好的生活。

职业生涯规划的作用在于帮助我们树立明确的目标并进行管理，运用科学的方法，采取可行的措施，发挥个人的专长，开发自己的潜能，不断修正前进的方向，最后获得事业的成功。目标之所以有用，不仅仅是因为它能帮助我们从现在走向未来。有了明确的目标和方向，才能激励人们去奋斗，并积极创造条件去实现目标，避免漫无目的随波逐流。

职业生涯规划不仅具有重要的理论价值，同时也具有很强的现实意义。大学生进行职业生涯规划的现实意义体现在以下几个方面。

(1) 帮助大学生充分认知自我：很多大学生能够充分了解自己的个性、兴趣和能力，但对自己喜欢的职业和不喜欢的职业，却很少有人能清楚地知道。通过职业生涯规划，大学生能够充分认知自我，正确合理地认识自身，通过科学的方法对自己进行评估，从而实现自我定位和职业定位，选择自己喜欢且适合的职业。

(2) 增强大学生应对社会竞争的能力。当今市场经济条件下，各种竞争日益激烈，要想在竞争中占据有利位置，就需要找到一个适合自身发展的平台。

(3) 激励大学生合理安排大学的学业。大学生的学业管理应以职业为导向，即根据所选择的职业制定相应的学业计划。每个人的学业计划都不会完全相同，多多少少会存在一些差异。

(4) 合理配置就业市场中的人才。大学生的盲目就业往往会给本已混乱的人才市场雪上加霜。职业生涯规划把毕业生引导到人职匹配的良性择业道路上，为人才市场的供求理顺了秩序，从而为社会发展带来生机。

(5) 提升大学生的职业能力。系统的职业生涯规划教育可以帮助大学生找到适合自己的就业方向，还能有意识地提高自己的综合素质，锤炼自身的综合能力。通过不断地尝试相关的社会实践活动，大学生可以提高自己的社会责任感和抗挫折能力，最终使得自己的综合职业能力得到较大提升，获得用人单位的认可并顺利进入职场，完美实现自己的人生价值。

职业生涯规划是对未来生活的提前布局，合理有效的职业生涯规划在每个人的职业生涯中起着决定性作用。好的职业生涯规划将为我们带来未来美好的生活。

拓展阅读 2-2

小明是一位大学三年级的大学生，面临着毕业和就业的双重压力。他在大学期间学习成绩优异，但对未来的职业方向感到迷茫。在一次职业生涯规划课程中，小明了解到职业生涯规划的重要性，并决定亲自尝试。

首先，小明通过自我评估，认识到自己对计算机科学和数据分析有着浓厚的兴趣，同时具备较强的逻辑思维能力和编程技能。接着，他进行了市场调研，发现数据分析师在当前就业市场中需求旺盛，且与自己所学专业相符。

于是，小明设定了自己的职业目标：成为一名优秀的数据分析师。为了实现这一目标，他制定了详细的行动计划，包括参加数据分析相关的实习项目、自学 Python 和机器学习课程，以及参加职业发展研讨会等。

在执行计划的过程中，小明不断评估自己的进展，并根据反馈调整计划。例如，他发现自己在数据处理方面有所欠缺，便加强了这方面的学习。经过一段时间的努力，小明成功获得了一家知名互联网公司的数据分析师职位，实现了自己的职业目标。

🔗 **拓展阅读 2-3　职业生涯规划的方法与步骤(扫描右侧二维码)**

本 章 小 结

本章深入探讨了大学生如何认识大学与职业生涯之间的关系，强调了大学教育在个人职业发展中的重要作用。通过自我评估、了解职场需求、规划学习路径和积极参与实践活动，大学生可以更好地将大学学习与未来职业生涯相结合，为实现顺利就业和职业发展奠定坚实基础。本章小结提醒我们，大学不仅是知识的殿堂，更是职业生涯的起点，每位大学生都应珍惜大学时光，为自己的未来做好准备。

复习与思考

(1) 影响职业生涯的因素有哪些？简述这些因素对职业生涯的影响。

(2) 分析职业选择时应考虑的因素有哪些？

(3) 从现在行动，思考自己的职业生涯目标，并制定一份初步的职业生涯规划。

(4) 阐述职业生涯规划的意义，并说明职业生涯规划对大学生的影响。

第三章 职业世界探索

课程目标

- **知识目标：** 大学生通过了解职业的基本含义、分类和评价，为后续的职业生涯规划奠定理论基础。
- **能力目标：** 大学生能够从众多职业筛选出与自己专业或能力相关的职业，对职业选择形成初步认识。
- **素质目标：** 大学生在探索职业世界的过程中，感受中外文化的差异性和趋同性。

重点和难点

(1) 了解新修订的职业分类大典，掌握新增的数字职业。
(2) 掌握现行职业制度的内容。
(3) 理解职业声望的影响因素。

知识结构逻辑图

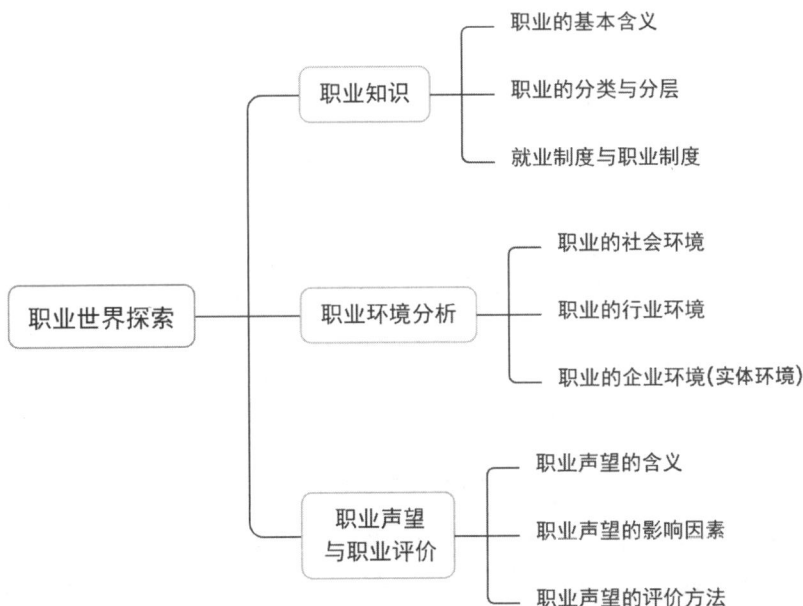

职业世界探索
- 职业知识
  - 职业的基本含义
  - 职业的分类与分层
  - 就业制度与职业制度
- 职业环境分析
  - 职业的社会环境
  - 职业的行业环境
  - 职业的企业环境(实体环境)
- 职业声望与职业评价
  - 职业声望的含义
  - 职业声望的影响因素
  - 职业声望的评价方法

情景导入

在大连庄河市光明山镇财主房村，一位名叫王铎臻的青年干部正以他的智慧和汗水，书写着乡村振兴的生动实践。

作为沈阳理工大学的优秀毕业生，王铎臻在校时曾担任班级负责人、校研究生会主席团成员。2022 年毕业后，他以选调生的身份来到光明山镇财主房村，担任村党总支部记助理。两年来，他利用互联网渠道为农户开阔销路，推动草莓包装设计和深加工等项目，带动乡亲增收致富，开启了乡村振兴的生动实践。

8 月 16 日，《人民日报》点赞沈阳理工大学选调生王铎臻"用小草莓带动乡亲增收致富"。驻村伊始，他发现光明山镇草莓品质好，产量高，但与邻市的东港草莓相比，知名度和销量却差很多。在镇领导的建议下，他创新思路，和同事开始了直播带货的尝试。从最初直播的"老古板"到如今的"小灵通"，经过近 6 个月时间的摸索和积累，他目前发布的大多数短视频浏览量都能达到两三万。他还被庄河市文旅局聘请为"庄河市文旅推荐官"，在一次不到 20 分钟的直播中，卖出产品 30 多单，一度登上了该平台辽宁省带货榜，3 场直播售出草莓近 500 斤。

(资料来源：本书作者整理编写)

第一节　职业知识

职业知识.mp4

职业是社会发展到一定阶段的产物，是随着劳动分工逐渐形成并持续存在的一类工作的统称。早在古希腊时代，古希腊哲学家柏拉图(Plato)就意识到多样性是人的本质属性，不同的人适合做不同的事，这也是劳动分工思想的起源。

一、职业的基本含义

(一)职业是重要的社会现象

职业即长期稳定从事的、有经济报酬的社会活动，体现了个人与社会的互动。日本社会学家尾高邦雄(Kunio Odaka)认为，职业是某种特定的社会分工或社会角色的持续实现，因此职业包括工作、工作的场所和地位。从经济学角度分析，职业明显包含"为了满足生活所需而从事的经常性活动"。《中国法学大辞典·劳动法学卷》中将"职业"定义为：劳动者利用专门的知识和技能，在社会生活中，从事以获得合理报酬作为主要物质生活来源并能满足自身精神需求，为社会做贡献的工作。

案例 3-1

湖南姑娘黄文静的职业

25 岁的湖南姑娘黄文静，自湖南女子学院毕业后创办公司。7 年逐梦，她不仅将自己的兴趣"整理收纳"发展成事业，还带动了上千人就业。她的创业梦源于热爱，"我相信家政会成为更多人选择的职业"这一想法萌芽于大学一年级。经过 4 年的锤炼，2021 年，黄文静从湖南女子学院家政学专业毕业后，创办了一家以整理收纳为主营业务的高端家政服务公司——湖南云想家庭服务有限责任公司。"云想衣裳花想容"——黄文静以"云想"为品牌命名，寓言"云"象征干净整洁，同时寄托对美好生活的向往。她表示："整理收纳师的出现证明了生活品质的提升，我们公司的使命就是让更多的人享受高品质的生活。"

大学毕业后，黄文静带着情怀，把热爱的事情做成了事业。公司发展势头良好，收到许多企业的合作邀请，并与湖南、广东等地的龙头家政企业开展深度战略合作，这让她对未来充满信心。7 年间，黄文静的项目团队依托湖南女子学院，为整理收纳行业培养每届 200 名大学生，累计带动 800 余名大学生就业，服务时长超 30 万小时；开展 78 场社区和乡村公益活动，线上线下赋能农村妇女 1500 余名，完成 298 名家政服务人员的技能提升培训，举办 200 余场社区技能培训课堂，并为 22 所中小学提供劳动素质整理收纳培训。

回顾创业之路，黄文静感慨："天时、地利、人和缺一不可。"这些年来，母校是她坚实的后盾，以其雄厚的师资力量和卓越的人才培养体系，为她提供了源源不断的智力支持与人才储备。同时，依托长沙这片充满活力的创业热土，在政策扶持、客户资源充足、社会包容性高等优势下，她找到了属于自己的职业舞台。

（资料来源：本书作者整理编写）

(二)职业的概念

美国著名哲学家、心理学家杜威(John Dewey)从实用主义哲学观点出发，认为职业是人们从中可以获取利益的一种生活活动。美国经济学家舒尔茨(Theodore W. Schultz)认为，职业是为了不断取得个人收入而连续从事的、具有市场价值的特殊活动，这种活动决定着从业者的社会地位。日本劳动问题专家保谷六郎(Hodani Rokuro)认为，职业是有劳动能力的人为获取生活所需而发挥个人能力，向社会做出贡献的连续性活动。

我国学者较为认同的职业定义是：职业是指人们为了谋生和发展而从事的相对稳定、具有经济收入和特定类别的社会劳动。职业不仅是人们谋生的手段，也是人们与社会进行交往的一种渠道，同时更是一个人实现人生价值的场所，从这个角度看，职业问题并非简单的工作问题，职业生涯规划和发展也不仅仅是找到一份满意的工作。

"职业"一词中，"职"指职务，即执掌之事；"业"指业务，源自"修业"，即中国古代人把要做的事情在木棒上刻成锯齿状，一个锯齿代表一件事情，完成一件事则去掉一个锯齿。英文中，职业始于 vocation 一词。vocation 最初是指诸如僧侣、修女、牧师全心侍奉上帝的工作——沉思与祷告，带有浓厚的宗教色彩。随着新教的兴起，人们开始将日常工作作为上帝赋予的神圣使命，努力去完成，到了 18—19 世纪，随着企业家精神的兴起，职业成为人们获得存在感及自我实现的途径。在此期间，vocation 曾专指以体力劳动为主的职业，而 profession 则专指需要接受高等教育(尤指法律、医学和神学)的职业。如今，occupation、profession 和 vocation 已成为中性词汇，不再带有褒义或贬义色彩。

综上所述，从社会学和经济学的角度来看，职业可以被定义为：人们为了满足自身和家庭的生活所需，实现自我价值并为社会服务而从事的长期的、相对稳定的专门工作。它是随着社会分工产生的一类工作的统称。

(三)职业与职位、职务的关系

职业是对所从事工作性质的概述，例如教师、职员、医生、护士等；职位即岗位(position)，它是指机关或团体中执行一定任务的位置。只要是企业的员工，就应有其特定的职位，职位通常也称为岗位；职务是指组织内具有相当数量和重要性的一系列职位的集合或统称。是一组职责相似或相同的职位。职务是职员所具有的头衔称谓，包括职权和职责两方面内容。公司中的职务体系来源于国企行政职务划分，因此，科员、主任、经理、总经理等称呼原则上对应职务。随着语义的发展，职位也有此意思。

> **案例 3-2**
>
> 李梅通过国家公务员统一考试，考取了中共中央直属机关事务管理局，主要负责信息化管理等工作。她的职业是国家公务员，职位是信息管理岗位，职务为一级主任科员。
>
> （资料来源：本书作者整理编写）

二、职业的分类与分层

职业分类是社会劳动分工的记录，是横向的社会职业类别的划分。职业分类是以职业的地位和声望为标准，而职业分层则是根据从事职业的工资待遇和反映的职业地位来划分，职业分层体现了社会的价值取向。

(一)职业的分类方法

在繁杂的职业世界中挑选出相关、有用的信息是一项艰巨的工作；从众多职业中找出与自己专业和技术能力相匹配的工作也相当困难。如果能够按照一定的规则来划分，就可以轻松地找到与自己特点相符的工作。

越是人口众多、经济发达、市场开放的地区，职业的种类就越多，选择的空间也越大。每种职业都有可能成为发展的机会，但也可能成为发展的陷阱。只有在充分了解自身的基础上，再更全面、更具体地了解职业种类，才更容易做出正确的选择。反之，则会处于被动。

职业分类作为制定职业标准的依据，也是开展职业教育培训和人才评价的重要基础性工作。职业是随着生产力发展和社会劳动分工的出现而逐步产生和变化的。

1. 国外的职业分类

在国外，一般将职业按照以下三种不同分类方法进行分类。

(1) 按照脑力劳动和体力劳动的性质、层次进行分类。这种分类方法把工作人员划分为白领工作人员和蓝领工作人员两大类。白领工作人员包括专业型和技术型的工作人员，以及农场以外的经理和行政管理人员、销售人员、办公室人员。蓝领工作人员包括手工艺类的工人、非运输性的技工、运输装置工人、农场以外的工人、服务性行业的工人。这种分类方法明显表现出职业的等级性。

(2) 按照心理的个别差异进行分类。这种分类方法基于美国著名职业指导专家霍兰德创立的人格 - 职业类型匹配理论，将职业按照人格类型划分为现实型、研究型、艺术型、社会型、企业型、常规型六种(详见本章第二节)。

(3) 按照各个职业的主要职责或"从事的工作"进行分类。这种分类方法较为普遍，以下是两种代表示例。

- 国际标准职业分类。国际标准职业分类将职业由粗至细分为四个层次，包括 8 个大类、83 个小类、284 个细类、1506 个职业项目，总共列出 1881 个职业。其中，

8 个大类分别是：①专家、技术人员及有关工作者；②政府官员和企业经理；③事务工作者以及相关工作者；④销售工作者；⑤服务工作者；⑥农业、农牧业、林业工作者及渔民、猎人；⑦生产和有关工作者、运输设备操作者和劳动者；⑧不能按职业分类的劳动者。这种分类方法便于提高国际职业统计资料的可比性和国际交流。

● 加拿大《职业岗位分类词典》的分类。该词典将国民经济中主要行业的职业划分为 23 个主类，主类下分 81 个子类、489 个细类、7200 多个职业。此种分类对每种职业都有定义，逐一说明了各种职业的内容及从业人员在普通教育程度、职业培训、能力倾向、兴趣、性格及体质等方面的要求，具有较大的参考价值。

2. 我国的职业分类

职业分类大典是我国职业分类的成果形式和载体，在开展劳动力需求预测和规划、统计分析就业人口结构和趋势、开展职业教育培训和就业指导等工作中，发挥着基础性和导向性作用。

1999 年，我国颁布了第一部国家职业分类大典，这标志着适应我国国情的国家职业分类体系基本建立。随着经济社会发展、科学技术进步和产业结构调整，社会职业构成和内涵发生较大变化，2010 年底，我们启动了国家职业分类大典的第一次修订工作，历时 5 年，颁布了 2015 年版《中华人民共和国职业分类大典》。

为了适应当前职业领域的新变化，更好地满足优化人力资源开发管理、促进就业创业、推动国民经济结构调整和产业转型升级等需求，人社部(中华人民共和国人力资源和社会保障部)于 2021 年 4 月启动了《职业分类大典》的第二次修订工作，并于 2021 年 9 月 28 日正式公布了 2022 版《职业分类大典》。

新版大典包括 8 个大类、79 个中类、449 个小类、1636 个细类(职业)。与 2015 年版大典相比，新增了法律事务及辅助人员等 4 个中类，数字技术工程技术人员等 15 个小类，碳汇计量评估师等 155 个职业(含 2015 年版大典颁布后发布的新职业)。

新版大典首次标注了数字职业(标注为 S)。数字职业是从数字产业化和产业数字化两个视角，围绕数字语言表达、数字信息传输、数字内容生产三个维度及相关指标，综合论证得出的。标注数字职业是我国职业分类的重大创新，对推动数字经济和数字技术发展，以及提升全民数字素养，具有重要意义。新版大典中共标注数字职业 97 个。

新版大典沿用了 2015 年版大典的做法，标注了绿色职业 133 个(标注为 L)。新版大典中，既是绿色职业又是数字职业的有 23 个(标注为 L/S)。

此次新版大典的发布，特别是新增职业的发布，对于增强从业人员的社会认同度、促进就业创业、引领职业教育培训改革、推动经济高质量发展等，都具有重要意义。

(二)职业分层

职业分层是指通过对某种职业所对应的经济收入、权力地位和社会声望进行评价，从而对多种职业进行排序的分层方法。

职业分层的功能是由职业分层与社会分层之间的辩证关系以及职业分层的特点所决定的。职业分类与分级体系的分层功能主要体现在以下四点：①在职业基础上，个人彼此共享的社会经济关系；②基于职业与权威和资本不同关系的阶级利益；③作为职业资格的技能和知识，因其稀缺性和需求特性，可以转换为特权；④不同社会地位或声望所代表的职业象征价值与相应特权。

以上四点，实际上可以作为职业分类与分级体系的分层维度和排序依据。例如，①社会经济地位指标就是职业地位测量的重要维度之一；②基于资本所有权的雇佣关系也是职业分层的重要流派；③技术是目前国际标准职业分类的首要分类标准；④职业声望已成为职业分层国际比较研究中通行的重要尺度。

从社会学的学术功能意义上讲，依托职业分类和分级系统建构的职业分层体系具有以下功能：

(1) 职业分层的社会功能。职业分层可以测量社会资源和社会报酬的分布与再分配情况以及职业中的性别、家庭、社会网络等情况。

(2) 职业分层的经济功能。职业分层集中反映了每个职业成员的"生产位置"和"市场位置"。"生产位置"通过职业范畴内的工作关系，反映了生产过程中的社会关系结构和变迁，可以透视出生产资料所有权、技术以及权力等与职业的关系；也可以描述企业组织内部劳动力市场的职业结构与流动关系。"市场位置"则通过产业分割和部门分割形成的初级和次级劳动力市场的人力资本结构与流动，以及职业转换比率，反映出职业市场中的制度结构和"路径变迁"。

(3) 职业分层的政治功能。职业分层通过职业内外的组织、社团以及管理关系，反映职业中的权力资源分布与再分配情况，以及权力的获得和运作方式。

(4) 职业分层的文化功能。职业分层通过职业的社会化过程，反映出职业意识形态、自我认同、价值观念的形成和变化。这些理论功能使职业分层在社会学中具有独特的地位。

职业分层在社会学中的学术地位和功能取决于职业分层理论的建构。职业分层的理论架构主要包括职业范畴、职业分类的逻辑与标准、职业分类和分级体系，职业指标体系、解释的理论依据以及相关的社会、经济、政治、文化因素的推论等。无论从社会分层理论体系的演绎路径来看，还是从职业的经验数据提升到理论的归纳路径来看，职业分层理论作为逻辑的中介环节，应属于中程理论。

三、就业制度与职业制度

(一)市场就业体制

就业工作关乎民生、社会稳定，是我国经济高质量发展的基石。党的二十大报告对"实施就业优先战略"作出明确部署，为就业促进工作提供了遵循和指导。

在由计划经济体制向社会主义市场经济体制转变的过程中，中国的就业制度和就业机制发生了重大变化。国家改变了计划经济体制下统包统配的就业制度，逐步过渡为市场经济条件下的市场就业体制，建立了以国家促进就业、市场调节就业和劳动者自主择业相结合的市场就业新机制。

改革开放前，我国主要通过统筹计划方式实现劳动力资源配置。改革开放后，伴随着社会主义市场经济体制的建立和完善，劳动力资源配置逐步推进市场化改革。通过扩大企业用工自主权、引入劳动合同制等措施，逐步改变了计划经济体制下的传统劳动用工模式，形成了与社会主义市场经济要求相适应的劳动力市场机制。《中华人民共和国劳动法》《中华人民共和国劳动合同法》等一系列相关法律法规相继出台，明确了劳动关系各主体的法律地位，规定各类企业实行全员劳动合同制，明确了劳动合同双方当事人的权利和义务。经过不断探索，我国已经形成了以市场供求关系为基础的市场化就业决定机制和工资形成机制，市场在劳动力资源配置中的决定性作用得到了充分发挥。

(二)社会就业制度与职业制度

一个国家建立的与经济形式相适应的劳动就业管理制度。社会主义社会的劳动就业制度是国家为保障劳动者就业所制定的法规制度，是社会主义经济管理体制和劳动制度的一个重要组成部分。党的十一届三中全会以后，根据党中央、国务院的决定，国家对就业制度进行了重大改革，改革了国家统包的就业制度，从而改变了长期以来人们单纯依靠全民所有制单位安排就业的状况。我国现行的就业制度就是在这种历史条件下逐步形成的，此外还包括劳动就业统计和社会劳动力资源管理等方法和制度。

高等学校毕业生就业工作是多层次人力资源配置中最初始也是最重要的一环。这一环节工作的好坏直接制约着国家和个人各方面事业的发展。随着我国社会主义市场经济体制的逐步建立和劳动人事制度的改革，高等学校毕业生就业制度已经发生了深刻的变化，单纯依靠组织分配就业的做法已被招聘、招考、录用等多元化的就业方式所取代。特别是高等教育步入大众化阶段后，高等学校毕业生就业形势也发生了较大变化。目前，以市场为导向、政府调控、学校推荐、大学生与用人单位双向选择的毕业生就业机制已初步形成。对于大学生来说，了解我国毕业生就业制度的变化情况，毕业生就业制度的主要内容、毕业生就业工作面临的新特点及就业指导的意义和内容等，对走上社会、选择理想职业是十分必要的。

我国大学生就业的基本制度主要有：①高校毕业生在国家政策指导下，按照有关规定就业，所有合格毕业生均享有平等的就业机会。毕业生有执行国家就业方针、政策和根据需要为国家服务的义务，必要时，国家采取行政手段来安置毕业生就业；②国家在就业方针政策指导下对毕业生就业实行宏观调控。通过公布人才需求信息、建立就业服务机构、定期发布就业率等，指导毕业生就业；③在就业方式上实行自主择业。用人单位与毕业生之间通过双向选择、供需见面落实就业单位；④培育和建设更加完善的毕业生就业市场，运用市场机制来调节毕业生的供求关系，实现毕业生资源的优化配置；⑤完善人事代理制度，建立健全社会保障机制。

🕮 **案例 3-2**

秦忠山作为选调生，从广州来到渭南，去华州区工作之前，他已是某房地产集团内部重点培养的青年干部。他放弃了在大城市极具潜力的发展机遇，放弃了超过 50 万元的年薪，为的是一份责任和担当。他说："一颗优秀的种子，只有深深地埋在土壤里，才能生根发芽；只有勇敢地经历风雨，才能成长成才。"2018 年秦忠山入选陕西省首届优秀选调生，挂任渭南市华州区副区长，兼任高塘镇党委副书记。先后负责渭华起义革命教育基地、美丽乡村建设等基础设施与民生改善项目；2019 年深入秦岭调研撰写《秦岭生态保护区修复治理的难点和思考》；在新冠疫情期间，带领党员干部坚守社区一线，与小区居民共筑疫情防控堡垒，并将社区防控经验总结成文，撰写《华州区城市社区治理调研报告》。

经过三年在基层的历练，秦忠山处理群众工作的方式日臻成熟，始终把维护群众的根本利益作为自己工作的出发点和落脚点。在接下来的工作中，秦忠山和其他选调生将继续扎根基层，磨炼初心、淬炼本领，把他们的青春汗水挥洒在祖国西部的大地上。

(资料来源：本书作者整理编写)

第二节 职业环境分析

职业环境分析.mp4

个人职业生涯的发展既受自身情况的影响，也受职业环境的影响。通过对职业环境进行充分分析，并结合自身实际情况，可以更加科学、有效地制订个人职业发展的目标、路线和实施方案，从而更加合理地规划个人的职业生涯。环境因素是客观的，不以人的意志为转移，但环境因素是可以被选择和利用的。职业环境分析主要包括社会环境分析、组织环境分析等。

一、职业的社会环境

职业的社会环境主要包括政治、经济、文化、法律等各方面的发展环境，属于宏观层面的职业环境分析，其主要目的是引导大学生认识到社会环境对个人职业发展的重要性，从而使其能够顺应环境，合理规划自己的职业发展。大学生在进行职业生涯规划和职业选择时，必须充分认识到社会环境对职业生涯的影响，注意分析社会环境的基本特点，了解社会环境的发展变化，还应识别社会环境中哪些是自己未来走向职业岗位的有利条件，哪些是不利条件。

(一)政治环境

政治环境主要涉及国家的方针、政策，影响职业的政治因素包括教育制度、政治体制、经济管理体制的政策等。

(二)法律环境

法律环境因素是指中央和地方的有关法规和规定，例如政府关于人员招聘、工时制、最低工资等强制性法规，以及现行的户籍制度、住房制度、人事制度和社会保障制度，这些因素都会对职业选择和发展产生重要影响。

🔗 拓展阅读 3-1

2024 版"兴沈英才计划"政策措施

2024 版"兴沈英才计划"政策措施重磅发布，主要包括 4 个方面 24 条政策措施。

1. 青年后备人才支持

对博士、硕士、本科高校毕业生给予 16 万元、8 万元、4 万元的综合补贴。注重向重点发展领域倾斜，新增对我市"老字号"和"原字号"产业领域生产一线，以及辽中区、新民市、法库县、康平县工作的高校毕业生，生活补贴标准可上浮 10%；对进入工作站(创新实践基地)的博士后，给予每人每年 10 万元生活补贴，最长发放 2 年；对我市企业引进或出站留企工作的，给予 20 万元生活补贴。

2. 人才住房保障

综合运用政府统建、社会化合作和企业自建等方式筹集人才住房，为高层次人才提供三年免租人才公寓。用好"人才驿站"，每天提供 500 间"人才驿站"保障能力，将外地高校毕业生来沈求职免费入住"人才驿站"天数由 10 天延长至 15 天。

3. 人才家属就业就学保障

扩大人才配偶安置服务范围，由原来的 A、B、C 类人才拓展到 D 类，人才配偶原属行政机关、事业单位的，予以对应安置。高层次人才子女可根据个人意愿在全市范围内选择就读学校。

4. 人才医疗服务保障

注重提高服务效能，新增向高层次人才发放"人才绿卡"，持卡可在 14 家定点医院享受就医和预约转诊"绿色通道"、免费体检等服务。定期组织高层次人才开展休假疗养。

奋进新时代，逐梦正当时。今天的沈阳正锚定建设国家中心城市，深入实施全面振兴新突破三年行动及"振兴新突破、我要当先锋"专项行动，产业能级不断提升、发展动能加快释放、项目建设持续升温、城市面貌日新月异、文旅活动热度空前，呈现出向上向好的态势，全面振兴其时已至、其势已成、其兴可待！

"兴沈英才计划"政策措施的修订完善，将进一步激发和凝聚起各方人才投身沈阳振兴发展的火热事业，也为广大人才提供了施展才华、成就梦想的广阔舞台。热切期盼各方英才与沈阳齐奋斗、共发展，实现人生与城市的双向奔赴、共同成长！沈阳未来，因你而来！

(资料来源：本书作者整理编写)

二、职业的行业环境

行业是指从事相同性质的经济活动的所有单位的集合。行业环境分析是指对目前从事或拟从事的目标行业的环境进行分析，分析内容包括行业的基本情况和行业政策。通过分析，应明确行业的优势与问题、行业的发展趋势，以及国内外重大事件对该行业的影响等。

大学生通过对行业环境的分析，应了解以下行业的基本情况。

(1) 行业的性质、特点和范畴。对行业环境进行探索，首先就要了解清楚这个行业是什么、从事什么样的工作内容和范畴。

(2) 行业对生活和社会的作用及发展前景。每个行业在社会中都具有特定功能。明确行业对社会和生活的作用，就可以在一定程度上了解其发展前景和趋势，从而在选择行业时做好长远准备。

(3) 行业的细分领域。行业是大类，在行业内部还有不同的分类。了解行业的分类，有利于全方位了解该行业。不同的行业分类标准决定了不同的行业分类，选择政府或协会的分类标准，并以此为线，可以很好地分析、厘清行业的发展脉络。

(4) 行业的人力资源需求状况及趋势。大学生了解行业的需求，可以加速自己的职业选择，也能为个人的职业定位做出可能的探索。此外，大学生还要对行业未来的发展趋势做出分析和评估，便于自己站在未来的角度做出选择。

(5) 从事目标行业需要具有的通用素质和职业资格证书。每个行业都有一定的入行要求，在进行行业环境分析的过程中，了解和熟悉从事目标行业需要具备的通用素质和职业资格证书，有助于大学生提早做好从业准备，并通过培养通用素质和考取职业资格证书来提高自己的求职竞争力。

三、职业的企业环境(实体环境)

企业是实现职业生涯规划目标的载体。通过分析企业内部环境，大学生可以全面地了解企业情况，从而制定合理的职业生涯规划。企业环境分析的主要内容如下。

(1) 企业的基本情况。大学生通过分析企业的基本状况，应主要了解企业的创业历史、现阶段的运行状况、资金和技术实力、规模、产品或服务、组织机构、经营战略、核心竞争力以及未来的竞争优势与发展前景等内容。

(2) 企业领导人。企业领导作为企业的掌舵人，其抱负和能力是企业发展的关键因素。因此，大学生要了解企业主要领导人的管理方法是否先进、是否具有战略眼光、是否开明、尊重员工以及是否有足够的能力带领员工开创新天地等。

(3) 企业文化。企业文化是指全体员工在长期的生产和服务活动中形成并共同遵循的最高目标、价值标准、基本信念和行为规范。优秀的企业文化能够让员工感受到快乐和受尊重，使员工在工作中更具创造力。大学生需要分析企业文化是否与自己的价值观相符。在进行职业生涯规划时，企业文化是一个需要考虑的因素。

第三节　职业声望与职业评价

职业声望与职业评价.mp4

一、职业声望的含义

职业声望(occupational prestige)是人们对职业的社会价值评价，属于职业社会学研究的范畴。对职业声望的研究始于 19 世纪末期。1897 年，美国社会学家 W. 亨特(W. Hunter)在研究美国职业的社会地位时，将职业分为产业主级、秘书级、熟练工人级和非熟练工人级 4 个等级。1925 年，美国教育学家 G. 康茨(George S. Counts)首次使用自编的职业声望量表，对美国的职业声望进行调查。第二次世界大战后，职业声望的定期调查在许多国家已成为惯例。

二、职业声望的影响因素

决定职业声望高低的主要因素有以下几方面。

(1) 职业环境。即任职者所能获得的工作条件的便利与社会经济权利的总和。包括职业的自然环境与社会环境，如工作的技术条件、空间环境、劳动强度、工资收入、福利待遇、晋升机会等。

(2) 职业功能。一定的职业对于提高国家的政治、经济、科学、文化水平的意义，以及其在社会生活中对人民共同福利所担负的责任。

(3) 任职者素质。如文化程度、能力、政治态度、道德品质等。职业环境越好，职业功能越大，任职者素质越高，职业声望就越高。人们对职业声望的评价具有相当大的一致性。

(4) 社会报酬。职业的社会报酬是指职业提供给任职者的工资收入、福利待遇、晋升机会、发展前景等。一般来说，工资收入高、福利待遇好、晋升机会多、发展前景好的职业，其声望评价也越高。

三、职业声望的评价方法

(1) 自评法，即让被试者评价自己所从事的职业在职业社会地位层级序列中的位置。

(2) 民意法，即让一群被试者评价一系列职业。

(3) 指标法，即在"职业环境""职业功能"和"任职者素质"三项决定职业声望高低的主要因素中，分别选取一些有代表性的指标，并给这些指标规定一定的分值，然后根据这些指标的总分值来评价某项职业的声望。

本 章 小 结

对于即将走向工作岗位的大学生来说，了解职业的概念、分类和分层，为今后的职业生涯规划提供了选择依据，现行就业制度和职业制度为劳动者提供了坚实、安全和便捷的职业环境。不同的职业环境、职业期望和评价也会影响大学生的择业选择，从而改变职业生涯规划。

复习与思考

(1) 作为一名准毕业生，列举可以从事的职业。

(2) 找一份实习或兼职工作，自我分析这份职业的行业环境或企业环境。

(3) 职业声望的影响因素有很多，如何在职业生涯规划中权衡利弊？

第四章 自我认知

课程目标

- **知识目标**：大学生通过学习自我认知的基本原理和方法，从而对职业选择有更清晰的认知。
- **能力目标**：大学生能够利用科学的自我剖析方法，全方位了解自己，对未来职业发展方向有初步的认识。
- **素质目标**：大学生在面临职业选择，会受到工作待遇、工作环境、人文氛围等因素的影响。树立正确的职业价值观，才能立足岗位、建功立业。

重点和难点

(1) 了解自我认知的各种理论观点，掌握自我认知的评定方法。
(2) 了解自我认知与职业选择和发展之间的关系。
(3) 整合测试结果，全面了解自我，形成初步的职业发展目标。

知识结构逻辑图

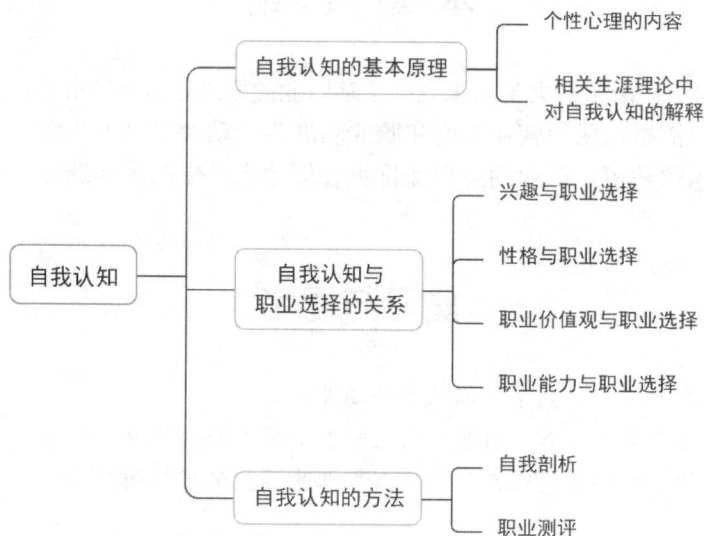

```
                          ┌─ 自我认知的基本原理 ─┬─ 个性心理的内容
                          │                      └─ 相关生涯理论中
                          │                         对自我认知的解释
                          │
                          │                      ┌─ 兴趣与职业选择
                          │                      │
自我认知 ─────────────────┼─ 自我认知与         ├─ 性格与职业选择
                          │  职业选择的关系  ────┤
                          │                      ├─ 职业价值观与职业选择
                          │                      │
                          │                      └─ 职业能力与职业选择
                          │
                          └─ 自我认知的方法 ─────┬─ 自我剖析
                                                 └─ 职业测评
```

情景导入

王雨婷是一名外语系的大学生。想到大学毕业后的前途，她觉得很迷茫。一方面，她觉得做一名翻译也许挺适合自己；另一方面，她又不满足于只给别人打工，希望能有自己的天地。从小她的心气就比较高，好强的性格促使她想去拼搏一番。不过，她又觉得四年的学习很没底。究竟自己将来能做到什么程度呢？能让自己满意吗？

(资料来源：本书作者整理编写)

第一节　自我认知的基本原理

自我认知的基本
原理.mp4

自我认识的概念很清晰，自我认识是自己的事情，无论每个人是否意识到这个问题，其实都会有一个自我认识。例如，德国哲学家尼采(Nietzschel)把自己当作太阳，认为自己会发光发热。有时这种认识来源于潜意识。所以，每一个意识都可能是对的或错的。

自我认知(self-cognition)指的是对自己的洞察和理解，包括自我观察和自我评价。自我观察是指对自己的感知、思维和意向等方面的觉察；自我评价是指对自己的想法、期望、行为及人格特征的判断与评估，这是自我调节的重要条件。

对自我的了解是职业生涯规划的前提。例如，专业选择本身就受到许多复杂因素的影响，有的大学生可能会因为录取专业不是自己的首选，就不喜欢自己所学的专业，这背后其实是将自己的挫折感和现在的专业做了一个错误的连接，导致因不能接受自己的考学挫折而不接受现在的专业。还有的大学生受社会流行看法的影响，认为一些专业的发展前景不好。这些因素都会在不同程度上令他们迷失方向。因此，大学生职业生涯规划与发展成功的第一步是学会"自我认知"。

一、个性心理(人格)的内容

个体对自我的觉察，或者说意识的形成，来源于个体对外界环境刺激后，经由记忆和思想产生的反应。因此，在形成记忆之前，个体是不会有自我意识的。如果说记忆是一切思想的基础，那自我认识就是个人基于思想之上的对环境的反应。当一个人的记忆和思想达到一定程度后，例如出现了完全来自大脑的思维和想象力，个体的自我意识会更加强烈。"我存在、我占有、我需要、我想"这些想法，通过思维和想象力不断加强个体对自我的认知，直到个体有机生命体的结束。故自我认知从大脑的记忆力开始，直到记忆力消失，都是一个不断发展的过程。认识自我，实事求是地评价自己，是自我调节和人格完善的重要前提。

自我认知的内涵是指一个人对自己多方面知觉的总和。它包括对个人的一系列认识和评价：对自己性格、能力、兴趣、欲望的了解；与他人及环境的关系：处理事务的经验；生活的目标等。自我认知是指对自己的洞察和理解，包括自我观察与自我评价。自我观察是指对自己在感知、思维和意向等方面的觉察；自我评价是指对自己在想法、期望、行为及人格特征等方面的判断与评估。自我认知是进行清晰自我定位的基础，是个人职业与事业生涯的起点，包括认知价值观、人生方向和目标，认知性格特征，认清优势和劣势，觉察情绪变化及其原因等。

二、相关生涯理论中对自我认知的解释

在相关生涯理论的探索中，自我认知是一个核心议题，诸多学者都从不同角度进行解读。德国哲学家伊曼努尔·康德(Immanuel Kant)的理论对于自我认知的剖析有着独特而深刻

的见解,为我们理解自我认知提供了丰富的视角。下面,我们将从四个方面来详细探讨康德理论中关于自我认知的内涵。

(一)作为"我思"的自我意识

自我意识被康德描述为思维与自身发生关系。这种自我相关、自我了解有多种形式,包括理论的、实践的、情感的、直观的、理智的、意志的形式。例如,自我感觉、自我保护、自我直观、自我理解、自我知解、自我规定等。在这些形式中,康德明确认为,以理论和概念的方式把握自我意识的自我思维,是自我意识的重要形式。基于此,他将"我思"和"我意识到我自己"视为同义词。

(二)自我意识的"涉我"结构

除了"我思"这一重要概念,康德自我意识理论还具有涉我结构这一显著特征。该理论在欧洲思想史上影响深远,成为唯心主义思想家如费希特(德国哲学家,Johann Gottlieb Fichte)、谢林(德国哲学家, Friedrich Wilhelm Joseph Schelling)、黑格尔(德国哲学家,Georg Wilhelm Friedrich Hegel)构建哲学体系的动力。然而,严格来说,康德并未构建出一套完整、系统的自我意识理论,他仅在著作的部分内容中对相关问题的细节进行了较为详尽的阐述。康德更像是一位革新者,其影响源于对功能分析的浓厚兴趣,而非注重严密体系的建立。对康德而言,自我意识只有在构建客观世界的知识系统中发挥作用时才有意义,孤立的自我意识本身并无价值。当然,若不了解自我意识的本质和状态,也难以理解其对客观意识的奠基作用。因此,对康德自我意识理论的阐述需分两步进行:一是探讨自我意识纯粹抽象的存在本身;二是分析其与客体的关系以及在认识论中的功能。

(三)自我意识的主动性(自发性)

康德自我意识的第三个特点是具有自发性和主动性。与传统理论认为意识是静止、固定地与自我相关不同,康德提出意识是一种主动、运动着的与自我的关联。对他来说,自我意识就是反思行为,体现为意识的主动运作。

(四)自我意识的反思型模式

康德自我意识理论的第四个特征是与创造型模式不同的反思型模式。自我意识被解释为自身相关,从自身出发又回到自身,其特点是自我被视为预先给定的(发现的),它在反思运动中回到自身,但无力创造自身。反思模式是对自我意识最古老且可靠的解释。

> **⊗ 拓展阅读4-1**
>
> 王伟是一个性格开朗,乐于与人打交道的男孩子,所学专业为车辆工程。毕业后,他选择了从事汽车销售的工作。因其专业知识扎实,为人和善,销售业绩总是很可观。
>
> 李爽是一个腼腆而又较真的女孩,所学专业为机械设计制造及其自动化,毕业后,她从事了机械设计的工作。她吃苦耐劳,经常向前辈们虚心学习知识,很快就能熟练地独立完成本职工作了。
>
> (资料来源:本书作者整理编写)

第二节 自我认知与职业选择的关系

自我认知与职业选择的关系.mp4

一、兴趣与职业选择

霍兰德认为，人在一生中面临许多选择，而职业选择是关乎一生幸福的重要内容之一。其中，职业兴趣对职业选择产生极为重要的影响，会极大地影响职业的适宜度。当一个人从事的职业与其兴趣相吻合时，他就可能发挥最佳水平，易于取得成就；反之，则可能使人感到极不适应或者毫无兴趣，即使取得一定成绩，也难以获得成就感。霍兰德根据劳动者的心理素质和择业倾向，将职业兴趣划分为六种类型，相应的职业也被划分为六种类型，每个人通常归属于其中的一种或几种类型。

兴趣类型与职业的匹配是多方面的，个人的职业兴趣也往往是多方面的。因此，通常用三个字母(代表最强的三种兴趣类型)的代码来标示一个人的职业兴趣，这些代码被称为霍兰德代码。借助霍兰德代码，当事人能迅速、系统且有依据地在一个特定的职业群体中进行探索活动。令人称道的是，霍兰德代码不仅提供与个人兴趣相近的职业群体，还提供内容互有关联的职业选项，而不是仅仅冒险地去建议个人选择一种特殊的职业或工作。此外，在生涯咨询方面(具体就是职业指导)，霍兰德的职业性向论也可以引导当事人走向一个主动、积极的行动方向，进行动态探索(见表 4-1)。

表 4-1 六种人格类型特点及所适合的职业人格类型共同特征

人格类型	共同特征	职业特点	适合的职业
社会型(S)	喜欢与人交往、不断结交新朋友、善言谈、愿意教导别人。关心社会问题、渴望发挥自己的社会作用。寻求广泛的人际关系，比较看重社会义务和社会道德	喜欢从事与人打交道的工作，能够不断结交新朋友；喜欢从事提供信息、启迪、帮助、培训、开发或治疗等事务，并具备相应的能力	教育工作者(教师、教育行政人员)、社会工作者(咨询人员、公关人员)
企业型(E)	追求权力、权威和物质财富，具有领导才能。喜欢竞争、敢冒风险、有野心和抱负。务实，习惯以利益得失、权力、地位、金钱等来衡量做事的价值，做事有较强的目的性	喜欢要求具备经营、管理、劝服、监督和领导才能，以实现机构、政治、社会及经济目标的工作，并具备相应的能力	项目经理、销售人员、营销管理人员、政府官员、企业领导、法官、律师
现实型(R)	愿意使用工具从事操作性工作，动手能力强，做事手脚灵活，动作协调。偏好于具体任务，不善言辞，做事保守，较为谦虚。缺乏社交能力，通常喜欢独立做事	喜欢使用工具、机器，需要基本操作技能的工作。对要求具备机械方面才能、体力或从事与物件、机器、工具、运动器材、植物、动物相关的职业有兴趣，并具备相应能力	技术性职业(计算机硬件人员、摄影师、制图员、机械装配工)、技能性职业(木匠、厨师、技工、修理工、农民、一般劳动)

续表

人格类型	共同特征	职业特点	适合的职业
研究型(I)	思想家而非实干家,抽象思维能力强,求知欲强,肯动脑,善思考,不愿动手。喜欢独立的和富有创造性的工作。知识渊博,有学识才能,不善于领导他人。考虑问题理性,做事精确,喜欢逻辑分析和推理,不断探讨未知的领域	喜欢智力的、抽象的、分析的、独立的定向任务,要求具备智力或分析才能,并将其用于观察、估测、衡量、形成理论、最终解决问题的工作,并具备相应的能力	科学研究人员、教师、工程师、电脑编程人员、医生、系统分析员
常规型(C)	尊重权威和规章制度,喜欢按照计划办事,细心、有条理,习惯接受他人的指挥和领导,自己不谋求领导职务。喜欢关注实际和细节情况,通常较为谨慎和保守,缺乏创造性,不喜欢冒险和竞争,富有自我牺牲精神	喜欢注意细节、精确度、有系统有条理,具有记录、归档、根据特定要求或程序组织数据和文字信息的职业,并具备相应能力	秘书、办公室人员、记事员、会计、行政助理、图书馆管理员、出纳员、打字员、投资分析员
艺术型(A)	有创造力,乐于创造新颖、与众不同的成果,渴望表现自己的个性,实现自身的价值。做事理想化,追求完美,不切实际。具有一定的艺术才能和个性。善于表达、怀旧,心态较为复杂	喜欢的工作要求具备艺术修养、创造力、表达能力和直觉,并将其用于语言、行为、声音、颜色和形式的审美、思索和感受,具备相应的能力。不善于事务性工作	艺术方面(演员、导演、艺术设计师、雕刻家、建筑师、摄影家、广告制作人)、音乐方面(歌唱家、作曲家、乐队指挥)、文学方面(小说家、诗人、剧作家)

二、性格与职业选择

职业心理学研究表明,性格影响着一个人对职业的适应性。一定的性格适合从事一定的职业,同时,不同的职业对人有不同的性格要求(如表 4-2 所示)。因此,在选择职业时,既要考虑自己的性格特点,也考虑职业对性格的要求。可以根据自己的性格特点选择最易适应的职业,也可以通过改变自己的性格特点来适应职业的要求。

表 4-2　不同性格对职业的影响

性格类型	性格特征	适合的职业
变化型	在新的或意外的情境中感到愉快,喜欢有变化和多样化的工作,善于转移注意力	记者、推销员、演员等
重复型	善于从事连续工作,按固定的步骤办事,喜欢重复的、有规律的、有标准的工作	纺织工、机床工、印刷工等
服从型	愿意配合别人或按别人指示办事,而不愿意自己独立作出决策,承担责任	办公室职员、秘书、翻译等
独立型	喜欢计划自己的活动和指导别人活动或对事情作出决定,喜欢独立负责的工作情境	管理人员、律师、警察等
协作型	在与人协同工作时感到愉快,善于引导别人,并想得到团队成员的喜欢	社会工作者、咨询人员等

续表

性格类型	性格特征	适合的职业
机智型	在紧张或危险情况下能自我控制，发生意外时不慌不忙，善于应对并完成任务	驾驶员、飞行员、公安员、消防员等
表现型	喜欢表现喜好和性格，根据个人感情做出选择，通过工作来表达自己的思想	演员、诗人、音乐家、画家等
严谨型	注重工作过程中各个环节、细节的精确性。愿意按规程和步骤工作，严谨，追求完美	会计、出纳员、统计员、校对员、图书档案管理员等

美国职业心理学家勃兰特(Brandt)曾经做过一个实验。他追踪调查了一批大学毕业生，将他们的性格、在校学习成绩、智力与他们毕业 5 年后的收入做了一下比较，结果显示：事业成功和智力的相关度是 0.18，和学习成绩的相关度是 0.32，与性格的相关度是 0.72。这个实验实证了事业成功与否与个人的性格是否适合该职业的关联度最高，也就是说，当一个人所做的工作与自己的性格越契合，他事业成功的可能性越大。

三、职业价值观与职业选择

价值观在所从事的职业上的体现就是职业价值观，它是人们在选择职业时对职业回报的偏好，也是价值观最重要的表现领域。

价值观是个人与职业匹配的基础之一。它决定了大学生的职业期望，影响着大学生的职业目标选择。例如，在求职择业过程中，有的人追求丰厚的收入，有的人热衷于较高的社会地位，有的人喜欢公平公正的工作环境等。这些职业价值观折射出大学生的世界观和理想，进而影响着个人对就业方向和具体职业岗位的选择。

价值观决定着人们对待职业的态度。价值观是支撑人类生活的精神支柱，它决定着人类行为的取向，决定着人们以什么样的心态和意图去开创自己的新生活。职业与价值观的契合度越高，职业的满意度就越高。这种满意度也在一定程度上决定着大学生就业后的工作态度和工作质量。此外，职业与价值观若能很好地匹配，还能帮助个人降低工作压力、提升工作士气、提高工作效率。

价值观是职业决策的重要依据。在职业生涯发展的许多场合，我们往往要在一些得失之间做出选择，而左右我们选择的往往是我们的职业价值观。例如，你是选择舒适轻松的工作，还是待遇丰厚的工作；是选择成就一番事业，还是选择安稳太平生活。当两者出现矛盾冲突时，最终影响我们决策的是内心的职业价值观。总的来说，职业价值观是价值观在职业领域的体现，是人们对待职业的一种信念和态度，也是人们在职业生涯中表现出来的一种价值取向。它是世界观、人生观、价值观在职业领域的延伸。职业价值观是人们对职业价值的判断，从而形成的持久信念和评价。

四、职业能力与职业选择

能力是职业选择的重要因素。在职业选择时，要特别注意能力类型与职业相匹配。例如，有的人擅长形象思维，有的人擅长逻辑思维，还有的人擅长具体行动思维。如果根据思维能力类型来选择职业，擅长形象思维的人比较适合从事文学艺术方面的工作，擅长逻辑思维的人比较适合从事哲学、数学等理论性强的工作，擅长具体行动思维的人比较适合从事机械修理方面的工作。如果不考虑能力类型，而让其从事与能力不匹配的职业，效果就不会很好。

能力是职业胜任的必要条件，社会上任何一种职业对工作者的能力都有一定的要求。例如，会计、出纳、统计等职业，要求工作者具备较强的计算能力；工程、建筑及服装设计等职业，要求工作者具备空间判断能力；飞行员、外科医生、运动员、舞蹈演员等职业，要求工作者具备眼与手的协调能力。大学生在选择职业时，不能好高骛远或单从兴趣爱好出发，而要实事求是地评估自己的学识水平和职业能力，这样才能找到有"用武之地"的合适工作。能力是完成任务的前提，也是影响工作效果的基本因素。同样，对于任何一种职业而言，都必须要求从业者具备相应的能力。

职业实践是职业能力提升的前提。职业能力是职业发展的基础，职业实践促进职业能力的提高。个体的职业能力只有在实际工作中，才能得到不断提高和强化。

第三节　自我认知的方法

自我认知的方法.mp4

自我认知的形成是一个复杂而深入的过程，它涉及多种方法和技巧，以帮助个体更全面、更深刻地认识自己。以下介绍两种有效的自我认知方法。

一、自我剖析

自我剖析是指对自我理性、深刻、全面的分析，它比自我介绍更深刻(自我介绍最基本的内容可以省略)，同时又包含自我评价的内容。进行自我分析对每个人来说都是非常有必要的。人在不断地变化、进步，自我的分析也应该不断地更新。古人云："知彼知己，百战不殆"，然而"知己"应是首要任务。

自我剖析与自我研究相类似，都是一个人为了更进一步了解自身，包括了解自身的优缺点(主要是为了解缺点)，而进行的相关逻辑分析与对比。通过做出相应的分析结果，进而制定相应的对策。通过定期或不定期地自我分析，个体可以不断地进行自我完善。

(一)自我剖析的步骤

深入细致的自我剖析是指对自己的思想、行为、性格等方面进行深入的思考和分析，以发现自己的优点和不足之处，从而有针对性地进行改进和提升。自我剖析是一种自我认识和自我成长的过程，有助于个人在事业、生活和人际关系等方面取得更好的成绩。

在进行深入细致的自我剖析时，可以遵循以下几个步骤。

1. 澄清你的价值观

价值观是人们在考虑问题时所看重的原则和标准，是人们内在的驱动力。因此，价值观在人们的生涯发展中往往起到极其重要的、决定性的作用。它甚至可能超过了兴趣和性格对个人的影响。影响人们对目标和事物的选择，以及对事物的评价和感受。

关于你所选择的价值观，可以问自己如下几个问题。

(1) 你是否自主地选择了这项价值——也就是说，历来没有任何人和任何方面把它强加给你？

解释：＿＿＿＿＿＿＿＿＿＿＿＿＿＿＿＿＿＿＿＿＿＿＿。

(2) 它是你从众多价值观中挑选出来的吗？

解释：＿＿＿＿＿＿＿＿＿＿＿＿＿＿＿＿＿＿＿＿＿＿＿。

(3) 它是你在思考了所作选择的结果或后果后被挑选出来的吗？

解释：＿＿＿＿＿＿＿＿＿＿＿＿＿＿＿＿＿＿＿＿＿＿＿。

(4) 你是否为你选择的这一价值而感到自豪(珍视、保护)？

解释：＿＿＿＿＿＿＿＿＿＿＿＿＿＿＿＿＿＿＿＿＿＿＿。

(5) 你是否愿意公开地向其他人声明你的选择——也就是说，在别人面前公开地为它辩护？

解释：＿＿＿＿＿＿＿＿＿＿＿＿＿＿＿＿＿＿＿＿＿＿＿。

(6) 你是否能做一些与你选择的价值观有关的事情？

解释：＿＿＿＿＿＿＿＿＿＿＿＿＿＿＿＿＿＿＿＿＿＿＿。

(7) 你是否能保持与你的价值观一致的行为模式？

解释：＿＿＿＿＿＿＿＿＿＿＿＿＿＿＿＿＿＿＿＿＿＿＿。

2. 你的可以证实能力的经历

例如在校期间，担任班级干部或者参加校院组织的活动，是否使自己得到了锻炼，提高了哪些能力，学到了什么知识等。

是否参加了一些大型赛事，如体育类的运动会，是否培养了自己坚忍的耐力；参加文艺活动，是否展现了自己在艺术方面的特长；或者参加专业相关的省级或国家级比赛，专业知识是否精进等。

是否参加社团活动、志愿活动或献爱心活动等，这些是否对自己的成长有所帮助。

对自己的肯定以及正向总结，通过之前的经历，自己所取得的相关成就，掌握的技能知识，尤其是与众不同的，其他人所没有的，或者可以给自己带来正能量的事件，都可以一一记录下来，找到自己的闪光点。

3. 发掘你的可转换技能

发掘自身所具有的技能，这些技能在职场中可以应用，并能让自己更好地发挥专长。

4. 评价个性特点

每个人都有自己的性格，无所谓对错，这是每个人的特质。可以通过性格测试等方法，分析自己是外向还是内向，是认真还是粗心，是内心淡定还是容易焦虑，从而对自己的个性进行评价。

5. 形成正确的自我评价

回顾过去一段时间的工作、学习和生活，思考自己在这些方面的表现和成果。分析自己在各个领域的优点和不足，以及在这些场景下的心理状态。以客观的角度对自己的优点和不足进行评价。这需要摆脱以自我为中心的思维，倾听他人的意见和建议，以便更全面地了解自己。对于自己存在的不足,分析其产生的原因。这有助于找到问题的根源,从而制定有效的解决方案。在改进过程中,要不断总结经验教训,反思自己的成长和变化。这有助于巩固成果,进一步提升自我认知。

通过以上步骤,你可以对自己进行深入细致的自我剖析,从而实现个人成长和提升。

请记住,自我剖析是一个长期且持续的过程,需要耐心和毅力去不断践行。

(二)自我剖析的方法

1. 橱窗分析法

所谓橱窗分析法,是一种借助直角坐标不同象限来表示人的不同部分的分析方法。它以"别人知道或不知道"为横坐标,以"自己知道或不知道"为纵坐标,橱窗分析法也是进行自我认知的一种常用方法。

认识自我,了解自我是非常不易之事,所以有"做事难、做人难、了解自己更难"的说法。我们可以把个人的了解比作橱窗,为便于理解,将橱窗放在直角坐标中加以分析。坐标的横轴正向表示"别人知道",横轴负向表示"别人不知道";纵轴正向表示"自己知道",纵轴负向表示"自己不知道"。

分析方法坐标橱窗:

橱窗 1:为自己知道,别人也知道的部分,称为"公开我",属于个人展现在外,无所隐藏的部分。

橱窗 2:为自己知道,别人不知道的部分,称为"隐私我",属于个人内在的私有秘密部分。

橱窗 3:为自己不知道,别人也不知道的部分,称为"潜在我",是有待开发的部分。

橱窗 4:为自己不知道,别人知道的部分,称为"背脊我",犹如一个人的背部,自己看不到,别人却看得很清楚。

通过四个橱窗可知,须加强了解的是橱窗 3 和橱窗 4。橱窗 3 是"潜在我"。橱窗 4 是"背脊我"。

如果自己能诚恳地征询他人的意见和看法,就不难了解"背脊我"。我们可以采取同家人、朋友、同事等交流的方式,也可以借助录音、录像设备,尽量做到开诚布公。要做到这一点,需要有开阔的胸怀,能够正确对待他人的意见,有则改之,无则加勉。否则,别人是不会说实话的。

对于橱窗 3,我们可以采取撰写自传或 24 小时日记的方式来了解自我。撰写自传,可以了解自身成长的大致经历和自我规划情况等;而 24 小时日记则可以通过对比工作日和非工作日的经历,获取一些侧面信息。职场新人需要对此予以重视,尽管我们还年轻,不需要撰写完整的自传,但这确定是了解自我的一种不错的途径。

科学家研究发现,每个人都有巨大的潜能,而人类平常只发挥了极小部分的大脑功能。如果一个人能发挥一半的大脑功能,将轻易地学会 40 种语言,背诵整套百科全书,获得十二个博士学位。著名心理学家赫伯特·奥托(Herbert A.Otto)指出,一个人一生所发挥出来的能力,只占他全部能力的 4%,也就是说,一个人 96%的能力还未开发。赫赫有名的美国数学家、控制论奠基人诺伯特·维纳(Norbert Wiener)说:"可以完全有把握地说,每个人即使是他做出了辉煌成就的人,在他的一生中,利用自己的大脑潜能还不到百亿分之一。”由此可见，认识、了解“潜在我”，是自我认识的重点之一。

2. 自我测试法

迈尔斯-布里格斯类型指标(MBTI)用于表征人的性格，是由美国作家凯恩琳·布里格斯(Katharine Cook Briggs)和她的女儿、美国作家伊莎贝尔·布里格斯·迈尔斯(Isabel Briggs Myers)制定的。该指标以瑞士心理学家荣格(Carl Gustav Jung)划分的 8 种类型为基础，加以扩展，形成四个维度，这四个维度就像四把标尺，每个人的性格都会落在标尺的某个点上，这个点靠近哪个端点，就意味着这个人就有哪方面的偏好(如表 4-3 所示)。例如，在第一维度上，个体的性格靠近外倾这一端，就表现为外倾，而且越接近端点，偏好越强。

表 4-3　类型指标介绍

维　度	类　型	相对应类型英文缩写	类　型	相对应类型英文缩写
①	外倾	E	内倾	I
②	感觉	S	直觉	N
③	思维	T	情感	F
④	判断	J	知觉	P

1) 外倾-内倾维度

我们现在首先要做的是弄清每个维度的含义，并且能估计出自己在每个维度上的偏好。

如果只能用一个维度将人群区分开来的话，那么这个维度应该是内外倾倾向，它是区分个体的最基本的维度。我们可以以自身为界，将世界分为自身以外的世界和自我的世界两个部分，也可称为外部世界和内部世界。外倾的人倾向于将注意力和精力投注在外部世界，如外在的人、外在的物、外在的环境等，而内倾的人则相反，较为关注自我的内部状况，如内心情感、思想等。两种类型的个体在自己偏好的世界里会感觉自在、充满活力，而在相反的世界里则会不安、疲惫。因此，外倾与内倾的个体之间的区分是广泛而明晰的，并不像我们平时讲的“外倾者健谈、内倾者害羞”那么简单。具体可以从下列几个方面进行分析，如表 4-4 所示。

表 4-4　内倾型与外倾型的特征比较

外倾型(E)	内倾型(I)
与他人相处时精力充沛	独处时精力充沛
行动先于思考	思考先于行动
喜欢边想边说出声	在心中思考问题
易于“读”和了解；随意地分享个人情况	更封闭，更愿意在经挑选的小群体中分享个人的情况
说的多于听的	听得比说得多
高度热情的社交	不把兴奋说出来
反应快，喜欢快节奏	仔细考虑后，才有所反应
重于广度而不是深度	喜欢深度而不是广度

参照上述的"条条框框",你能确定你的内外倾向的偏好吗?当然,不要期望每条标准都完全符合,大部分符合基本上就可以确定了。也不要要求每时每刻都以同样类型的方式行事。人毕竟生活在社会中,有时会顺应外在环境的或工作的需要调整自己的行为。再外倾的人,在权威人士面前或者在十分隆重、严肃的场合,也会是个好的倾听者;再内倾的人,走上领导岗位,该发表意见时也得发表,准备充分的话,也会滔滔不绝。关键在于,我们需扪心自问:到底以什么样的方式行事,才是自己感觉最好的,最习惯的。

2) 感觉-直觉维度

我们每个人都在不断接受着信息,这是我们跟上外界节拍的必要前提。但不同类型的个体接受信息的方式不同,这便有了感觉型与直觉型之别。首先,面对同样的情景,两者的注意中心不同,依赖的信息通道也不同。感觉型的人关注的是事实本身,注重细节,而直觉型的人注重的是基于事实的含义、关系和结论。感觉型的人信赖五官所感知到的实实在在、有凭有据的事实和信息,例如听到的、看到的、闻到的、感觉到的、尝到的。而直觉型的人注重"第六感觉",注重"弦外之音",直觉型的人的许多结论在感觉型的人眼里,也许是飘忽的,不实的。注重细节的结果是,感觉型的人擅长记忆大量事实与材料,他们有时候像本"词典",能清晰地讲出大量的数据、人名、概念乃至定义,常使其他人感到吃惊。而直觉型的更擅长解释事实,捕捉零星的信息,分析事情的发展趋向。其次,感觉型的人对待任务,习惯于按照规则、手册办事,照着手册使用家电,看着地图辨认交通路线;而直觉型的人习惯尝试,跟着感觉走,他们不习惯仔细地看完一大本说明书再动手,结果呢?可能比感觉型的人更快地完成任务,也可能因为失败而需要重新开始。感觉型的人习惯于固守现实,享受现实,使用已有的技能;直觉型的人更习惯变化、突破现实。简言之,感觉型的人关注"是什么",实际而仔细;直觉型的人则更关心"可能是什么"。具体区别如表4-5所示。

表4-5　感觉型与直觉型的特征比较

感觉型(S)	直觉型(N)
相信确定和有形的东西	相信灵感或推理
对概念和理论兴趣不大,除非它们有着实际的效用	对概念和理论感兴趣
重视现实性和常情	重视可能性和独创性
喜欢使用和琢磨已知的技能	喜欢学习新技能,但掌握之后很容易就厌倦了
留意具体的、特定的事物;进行细节描述	留意事物的整体概况、普遍规律及象征含义;用概括、隐喻等方式进行表述
循序渐进地讲述有关情况	跳跃性地展现事实
着眼于现实	着眼于未来,留意事物的变化趋势,惯于从长远角度看待事物

在我们的周围,这两种类型的人都存在。当然,极端典型的比较少,大多数人兼有两种特质,但其中一种会更突出一些,成为本人的特色,也由此可以确定本人的类型。不论哪种方式接收信息都有利有弊。作为个体,往往只擅长其中一种。了解到这点,直觉型的

人就不必在百科全书式的人物面前自愧不如，感觉型的人也无须在灵动、敏感的直觉者面前不好意思了。当然，我们在享受自我性格类型所带来的优势的同时，也不妨逐渐有意识地弥补弱点。例如，直觉型的人可以多关注一些细节，感觉型的人可以多留意蕴含的潜在信息。国外的研究表明，25 岁以后，伴随着对于人生的反思，个体完善自我性格的倾向会更明确。确定一下你的类型，看看这种类型的优势所在。

3) 思维-情感维度

MBTI 人格理论从作决策的方式来看。仅看这个维度的名称，也许你会觉得，思维型的人是理性的，而情感型的人是非理性的，事实上并非如此。这两类人都有理性思考的成分，但作决定或下结论的主要依据不一样。情感型的人常从自我价值观念出发，灵活地贯彻规章制度，做出一些自己认定是对的决策，比较关注决策可能给他人带来的情绪体验，人情味较浓。思维型的人则比较注重依据客观事实的分析，一以贯之、一视同仁地贯彻规章制度，不太习惯根据人情因素变通，哪怕做出的决定并不令人舒服。具体区别如表 4-6 所示。

表 4-6　思维型与情感型的特征区别

思维型(T)	情感型(F)
退后一步思考，对问题进行客观的、非个人立场的分析	超前思考，考虑行为对他人的影响
重视符合逻辑、公正、公平的价值；一视同仁	重视同情与和睦；重视准则的例外性
被认为冷酷、麻木、漠不关心	被认为感情过多，缺少逻辑性，软弱
认为坦率比圆通更重要	认为圆通比坦率更重要
只有当情感符合逻辑时，才认为它可取	无论是否有意义，认为任何感情都可取
被"获取成就"所激励	被"获得欣赏"所激励
很自然地看到缺点，倾向于批评	惯于迎合他人，着重维护人脉资源

不同性别的个体在这个维度上的偏好有所差异。据研究，大约 2/3 的女性偏好情感型，2/3 的男性偏好思维型，这是什么原因造成的呢？也许社会本身对不同性别的人就给予了不同的期待，期待女性的同情心，期待男性的冷静与客观。其实，这两种类型无所谓好或坏，重要的是理解和自己不同类型的人的做法，尽量避免走入极端。极端的思维倾向，可能会给人"冷酷"的感觉，而极端的情感倾向则给人"无原则"的感觉。看看你的性格在这个维度上会有什么样的偏好？

4) 判断-知觉维度

从 MBTI 人格理论的喜好生活方式维度来分析，我们可以通过观察人们的办公桌上、包内或柜子里物品的摆放状态，初步判断其所属类型。有些人总是井然有序，而有些人就不那么习惯于保持整齐。前者是判断型的特征，后者是知觉型的人常有的状态。在处事方式上，判断型的人目的性较强，行事一板一眼。他们喜欢有计划、有条理的世界，更愿意以比较有序的方式生活。知觉型的人好奇性强、适应性强，他们会不断关注新的信息，喜欢变化，也会考虑许多可能的变化因素，更愿意以比较灵活、随意、开放的方式生活。在做决策时，判断型的人较为果断，而知觉型的人总希望获得更多信息后再做决断。逛了两天商场，还决定不了买什么的人，多半是知觉型的。两者的具体区别如表 4-7 所示。

表 4-7　判断型与知觉型的特征区别

判断型(J)	知觉型(P)
做了决定后最为高兴	当各种选择都存在时，感到高兴
有"工作原则"：工作第一，玩其次(如果有时间的话)	"玩的原则"：现在享受，然后再完成工作(如果有时间的话)
建立目标，准时完成	随着新信息的获取，不断改变目标
愿意知道将面对的情况	喜欢适应新情况
着重结果(重点在于完成任务)	着重过程(重点在于如何完成任务)
满足感来源于完成计划	满足感来源于计划的开始
把时间看作有限的资源，认真对待最后期限	认为时间是可更新的资源，而且最后期限也是有收缩的

大多数人兼具两种倾向，只是更偏向某一端。我们在日常生活和工作中，也会受其他因素影响，改变一贯的方式。例如，面临紧急的或期限明确的任务，知觉型的人也会果断起来。兴之所至，也会把物品收拾得整整齐齐，但这些并不是他们常有的行为方式，也不是他们内心真正感到自然、舒服的方式。作为个体，一方面根据内心的感受识别自我的偏好，发挥优势；另一方面，则要约束一下性格的弱点。例如，完全的判断型容易走入刻板、教条的境地，而完全的知觉型则容易使事情的进行没有限制。看看最后一个维度上，你的偏好是什么？

3. 性格类型

通过对照四个维度的描述，你或许已经识别出自己在每个维度上的偏好，取每个维度上偏好类型的代表字母，即可由四个字母构成你的性格类型，如 ISFJ(内倾感觉情感判断型)和 ENFP(外倾直觉情感知觉型)。四个维度、八个端点可组合成表 4-8 的 16 种性格类型，你必然属于其中一种。

表 4-8　列举类型

类型名称	字母简称	类型名称	字母简称
内倾感觉思维判断	(ISTJ)	内倾感觉情感判断	(ISFJ)
内倾直觉情感判断	(INFJ)	内倾直觉思维判断	(INTJ)
内倾感觉思维知觉	(ISTP)	内倾感觉情感知觉	(ISFP)
内倾直觉情感知觉	(INFP)	内倾直觉思维知觉	(INTP)
外倾感觉思维判断	(ESTJ)	外倾感觉情感判断	(ESFJ)
外倾直觉情感判断	(ENFJ)	外倾直觉思维判断	(ENTJ)
外倾感觉思维知觉	(ESTP)	外倾感觉情感知觉	(ESFP)
外倾直觉情感知觉	(ENFP)	外倾直觉思维知觉	(ENTP)

MBTI 各种性格类型的主要特征描述如下。

1) 折叠内倾型(I)

● ISTJ：安静、严肃，通过全面性和可靠性获得成功。实际，有责任感。做决定时注重逻辑性，会一步步朝着目标前进，不易分心。喜欢将工作、家庭和生活都安排得井井有条，重视传统和忠诚。

- ISFJ：安静、友好、有责任感和良知。坚定地致力于完成自己的义务。全面、勤勉、精确、忠诚、体贴，会留心并记得他人的重要细节，关心他人的感受。努力把工作和家庭环境营造得有序而温馨。
- INFJ：寻求思想、关系、物质等之间的意义和联系。希望了解什么激励他人，对人有很强的洞察力。有责任心，坚持自己的价值观。对如何更好地服务大众有清晰的远景。在实现目标的过程中有计划且果断坚定。
- INTJ：在实现自己的想法和目标时有创新思维和强大的动力。能迅速洞察外界事物间的规律，并形成长期的远景计划。一旦决定做一件事，就会开始规划并坚持完成。多疑、独立，对自己和他人的能力和表现要求严格。
- ISTP：灵活、有忍耐力，是一个安静的观察者，直到出现问题才会迅速行动，找到实用的解决方法。善于分析事物的运作原理，能从大量的信息中快速找到关键问题。对原因和结果感兴趣，用逻辑的方式处理问题，重视效率。
- ISFP：安静、友好、敏感、和善。享受当下，喜欢有自己的空间，希望按自己的时间表工作。对自己重视的价值观和人非常忠诚，有责任心。不喜欢争论和冲突，不会将自己的观念和价值观强加于他人。
- INFP：理想主义，对自己重视的价值观和人非常忠诚。希望外部生活和内心价值观保持一致。好奇心重，能迅速看到事情的可能性，成为实现想法的催化剂。善于理解他人并帮助他们实现潜能，适应力强，灵活，善于接受，除非违背自己的价值观。
- INTP：对感兴趣的事物寻求合理的解释。喜欢理论性和抽象的事物，热衷于思考而非社交活动。安静、内向、灵活、适应力强。在自己感兴趣的领域有深度解决问题的能力，多疑，有时会有点挑剔，喜欢分析。

2) 折叠外倾型(E)

- ESTP：灵活、有忍耐力，注重实际和结果。觉得理论和抽象的解释非常无趣。喜欢积极地采取行动解决问题。注重当下，自然不做作，享受和他人相处的时光。热爱物质享受和时尚。学习新事物最有效的方式是通过亲身感受和实践。
- ESFP：外向、友好、接受力强。热爱生活、人类和物质享受。喜欢和他人合作完成任务。在工作中注重常识和实用性，善于营造有趣的氛围。灵活、自然不做作，能够快速适应新事物。学习新事物最有效的方式是和他人一起尝试。
- ENFP：热情洋溢、富有想象力。相信人生充满可能性。能很快地将事情和信息联系起来，并自信地根据自己的判断解决问题。渴望得到他人的认可，也乐于给予他人赞赏和帮助。灵活、自然不做作，具有很强的即兴发挥能力，言语流畅。
- ENTP：反应快、睿智，具有激励他人的能力，警觉性强、直言不讳。在解决新的、具有挑战性的问题时，表现出机智而有策略。善于找出理论上的可能性，然后再用战略的眼光分析。善于理解别人。不喜欢例行公事，很少会用相同的方法做相同的事情，倾向于一个接一个地发展新的爱好。
- ESTJ：实际、现实主义。果断，一旦下决心就会马上行动。善于组织项目和人，高效完成任务。注重日常细节。有一套非常清晰的逻辑标准，并系统地遵循，也希望他人同样遵循。在实施计划时表现出强大的执行力。

- **ESFJ**：热心肠、有责任心、善于合作。希望周围环境温馨和谐，并为此果断行动。喜欢与他人一起精确并及时地完成任务。事无巨细并保持忠诚。能敏锐察觉他人日常生活中的需求，并竭尽全力提供帮助。渴望自己和自己的所为能得到他人的认可和赞赏。

- **ENFJ**：热情、为他人着想、富有同理心、有责任心。非常关注他人的情感、需求和动机。善于发现他人的潜能，并帮助其实现。能成为个人或群体成长和进步的催化剂。忠诚，对赞扬和批评都会积极回应。友善、善于社交。在团队中能很好地帮助他人，并有鼓舞他人的领导能力。

- **ENTJ**：坦诚、果断，有天生的领导能力。能迅速发现公司/组织流程和政策中的不合理性和低效之处，并制定有效、全面的系统来解决问题。善于制定长期计划和目标。见多识广，博览群书，喜欢拓宽自己的知识面并将此与他人分享。在表达自己的想法时极具说服力。

二、职业测评

(一)职业测评

职业测评兴起于 20 世纪初，在美国军事和工业领域获得了广泛应用。1926 年，美国飞行学校的学员中有 87%因飞行表现不佳而被淘汰，其原因是空中飞行心理适应性不好。第二次世界大战期间及以后，客观需求促使心理选拔技术不断发展和普及，因飞行心理适应性不佳而被淘汰的人数才开始下降：美国空军的淘汰率由 70%降至 36%，法国则由 61%降至 36%。这一变化大大减轻了培训资源的浪费，也有利于个人的职业生涯发展。心理测量经过近百年的稳步发展，现已成为最有效、最客观的职业测评手段。全球约有四分之三以上的大公司在人员甄选、安置和培训方面使用职业测评，越来越多的中小公司也正在加入这一行列。美国电话电报公司早在 20 世纪 30 年代就引入评价中心技术，采用多种心理测量方法考查管理者，并取得了显著成效；摩托罗拉公司也很早就接受了心理测量，并在员工招聘中采用各种相关心理测验。在西方许多发达国家，从小学开始就开展各种活动，帮助大学生认识工作、热爱工作，并及早进行职业生涯规划。

1. 职业测评的定义

职业测评是心理测验的一个分支。在学术上，被广泛认可的心理测验定义是"行为样本的客观、标准化测量"。

2. 职业测评的特点

科学的职业测评以特定理论为基础，经过设计问卷、抽样、统计分析、建立常模等程序编制，必须符合三个条件。

- 效度：测验结果的准确性。
- 信度：测验结果的稳定性。

- 常模：每位被试的心理测验都有一个原始分数，通常情况下，这个分数没有实际意义，除非与他人进行比较。科学的职业测评是客观化、标准化的问卷。它的科学性、客观性和可比性是其他自我了解方法所不具备的。

3. 部分职业测评简介

职业测评中的心理测验主要包括以下类型。

(1) 智力倾向测验：具有考察智力(能力)水平及其结构的双重目的。一方面，不同的人智力水平不同，选择智力水平较高的人，可期望获得高绩效；另一方面，智力水平相近的人，其智力结构可能不同：有的人擅长言语理解、加工和表达，有的人擅长数字加工，还有的人擅长对形象的分析和加工。不同智力结构的人适合不同类型的工作。

(2) 人格测验：用于测量求职者与他人相区别的独特而稳定的思维方式和行为风格，这些特点可能影响求职者的工作绩效、工作方式及习惯。

(3) 职业兴趣测验：不同人的工作生活兴趣可以按照对人、概念、材料这三大基本内容要素分类，而社会上的所有职业和工作也是围绕这三大要素展开的。基于这一理论设计的职业兴趣测验可以在个体兴趣与职业之间进行匹配。

(4) 职业价值观及动机测验：全面了解个人在职业发展中所重视的核心价值与内在驱动力，即"你想要什么"。所谓动机，是指欲满足特定需求的心理状态和意愿。通过动机测验，可以了解个体的工作生活特点，从而找到激励其积极性的依据和途径，并以此为依据安排相应的工作内容。

(5) 职业能力测验：考察个人的基本或特殊能力素质，例如逻辑推理能力、口头表达能力，即"你擅长什么"。

(6) 职业性格测验：考查个人与职业相关的性格特点，即"你是一个怎样的人"。

(7) 职业发展评估测验：主要评估求职技巧、职业发展阶段等。

以上介绍的是职业测评中最基本、最常用的七大类测验。除此之外，还有用于针对整个组织的组织行为评估，针对中高层管理者的情景模拟测验和高绩效管理测验等；用于个体职业生涯规划和发展的测评还包括职业生涯决策测验和职业生涯成熟度测验等，这些测验都是基于西方经典职业发展理论的，用于评估个体的职业发展程度，是欧美国家进行职业辅导的基本工具。然而，这些测验目前还缺乏实用的中国版本，因此还没有在国内得到广泛应用。

特别需要注意的是，职业测评绝不能用少数几种工具"以不变应万变"地应付所有个体对不同职位的测量要求。实际上，每个求职者的特点各不相同，各个职位的素质要求也相当多样化，因此可能产生的测评组合也非常丰富。要实现真正的人-职匹配，必须根据个人特点和岗位需求有针对性地选择测评工具，使工具适应求职者和招聘岗位的需求，而不是让个体和岗位去迁就测评工具的要求。

国际上的测量工具通常由大学、专业研究机构或心理测验公司开发，用于评定个人的能力结构、个性特征、动机需求水平和职业偏好等，并为其提供潜力及适宜发展方向的指导。通常来说，真正有经验的专业机构都能提供几十种以上的工具，以适应复杂的职业需求。这些工具构成一个工具库，使用者可以根据自己的需要自由挑选，就像一个工具"超市"。

4. 职业测评的作用

职业测评的重要作用是实现人力资源的合理配置，具体表现为让合适的人从事合适的岗位，使岗位能匹配到合适的人才，进而让每个人的才能都能得到充分发挥。在职业发展相关的研究、咨询、辅导和组织对员工的职业生涯开发中，职业测评都占据重要地位，是不可或缺的工具。具体来说，职业测评包括以下几个方面的功能。

(1) 预测功能。预测个体在教育训练、职业训练以及未来工作中的表现。

(2) 诊断功能评估。评估个体的长处和短处，优势和劣势，并诊断个体在兴趣、价值观和职业决策等方面的特质。

(3) 区别功能。区别出个体的某些特质最类似于哪一类职业群体。

(4) 比较功能。依据测量学指标，将个体素质 (能力倾向、兴趣、价值观等)与某些目标团体相比较，从而观察两者之间的匹配程度。

(5) 探测功能。了解个体在职业发展过程中的职业决策、职业适应性的行为、态度以及能力方面的一般状况，以便提供必要的职业辅导。

(6) 评估功能。对职业咨询或辅导的进展情况和效果进行评估。

职业测评包括许多功能，企业需要它，各种组织需要它，个人也需要它。它能服务于人力资源规划，为招聘、安置、考核、晋升提供依据，同时也是个人择业的参考，是职业生涯规划与开发的基础。通过职业测评，无疑可以实现组织和个人"双赢"的目标。

(二)职业测评与职业生涯规划的关系(怎样利用职业测评进行职业选择)

1. 职业兴趣——你喜欢什么工作

兴趣是力求认识、掌握某种事物，并经常参与该种活动的心理倾向。在职业选择上，每个人也都会有自己的偏好。职业兴趣对人的行为有很大的驱动作用，因此要了解自己的职业兴趣，并尽可能从事感兴趣的职业。

职业兴趣测评对于明确职业兴趣、协助职业选择、拓展职业范围具有重要作用。

2. 能力倾向——你擅长什么工作

能力是人们成功地完成某种活动所必需的个性心理特征。在职业生涯规划中，能力是最重要的方面之一，它是事业成功的必要条件，即"有之未必成功，无之必不成功"。如果我们能够及时准确地了解自己的优势能力，并在制定职业目标时予以充分考虑，将极大地提高达成职业目标的概率。

能力倾向测评不仅可以预测成功，还能在预测失败方面发挥重要作用，即它可以有效预测应避免从事的职业。

3. 价值观——你喜欢什么样的工作与生活方式

每个人工作都是为了满足一定的需求，但很难找到一份完全满足自己所有需求的工作。在这种情况下，如何取舍就显得尤为重要。价值观是人们对客观事物的需求所表现出的评价，包括从人生的基本价值取向到个人对具体活动或事物的有用性、重要性、价值的判断。价值观测评会有助于职业决策和提高工作满意度。

4. 性格——你待人处世、处理事情的方式与风格是什么

性格是一个人在现实中表现出的稳定态度和习惯化行为方式，是最能体现个体差异的一个特质。

性格测评有助于了解自己的行为方式，为职业决策和行动提供可靠依据。

5. 职业测评结果的适用

职业测评在进行自我探索和职业定位方面对大部分受测者都有一定的帮助，但我们也要认识到职业测评是一种间接测量，它测定的是隐蔽在个体中的内在的、抽象的特质，这些特质是看不到、摸不着的。测评本身是通过样本的心理素质和特征进行推测的过程，带有主观性(包括测评开发者的主观性以及测评结果解释时的主观性)，因此不可能完全准确。准确率能达到 70%就已经相当不错了。因此，对待测评结果，不要盲目迷信，需要辩证地看待。

(1) 对于大学生来说，对各种专业的人才素质要求还没有全面、深刻地了解，即使测评结果显示你适合某种工作，那也只是从性格、能力、兴趣等方面提供的参考。

(2) 有些职业测评显示某些职业更适合性格外向的人，但在实践中，一些性格内向的人也能做得很好。这是因为很多测评中给出的推荐职业是基于统计意义上的结果，所以测评结果中推荐的职业只能作为参考。

(3) 职业选择是一个复杂且动态的过程，需要考虑很多因素。在做具体决策时，职业测评的结果只能作为参考，其他因素，如职业的发展前景、工作环境、经济及非经济报酬、家人的期望等，也都是必须考虑的内容。

由此看来，职业测评只是一个工具，用得好可以事半功倍，用得不好则可能误入歧途。因此，清楚地了解这些测评、掌握恰当的使用方法、以良好的心态看待测评结果，是进行测评前必要的准备工作。需要特别说明的是，再好的职业测评也只能提供一份准确的分析报告，并不能作为"盖棺定论"的结论。进行测评的目的不应是为了测评而测评，也不应是为了得到一个与个性匹配的职业名称而进行测评。测评的结果主要是为了指导进一步探索、激励后续的学习和提升。

(三)关于学校就业信息网的职业生涯规划测评系统的简单说明

学校就业信息网的职业生涯规划测评系统使用的是北森生涯教育一体化平台，是北森生涯公司基于国际生涯教育领域的前沿理论开发，专为高校生涯教育与职业生涯规划设计。

该系统根据"知己－知彼－决策－行动"的生涯规划范式，提供职业测评、职业探索、决策平衡单、行动计划等功能模块，帮助用户进行职业生涯规划。它能全面解决"不清楚自己的特点、不知道自己该朝什么方向发展、不知道如何做出重大人生选择、不知道如何开始行动"等问题。

同时，平台还搭载了职业素养提升等相关专业课程，需要了解生涯规划知识和求职技巧的同学可以自行学习。

1. 测评模块

该模块包含六个测评维度，分别为现状评估、职业兴趣、职业性格、职业技能、价值

观和学习风格，如图 4-1 所示。

图 4-1　学校就业信息网职业生涯规划测评系统测评模块

- 现状评估：清楚把握自己当前的特征，是定位职业方向的第一步。
- 职业兴趣：兴趣是获得工作满意度、职业稳定性和职业成就感的重要因素。
- 职业性格：性格与职业的最佳匹配能让你成为更有效的工作者。
- 职业技能：技能决定了你能从事什么职业，也决定了哪些职业适合你。
- 价值观：正视自己的价值观，能在生涯决策中找到最佳平衡点。
- 学习风格：了解自己的学习风格，能让你更好地掌握学习主动权。

2. 职业探索模块

"职业探索"是职业生涯规划中重要环节，也是系统中的关键部分之一。该模块包含三个功能：推荐职业、职业查询和收藏职业。

3. 决策行动模块

决策行动的流程包含决策过程和行动计划两个方面。

4. 视频模块

视频模块配有学习资料。大学生可以自行选择课程，点击观看和学习。

本 章 小 结

即将步入社会的大学生，应具备清晰的自我认知和独立人格。个人的兴趣、性格、职业价值观、职业能力等因素都能影响职业选择。掌握自我认知的方法，充分利用职业测评工具和学校就业信息网的职业生涯规划测评系统，学习生涯规划知识，才能在职业选择中游刃有余。

复习与思考

(1) 对自己进行一次深入的自我剖析，并可与其他同学和老师分享分析内容。

(2) 使用自我测评法进行自我剖析。

(3) 使用学校就业信息网的职业生涯规划测评系统进行一次全面的职业测评，并进行自我分析。

第五章　生涯决策与职业选择

课程目标

- **知识目标**：通过本章学习，大学生应了解生涯决策的含义及相关影响因素，熟悉大学生职业选择的方法。
- **能力目标**：掌握职业选择所需的基本素质和能力，掌握决策方法，辨别何为理想职业。
- **素质目标**：思考自己生涯发展，正确认识并理性对待职业选择。

重点和难点

(1) 认知信息加工理论的内容。
(2) 影响大学生择业的因素。
(3) 大学生职业选择的基本步骤。
(4) 职业成功的内涵。

知识结构逻辑图

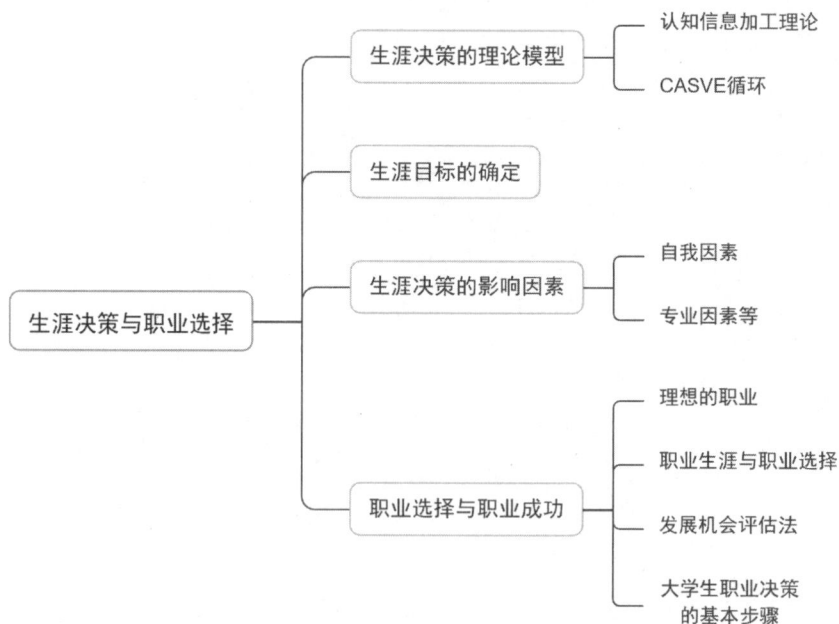

```
                                                          ┌─ 认知信息加工理论
                                       生涯决策的理论模型 ─┤
                                                          └─ CASVE循环

                                       生涯目标的确定

生涯决策与职业选择 ─┤                                     ┌─ 自我因素
                                       生涯决策的影响因素 ─┤
                                                          └─ 专业因素等

                                                          ┌─ 理想的职业
                                                          │
                                                          ├─ 职业生涯与职业选择
                                       职业选择与职业成功 ─┤
                                                          ├─ 发展机会评估法
                                                          │
                                                          └─ 大学生职业决策
                                                             的基本步骤
```

情景导入

　　小李，男，20岁，某高职院校计算机应用专业大二大学生，大学生干部，有较强的组织和协调能力，在同学中很受欢迎。大二学过就业指导课程后，他开始认真思考个人职业方向。小李出生于北方某省的一个农村家庭，刚进大学时对职业生涯规划还没有明确概念，认为只要好好学习专业知识，将来凭借专业找工作就好了。但大学一年级的学习中，小李总是找不到对专业技术课程的兴趣，而他的室友酷爱专业课程，在宿舍里经常用两台电脑同时运行程序，几乎把所有时间专注在编程上。小李遵循职业生涯规划的基本流程：从职业生涯探索开始，了解自己，了解环境，明确职业目标，选择并实施生涯规划策略，然后对职业生涯规划进展进行评估，并视情况决定是否重新开展职业生涯探索。

小李在线上完成了职业测评，收到电子版测评报告后，与老师和家人讨论了职业目标设定问题。根据测评结果分析，小李的语言数字能力(思维风格)处于中等偏高水平，行为特征各项指标均处于中间位置，对不同职业均有良好的适应性。虽然小李似乎比较容易地适应各种工作，但他的职业兴趣指标显示了明显的差异。霍兰德职业兴趣测试中，企业型得分为 8 分，高于84%的人；社会型得分为 6 分，处于中等水平。测评报告反馈显示："你的兴趣集中于事业心和人际服务主题上。这种组合在人力资源管理专业的大学生中十分常见，尤其是其商业导向。培训他人和激励团队完成目标能吸引具有这种兴趣组合的人。然而，你更愿意在调整计划前先专注于底线业绩，只在必要时才运用人际服务方面的激励"，此外，小李的研究型(4 分)和现实型(2 分)分数较低，分别排在第四和第五位，这印证了小李对理工科技术专业的兴趣较低。他的企业型和社会型的强势结合，以及研究型和现实型的低分，表明他更适合从事销售或管理工作，而不是专门的技术工作。

小李对测评报告的各项指标解释都极为认同，并在与老师和家人讨论后，决定结合所学的计算机应用专业知识，把计算机软件及互联网销售类职业作为个人职业发展方向。这样既能充分利用大学专业知识，又能充分发挥了个人的兴趣特长，更容易找到工作并实现职业发展。确定职业方向后，小李非常高兴，开始以互联网销售职业为中心，设定职业目标，并开展一系列职业准备工作。

(资料来源：本书作者整理编写)

第一节　生涯决策的理论模型

生涯决策的理论
模型.mp4

在大学生的一生中，决策时刻伴随着他们。决策是管理学中的一个重要概念，它指的是为了实现某一特定目标，采用一系列科学的手段和方法，在多个可行性方案中选择一个最满意的方案的过程。在大学生的大学生涯中，最重要的决策莫过于职业生涯决策。决策的正确与否事关大学生未来的发展和人生走向，决策能力的高低影响着同学职业选择的成熟度，而决策的满意度不仅将影响我们未来的生活方式，还会直接影响我们的人生大部分时间的满意度。

以下我们一起借助 CIP 模型来了解影响我们决策的基本要素和决策过程。

一、认知信息加工理论

CIP(Cognitive Information Processing)即认知信息加工理论是由彼得森(G.Peterson)、桑普森(J.Sampson)和里尔登(R.Reardon)于 1991 年共同提出的一种探索职业生涯选择的方法。

(一)认知信息加工理论的前提

CIP 方法基于以下几个方面的认知。

(1) 生涯决策基于理性思考和感性认识。生涯决策的过程既包含决策者的主观感受,也包含对客观事物的理性分析。

(2) 生涯决策以解决问题为导向。与解决数学问题、物理问题不同,生涯决策解决的是未来职业这一不确定性问题。

(3) 生涯决策者需要知识储备和认知能力,以及一定的认知操作能力,以了解这两种知识领域的关联。

(4) 生涯决策需要较好的记忆能力。不论是自我知识还是职业知识,都需要记忆和处理相关信息,这需要庞大的信息存储和记忆负荷。

(5) 生涯决策需要内在动机。生涯决策的驱动力源于对良好职业发展的渴望和对自我认识的追求。

(6) 生涯发展是持续的过程。生涯发展是持续进行、不断完善的过程,是人自我成长和职业成熟的一部分。

(7) 生涯认同取决于思维内容和方式。生涯认同度与人们的思维方式和思维内容紧密相联,自我认知的全面性和深刻性决定生涯认同程度。

(8) 生涯成熟取决于解决问题的能力。从认知信息加工的角度来说,生涯决策者对自我知识和职业知识的整合度越高、匹配越精准,其生涯成熟度便越高。

(9) 生涯咨询的目标是提升信息加工能力。

(10) 生涯咨询的目的是提升决策能力。

(二)信息加工的金字塔模型

心理学家认为,人们在长期记忆中保存着各种知识和不同的技能,这些知识储备和技能对于人们认识自我、认识职业以及生涯决策具有重要意义。首先,现有的知识能够帮助决策者理解相关专业和职业的内容;其次,以往的经历和历史事件在经过决策者的梳理和总结后,能够用来帮助其认清自我,为决策做好准备;最后,人们具有的技能和策略用于分析问题和解决问题。

信息加工金字塔模型呈现了决策过程中的三个领域,如图 5-1 所示。

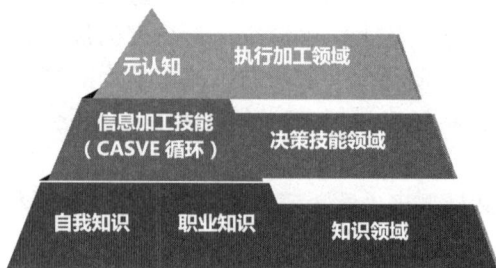

图 5-1 信息加工金字塔模型

1. 知识领域

信息加工金字塔模型的底层是知识领域。知识领域既包括对自我的了解(自我知识),也包括对职业的了解(职业知识)。自我知识包括个人的价值观、兴趣、爱好、性格等，职业知识则涵盖职业素养、职业特点、专业知识、专业技能、行业前景等。决策者只有详细了解自我、认识自己的优势和特长，明确自己适合的职业方向，了解职业对就业者的具体需求，才能做出客观理性的职业决策。

2. 决策技能领域

信息加工金字塔模型的中间层是决策技能领域。信息加工技能是对决策相关信息进行处理的能力，是信息加工理论的核心部分。

3. 执行加工领域

信息加工金字塔模型的顶端是执行加工领域，元认知是指决策者对认知过程体验和调节控制。很多时候，人们并非因为决策信息不充分和决策技能不完善而无法做出正确决策，而是由于不合理的认知导致决策失误。元认知领域侧重于自我审视、自我反省和对决策过程的监督。

- 自我审视：例如，"我是否作出了一个最有利于当下和未来的决定？"
- 自我反省：例如，"我是否抱有不合理的认知和信念？对自身和外在的认知是否存在偏差？"
- 过程监督：例如，"我是否搜集了全部的信息？""是否采用了灵活有效的决策方法？"

二、CASVE 循环

认知信息加工理论中间层的信息加工技能用来进行具体决策，被总结为 CASVE 循环(如图 5-2 所示)模式。CASVE 循环分为沟通(Communication)、分析(Analysis)、综合(Synthesis)、评估(Evaluation)、执行(Execution)五个阶段。

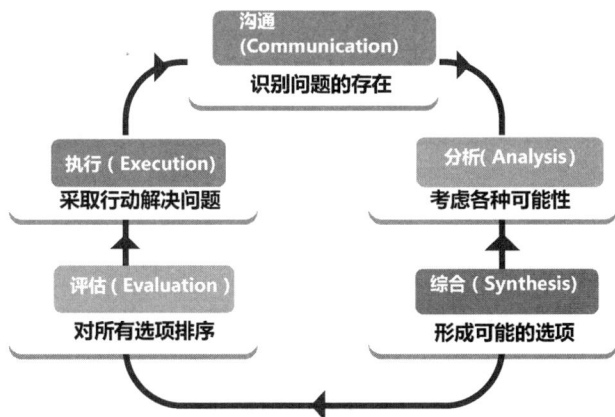

图 5-2　CASVE 循环

1. 沟通(Communication)

沟通指个体意识到问题的存在，看到理想和现实的差距，所进行的内部和外部两方面的沟通。

- 内部沟通：例如，大学生在接触职业生涯规划前，可能认为在大学期间只需学好专业课，而对未来的职业选择感到遥远且缺乏规划。随着对职业生涯规划的了解，他们意识到需要为毕业做好准备，包括提升专业知识和职业能力，发现大学生和职场人的差距，开始寻求弥补。又如大四同学在面对就业时，出现焦虑、迷茫、不知所措等情绪，甚至出现头痛、胸闷等身体反应，这些情况提醒大学生提前制定计划，明确未来发展方向。
- 外部沟通：大学生的父母、学校和老师在毕业季会关注他们的就业进展，并提出各种可行性的建议，帮助他们更好地规划未来。

2. 分析(Analysis)

分析阶段是通过观察和重新审视自我，对自己的兴趣、特长、能力、人格、价值观和职业发展前景进行全面深入的解析。

- 例如，对于考研升学和择业的选择，大学生需要分析自己是更适合学术科研还是社会实践？
- 对兴趣的分析：自己喜欢做什么？最想成为什么样的人？想过什么样的生活？
- 对能力的分析：自己擅长什么？具备哪些求职能力？掌握了哪些与职业相关的专业知识？
- 对于人格的分析：借助人格测试(如 MBTI 等)了解自己倾向于感性体验还是理性思考？
- 更喜欢从人际交往中还是从独处中获得能量？更喜欢探索开放式的行动还是井然有序的行动？
- 对价值观的分析：自己更看重高薪还是自由时间？更看重安稳无忧还是挑战？
- 对职业发展前景分析：所选职业未来的发展趋势如何？与自己的人生目标有哪些契合点？

3. 综合(Synthesis)

综合阶段就是依据分析阶段所得出的信息，列出符合个人专业、特长以及价值观的所有可能选项，并从中筛选出 3～5 个相对合适的选项，决策者需要评估这些选项能否缩小现实和理想的差距，解决当前的择业难题。如果不能，需返回分析阶段，进一步挖掘有利于解决问题的自我信息。

4. 评估(Evaluation)

评估阶段是对综合阶段所列出的选项进行排序，根据其缩小理想和现实差距的程度，依次排序。最好的选项排在首位，决策者通常将其作为首选，如果因外在环境或个人特殊原因无法选择第一选项，将顺次考虑后续选项，这些也属于备选方案。

5. 执行(Execution)

执行阶段是 CASVE 循环的最后一个阶段，也是将设想落实到行动中的实践部分。决策者需要制定行动计划，付诸具体行动，以实现目标。

如果在执行过程中问题仍未得到解决，决策者需返回沟通阶段，重新开始 CASVE 循环，直到问题解决。通过不断思考、实践、检验和再思考，决策者完成决策行为，实现职业的最优选择。

第二节 生涯目标的确定

生涯目标的确定.mp4

生涯目标也可以理解为大学们经常谈论的人生目标，探讨的是大学生想要成为什么样的人，如何度过一生，才能实现人生理想，使得生命富有意义。生涯目标是人一生中的导航和方向指引，包括"安全的生存""美满的生活"以及"生命更具有意义"三个层面。生涯目标不应是追逐自利、唯我，而应是利他、共荣、奉献和分享。因此，在生涯目标的制定上，大学生需要洞察生命的意义，做到己欲立而立人，己欲达而达人。生涯目标的确定不应仅仅为个人的工作、职业做规划，或满足于个人美满生活的追求，更应致力于创造社会的整体幸福和快乐。在确定职业生涯目标时，大学生要清楚自身的价值观、兴趣、爱好、能力和知识，也要了解经济状况、家人的期望、岗位需要和企业文化等，综合考虑以上因素，明确自己需要什么，应该努力的方向和应该扮演的角色，并保持积极乐观的人生态度，朝着目标前进，在现有的条件下，不断整合资源、缩小差距。

在确定职业生涯目标之前，大学生可以深度了解自己，通过以下问题进行思考："我是谁？"(对自己进行清醒的认识)；"我想做什么？成为什么样的人？"(对自身职业方向的心理期望)；"我会做什么"(对自身潜能的全面发掘)；"环境支持我做什么？"(分析外部有利因素)；"我的职业如何发展？"(对未来的初步预期)。通过以上问题的思考，大学生对职业目标大致有了方向。

生涯目标按照目标的性质又可以分为外职业生涯和内职业生涯目标。外职业生涯目标侧重于外部环境赋予职业的标记，如职务职级、工作内容、工作环境和工作收入等；内职业生涯目标侧重于个人在职业生涯过程中获得的主观感受和所承担的义务，如工作能力、工作成果、心理状态和职业价值观等。大学生更应该重视对内职业生涯目标的达成，挖掘自身的潜能，提高综合素质。

案例 5-1

斯皮尔伯格的故事

美国著名导演斯皮尔伯格(Steven Spielbery)的电影深受同学们喜爱，例如《侏罗纪公园》等经典作品。他在 36 岁时就成为世界上最成功的制片人之一。在电影史上十大卖座影片中，他个人就有四部上榜。在他 17 岁那年，有一次到一个电影制片厂参观，尔后，他就偷偷立下了目标，要拍出最好的电影。第二天，他穿了一套西装，提着爸爸的公文包，里面装了一块三明治，再次来到制片厂。他故意装出大人模样，骗过了警卫，来到了厂里面。然后找到一辆废弃的手推车，用一块塑胶字母，在车门上拼出来"史蒂文·斯皮尔伯格""导演"字样。之后，他利用整个夏天去认识各位导演、编剧等，每天以导演的标准要求自己。他通过与他人的交谈学习、观察和思考，最终在 20 岁那年成为正式的电影导演，开始了他辉煌的职业生涯。从斯皮尔伯格的经历中，同学们可以看到他是如何确立自己的目标，并为之不懈奋斗的。

🎯 **案例 5-2**

穿过玉米地

田野上，清新的风徐徐吹来。铺展在你们眼前的是一片果实累累的玉米地，然而，这也是一片隐藏着无数大小陷阱的玉米地。

今天，你们将穿越它。

你和对手们将要进行一场有趣的竞赛：看谁最早穿越玉米地，到达神秘的终点，同时手中持有的玉米最多。也就是说，穿越玉米地时，你不仅要比别人更快，手里还要有更多的玉米，更要时刻保证自己的安全——这是"玉米地游戏"的三个关键要素：速度、效益和安全。

你可以进行一万种以上的选择，但即使是高明的数学大师都无法计算出这三者之间的最佳比例——或许世界上根本不存在这样的公式。不同的选择会产生不同的结果，而每一种最佳方式又因客观环境和条件的变化而变化。穿越玉米地的过程，就像创业决策的过程，N 次选择将产生 N 种经营状态和结局。

穿越的魅力就在这里？你为什么要穿越玉米地？

当你的人生开始一场新的角逐，当你的事业新篇章即将展开，你是否认真思考过这个问题？而这个问题真的那么重要吗？

有一年，一群意气风发的天之骄子从美国哈佛大学毕业了，他们即将开始各自的"玉米地之旅"。他们的智力、学历和环境条件都相差无几。临毕业时，哈佛对他们进行了一次关于人生目标的调查。结果如下：

- 27%的人没有明确目标。
- 60%的人目标模糊。
- 10%的人有清晰但短期的目标。
- 3%的人有清晰且长远的目标。

以后的 25 年，他们穿越各自的"玉米地"。

25 年后，哈佛再次对这群大学生进行了跟踪调查。结果如下：

- 3%的人，25 年来始终朝着一个方向不懈努力，几乎都成为社会各界的成功人士，其中不乏行业领袖和社会精英。
- 10%的人，他们的短期目标不断实现，成为各自领域的专业人士，大多生活在社会的中上层。
- 60%的人，他们安稳地生活与工作，但没有什么特别成就，大多生活在社会的中下层。
- 剩下的 27%的人，他们的生活没有目标，过得并不如意，常常抱怨他人、抱怨社会、抱怨这个"不肯给他们机会"的世界。

其实，他们之间的差别仅仅在于：25 年前，他们中的一些人清楚地知道自己为什么要穿越"玉米地"，而另一些人则不清楚或不够清楚。

目标对于一个人的成功和一生的影响，上面的故事讲得再清楚不过了。

(资料来源：本书作者整理编写)

第三节　生涯决策的影响因素

生涯决策的影响
因素.mp4

一、自我因素

　　自我因素在本书第四章已经讨论过。大学生的个人性格、兴趣、特点和价值观都会影响就业方向。自我因素是生涯决策的基础，只有充分了解自身的优点和不足，在确立职业目标时扬长避短，才能找到与自身特质匹配、能发挥自身优势的职业。很多职业适合他人，但未必适合自己，很多大学生在做职业决策时盲目跟从，认为别人眼中的好职业就是适合自己的职业，而没有结合自身实际情况。还有一些大学生认为高薪就是好职业，但选择职业时，薪水只是一方面因素，还要考虑职业的发展前景，是否与自身性格和人生规划相符合。高薪职业未必能带来理想的生活质量和生活状态。因此在做职业生涯选择时，一定要充分考虑自身因素，选择最适合自己的职业，以利于长远发展。

二、专业因素

　　大学生在做职业选择时，需考虑所学专业。如果能选择专业对口的职业领域，大学四年积累的专业知识和技能将对未来职业发展很有帮助。凭借扎实的专业素养和实践能力，就业者更容易晋升到更高层次、更高职级的岗位。当然，并不是所有职业选择都必须专业对口。现实情况是，很多大学生选择了与本科所学专业关联不大的工作。这种情况下，大学生需要具备更高的自我学习能力和自我提升能力，以适应工作需求。

三、家庭因素

　　父母的受教育程度、职业以及家庭经济状况会影响子女的就业和择业。家庭经济状况越好，为子女创造的物质基础越坚实，子女接触外界资源的机会越多，眼界和思路也更开阔，就业可能性也越大。而在家庭经济条件较差的环境下，子女获得的发展机会就较少，也难以得到家庭的经济支持。然而，家庭经济因素也存在反作用力，逆境成才的案例不在少数，过多依赖物质条件，子女往往会丧失独立成长的动力，不利于自身发展。

　　父母及家人的职业选择对大学生也有重要影响。①职业兴趣和职业能力会受到遗传的影响；②家庭氛围和熏陶对个人发展尤为重要；③在职业选择时，家人可以帮助提供职业信息和指导。因此，大学生在进行职业决策时，可以充分了解家族成员的职业信息，并听取家人的意见。

四、社会因素

　　社会大环境也会对大学生的职业选择造成影响。每个年代都有最"吃香"的职业。20世纪50年代，新中国刚成立，贫农分到土地，农民是最流行的职业；20世纪70年代，随着工农业的不断发展，拖拉机手成为许多年轻人的梦想职业；20世纪80年代，供销社的售货员待遇优厚,成为流行的职业;20 世纪 90 年代,市场经济蓬勃发展,成功在商海里打拼,成为一名个体户是许多人的梦想;21 世纪初,工作稳定且有一定社会地位的公务员成为许多人的理想职业;21 世纪 10 年代,互联网快速发展,程序员作为互联网行业的核心力量,成为热门职业;21 世纪 20 年代,随着直播带货的兴起,电商主播成为很多人的职业理想。

在选择职业时,大学生不仅要考虑自身需要什么,也要了解社会需要什么。大学生不应停留在"找一个好工作"的空想状态,应该充分了解所处的社会环境、经济环境和科技环境,认清所在地区的政治、经济、文化和科技现状及未来发展趋势,充分了解相关的就业政策和行业发展情况。选择职业时,要结合时代特点、顺应社会大环境、把握优势产业。

五、生涯转换理论(4S 模型)

生涯转换理论是由美国学者南希·K. 施洛斯贝格(Nancy K. Schlossberg)提出,理论聚焦与改变发生的时间点,并非整个生命全程。它关注决定个人如何应对转换的因素,即应对事件的方法,而不是转换的结果。

1. 生涯转换的原因

促使人们进行生涯转换的因素有很多种,大体可以分为四大类。

(1) 计划之内的事件,如升学、毕业、结婚、生子、退休等。

(2) 非计划之内的事件,如天灾人祸、亲人去世、被辞退、被动调换部门、企业破产等。

(3) 长期不满的事件,如薪资待遇低、经常性加班、企业管理混乱、被上级或同事排挤等、行业发展遇冷等。

(4) 影响职业发展的事件,如升职未能如愿、未能进入期望的相关岗位等。

2. 生涯转换的 4S 理论

4S 理论包括现状评估(Situation)、自我认识(Self)、策略制定(Strategy)和转换实施(Shift)四个阶段。

(1) 现状评估(Situation)指决策者对当前职业状态做出全面剖析和客观评价。例如,当前职业是否符合我对职业的预期?薪资是否足够支持我的生活并有适当结余?发展前景上是否有助于我成为理想中的人?我是否从工作中获得成就感和满足感?我是否可以长期或者终身从事这一职业?仅从兴趣角度而言,我是否喜欢目前的工作?如果我对工作兴趣不高,但薪资、闲暇时间或社会评价等其他方面是否可以弥补,从而使我的心理预期达到平衡?

(2) 自我认识(Self)指决策者深入地探寻自身的兴趣、特长、能力、价值观以及职业方向。例如,决策者 A 具备敏锐的市场洞察力、卓越的领导能力和冒险精神,当目前从事的体制内工作一成不变,令其厌烦且与商业竞争脱轨,与他渴望的高收入也不匹配。在这种情况下 A 可以考虑进行职业转换。

(3) 策略制定(Strategy)指决策者基于对现状和自身的深刻认识,制定具体的职业转换策略,决策者需结合当前经济形势和就业方向,学习相关知识,利用以往的资源和人脉了解就业行情,并制定短期和长期目标以及行动计划。

(4) 转换实施(Shift)指决策者开始采取行动,从当前职业状态脱离出来,寻找新的工作方式。如寻求新的工作机会、学习新的工作技能、建立新的人际网络等。

通过明确自身的职业目标和职业方向，个人找到更满意的工作和生活状态，获得更好的职业发展机会，从而更好地实现个人价值。

六、生涯决策中的非理性信念

职业生涯决策者存在若干不合理信念，严重影响大学生的职业选择和职业发展。

1. 一旦选择一个职业就不能再做出改变

根据我国劳动法规定，在法律和合同的框架内，劳动者可以进行自由选择职业。大学生是在不断选择和尝试中逐渐清楚自己究竟想要什么，究竟擅长什么。如果一份工作大学生不喜欢也不擅长，那将是一件非常痛苦的事情。每天的工作得不到正面反馈，大学生将在一次又一次的失败中否定自己，陷入焦虑和痛苦之中。此时，不改变找到适合自己的工作，将是愚蠢的选择。

2. 每个人终生只有一个适合的职业

人对职业和自我的认识是随着工作经验的积累而不断深化的，随着第一份工作的不断深入，人将会更加深入地了解自我，明确自己的核心需求，知道自己想成为什么样的人，以及适合什么样的工作模式，很多人选择的第一份工作与自己的本性并不相符，无法做到工作和身心的完全和谐，也无法在工作中获得价值。有相当一部分人是在不断转行、不断试错的过程中发现最适合自己的职业。此外，随着人们的成长，心智的成熟、知识储备和社会阅历的增加，适合的职业也在不断变化，刚就业的前 3~5 年，人们可能很适合技术岗位的工作，但是随着工作经验的积累，人们可能更加适合管理岗位的工作。因此，每个人终身只有一个适合的职业是片面的。

3. 只要有兴趣就一定能成功

兴趣确实是第一导师，但成功的要素包含多个方面，如能力、天赋、性格、机遇等。如果一份工作大学生充满兴趣但不擅长，那么在工作初期可能会很感兴趣，但随着工作的深入和难度的增加，之前可以应付的事情会变得难以完成。因此，兴趣固然重要，但在选择工作时一定要考虑到自己的专业背景和能力特长，即能否胜任此项工作。同时，也要考虑社会发展和行业发展的大环境。如果一个行业已经处于冷冬期，即便是有再大的兴趣驱动，在相当长的一段时间也很难获得个人的快速发展。此外，还要考虑自身的性格是否与所从事的职业完全符合。例如，性格内向、不擅长社交的人，即使对助理、客服等工作感兴趣，也不太适合选择这些需要频繁与人打交道的工作。

4. 我的决策必须是十全十美的

决策者要接受自己的决策无法达到 100%的完美。决策者必须明白这个世界上没有100%适合自己的工作。在做选择之前，总要舍弃一些方面，取舍是决策中必然要经历的过程。

第四节　职业选择与职业成功

职业选择与职业
成功.mp4

一、理想的职业

职业选择是人在一生中最重要的决定之一。随着社会的进步，大学生选择职业更加理性也更加追求个性化，都想在人生道路上找到自己热爱且理想的职业。一个理想的职业是与人的内在价值观相匹配的，包括内在价值维度的自我实现感，以及外在价值维度的安全性、经济回报等。

(1) 经济收入的富足。理想的职业能够给求职者带来经济状况的改善，不仅能满足求职者基本的生存需要，还能帮助提升生活质量。

(2) 自我价值的实现。求职者通过付出劳动，在工作中获得效能感，感受到被需要，自身的知识和特长能够得到全面发挥，能够给社会带来价值，进而获得精神上的满足感。

(3) 兴趣和爱好。求职者从工作中找到乐趣，选择自己喜欢和热爱的职业趋利避害。

(4) 权力和名望。部分求职者在工作中能够影响和掌控他人，获得权力感，拥有社会地位和名望。

(5) 人际关系。求职者在工作中拥有融洽的人际关系，在愉快的环境中完成工作目标，身心愉悦。

(6) 稳定和安全感。对于不喜欢冒险的人来说，工作能够带来稳定的收入和安全保障，这一点尤为重要。

由于求职者具有个体差异性，他们眼中的理想职业也各不相同。总而言之，只要能够符合自身的评判标准，达到职业目标的预期，在工作中实现自我需求，并有益于社会，就可以称之为理想的工作。大学生也应该树立正确的择业观，将个人需要与社会需求相统一。

二、职业生涯与职业选择

职业生涯指的是人一生中所有的职业经历，职业生活对人生的价值起着重要作用。社会人通常在20岁左右步入职场，60岁甚至更晚退出职场。职业生涯在人的一生中占据着重要的一段历程，甚至是大部分人生，这段历程也是我们人生中精力和体力最为旺盛的一段时光。

职业生涯强调个体性，它指一个人一生的职业经历。职业生涯强调时间，生涯长度以进入职场和退出职场为起止点。与个体不同，职业生涯的长短也各不相同。职业生涯侧重于发展性，个体从事的职业内容和职位是不断发展变化的。

职业选择是职业生涯中的重要一环。职业选择是指在众多职业中，根据个人的兴趣、能力、价值观等因素，选择适合自己的职业道路。首先，做出正确的选择能够发挥个人优势和特长，取得更好的工作表现；其次，选择自己感兴趣的职业，能够提高工作满意度，激发工作动力，更好地享受工作带来的成就感和乐趣；最后，职业选择是实现职业目标的第一步。通过明确自己的职业目标和生涯规划，选择与目标相符合的职业，可以更有针对性地规划和实现个人的职业发展和人生目标。

1. 职业选择的相关理论

1) 帕森斯的人职匹配理论

1909 年，美国心理学家、职业指导专家弗兰克·帕森斯(Frank Parsons)提出人职匹配理论(也称特质因素论)。该理论认为，每个人都有独特的人格类型，每种人格类型对应相关的职业。

帕森斯提出对人员本身和对职业要求两个维度进行分析。

- 人员本身。研究求职者的生理特征和心理特征，测评其体能、兴趣、价值观、能力、爱好等方面的信息，了解求职者的家庭背景和以往经历，并对这些信息进行综合评价。
- 职业的要求。分析职业对求职者的学历背景、年龄、性别等的要求，以及职业能够提供的工资待遇、工作环境和晋升机会等。

在充分了解求职者自身特点和职业性质的基础上，通过综合比较，选择一个求职者能够胜任又十分适合的职业。

2) 霍兰德的职业人格类型理论

1959 年，美国心理学家、职业咨询专家霍兰德(John L. Holland)提出了人格类型理论。该理论认为，人的性格特质可以分为现实型、研究型、艺术型、企业型、社会型和常规型六种类型，人所处的环境也处于同样的六种类型，如图 5-3 所示。

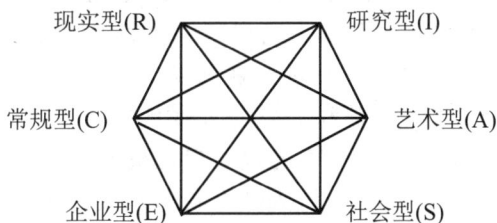

图 5-3　人格类型理论

六边形的六个角代表不同的类型，每个角与其相邻的类型具有高度一致性，相隔一个角的类型的一致性次之，对角之间的一致性最弱。例如，研究型的人偏好学术型的、逻辑性强的工作，而企业型的人更喜欢富有挑战性和管理性质的工作。

每个类型与其他类型存在不同的关系，具体分为以下三类。

(1) 相邻关系，如 CE、EC、SA、AI、IR、RC 等。

(2) 相隔关系，如 EA、IC、RE、SI、AR、IS 等。

(3) 相对关系，如 IE、ES、CA、EI 等。

相邻关系的两个类型的个体之间存在较多共同点，而相对关系的两个类型个体之间的共同点较少。霍兰德职业人格类型理论对于职业咨询过程提供了很多有益的借鉴。

2. 大学生职业选择的困难因素

职业选择的正确与否直接决定职业生涯的成功与否。在进行职业选择的过程中，我们会面临各种困难，而在没有达到目标时，决策者往往会感到痛苦和煎熬。对于大学生而言，在进行职业选择时会遇到以下几类困难。

(1) 意志不坚定。在做选择之前，大学生会受到来自外界的影响，如家长、老师、同学和朋友等，容易产生比较心理，往往不能倾听自己内心的声音，容易盲从，甚至放弃真正想从事的职业。

(2) 思考大于行动。思考固然重要，但是大学生更多地停留在思前想后、纠结犹豫的阶段，对自身信心不足，没有采取有利于未来职业发展的行动，停滞在思考环节，从而错过招聘的最佳时机。

(3) 信息渠道受阻。大学生获取就业和职业选择的信息渠道不够通畅，不清楚如何获取这些就业信息，即便是获得了相关信息，也不知道如何甄别和整理归类，更谈不上高效利用信息。对产业和行业的了解仅限于书本介绍和老师的讲解。

(4) 实践经验匮乏。大学生对行业和企业的了解不够全面，缺乏实地考察。部分大学生的实习经验少之又少，甚至对所学专业缺乏实际操作，实践能力严重不足。

(5) 过于理想化。大学生对经济环境和就业形势的认识不清晰，对于职业期望过于理想化，不愿意从基层做起，不愿意干脏活、苦活、累活，职业定位过于急功近利，没有充分考虑现实因素。

三、发展机会评估法：SWOT 分析

SWOT 是 Strengths(优势)、Weaknesses(劣势)、Opportunities(机会)、T 用人单位 eats(威胁)的缩写。SWOT 分析法用于生涯决策，可以帮助决策者综合自身的优势和劣势，认清职业发展的外部机会和威胁，进而做出正确的职业选择。

(1) 找出自身的优势和劣势。优势和劣势是内部因素。每个求职者都有擅长和不擅长的领域，有自己的兴趣、特长和特点。可以通过对自己提问，在找寻答案中不断地深入了解自己，如我曾经做过哪些事情让自己引以为傲？我曾有过哪些失败的经历？我具备哪些优于别人的能力？我有哪些负面的人格特征？在所有优势和劣势中，哪些会对我的职业选择产生关键影响？

(2) 找出职业的机会和威胁。机会和威胁是外部因素。每个职业的未来发展不尽相同，工作为求职者提供的深造和发展机会也不一样。因此，求职者要注重对专业、职业和行业的分析，找出感兴趣的一两个职业，然后真正评估该职业所带来的机会和风险。

案例 5-3

李某找到老师做就业咨询，李某说："老师，考取研究生继续深造是我的梦想，但在后期复习时，每当坐在教室里，我都无法集中注意力，笔试只参加了一门就放弃了。去年秋招时，看到很多同学找到了心仪的工作，我有点着急。现在考试无望，我是继续考研复习，还是准备求职呢？""老师，心仪的工作在江浙沪一带，距离老家太远了。而且很多同学面试的研发岗，虽和专业贴合度高，但我不太感兴趣，我更喜欢管理类的职位，我该怎么办呢？"

综合以上的表述，就业指导教师把李某的问题归纳为以下几点：

(1) 职业目标规划与自身实际情况不符。

(2) 缺乏对个人能力和优势的准确评估。

(3) 就业信息不全，就业期待值过高。

(4) 求职技能不足。

就业指导老师从以下几个方面帮助李某认清自己，做出职业决策。

1. 换位思考，正视现实

李某自尊心很强，不服输，更在意在同学面前的大学生干部形象，希望别人看见最完美的自己，不愿意让同学们知道自己在就业中遇到的瓶颈。面对就业困扰，老师引导李某接纳自己，正视问题，接纳自己在研究生备考中无法专注的事实。研究生考试选拔的是具有学术型和研究型潜质的人才，而李某则偏向管理型和应用型。升学不该成为检验本科学业成功的唯一标志，升学只是学业的一部分，而学业与职业并不矛盾。学业管理应服从个人职业发展规划，职业的不断发展会内化为个人提升学习素养的动力，学业和职业相辅相成，最终发展成个人事业。老师预测李某能够出色完成本科阶段的学业，顺利通过毕业答辩，已经基本具备了就业的基本条件。老师告诉李某，目前的家庭经济状况不允许他付出一年甚至更长时间的备考成本，放弃不契合自身的学业目标，利用春季校园招聘先找到一个相对满意的工作，也能将考研落榜的损失降到最低。

2. 耐心梳理，分析利弊

就业指导教师耐心梳理了李某的性格特点、能力特长、兴趣爱好、缺点和劣势，结合其专业分析了就业择业中存在的机遇和潜在风险。利用 SWOT 分析法帮助大学生李某描绘出就业者画像，如表5-1所示。

表 5-1　SWOT 分析法

优势(Strength)	劣势(Weakness)
四年大学生干部经历，锻炼出较强的组织能力和交际能力，在校招中是加分项。 理解力和执行力强，做事机动灵活，应变能力强，从大学生到职场人角色转换快。 抗压能力强。 对新鲜事物接受性强，可塑性强。 熟练掌握汽车制造、机械设计相关知识，专业背景较强	做事缺乏耐心和定力。 深入思考的能力不强。 缺乏前期的就业准备。 社会经验少，容易意气用事。 家庭经济困难大学生，除了学校渠道，其他就业资源不多。 对目标岗位的认识不清
机会(Opportunities)	风险(T 用人单位 eats)
随着以节能、安全、环保为主题的新能源汽车行业的蓬勃发展，国内市场有巨大用人需求。汽车行业为车辆工程专业应届毕业生就业方向，发展空间广阔，涵盖调研、设计、生产、销售、运营、管理等环节。 管理类岗位更能使其获得职业满足感，发挥其个人潜能	当前就业大环境不景气。 汽车类毕业生在辽就业率不算高。车辆工程专业课程体系有待健全。 南方发展优于北方，大学生是北方生源，外地求职要接受南北差异，需要适应过程

综合考虑以上多方面因素，目前最适合李某的岗位是与学校长期合作的新能源车企 A 的管培生项目 X。该项目旨在为企业培养业务骨干和管理型人才，项目前期内容为业务培训和顶岗实习，最终根据实习者在各个岗位的综合业绩进行定岗。

3. 整合信息，降低期望值

整合多方面的就业信息，罗列出近几年来学校招聘的几家主要企业，分析出这几家企业基本吸纳了李某所在学院 80%专业对口的毕业生，企业 A 对该校大学生的认可度较高，也有学长在企业内部就职，优秀校友的加持作用明显。虽然这家企业离李某的老家比较远，但李某经过再三考虑，认为找工作更多看重的是个人发展前景和成长机会。目前车企 A 的 X 项目与他的求职匹配度最高，不能因追求十全十美而错过眼前的绝佳机会。加上同一时期还有研究生和往届生一同竞争，就业形势并不十分乐观。

4. 完善简历，脱颖而出

李某决定选择车企 A，用一周的时间反复修改并完善个人求职简历，在简历中突出其大学生干部任职和校园经历的部分。和其他求职者一起模拟面试求职的场景，掌握面试礼仪和面试技巧。终于在春季校园招聘的尾声，李某如愿以偿地获得了心仪管培生岗位的工作。

（资料来源：本书作者整理编写）

四、大学生职业决策的基本步骤

利用第一节中我们学习的认知信息加工理论中的 CASVE 循环法，进行职业决策：

(1) 认识问题。认识到自身对职业前景的困惑，并采取措施来解决这一现实问题。

(2) 了解自我。对自身做一个全面、客观的自我分析。

(3) 了解职业。认清社会大环境和职业选择的环境，充分了解职业信息。

(4) 找出可能的选择。全面地筛选出可能的职业选项。

(5) 对比分析。运用前面提到的人职匹配理论、霍兰德人格特质理论、SWOT 分析法等方法，将个人与职业选项进行对比分析，获得最优解。

(6) 作出决定。选择目标职业。

(7) 执行决定。制作简历，做好求职准备。

(8) 反馈和评估。评估职业决策，如果评估结果不满意，再重复以上过程。

本 章 小 结

职业生涯的每一个选择对于大学生而言都极为重要。本章介绍了认知信息加工理论和其核心的 CASVE 循环法，阐述了生涯目标的内涵和重要性。大学生需了解职业决策中的影响因素和不合理因素，尽量规避决策风险，按照职业决策的步骤和方法进行理性决策，确定适合自己的职业目标，做出正确的职业选择。

复习与思考

(1) CASVE 循环的内容有哪些？

(2) 结合自身，谈一谈就业的优势和劣势。

(3) 大学生择业有哪些不合理因素？如何规避这些因素？

第六章　职业生涯规划与学业管理

课程目标

- **知识目标**：通过本章学习，大学生将了解职业生涯规划和学业管理的内容，明确职业生涯规划和学业管理的关系。
- **能力目标**：掌握大学里必备的学业管理能力，能够制定职业生涯规划，学会制定学业管理内容。
- **素质目标**：思考自己的职业发展之路，理性做好学业管理，充实地过好大学生活。

重点和难点

(1) 大学生职业生涯规划的内容。

(2) 大学生学业管理的几大方向。

(3) 大学生学业管理分类。

知识结构逻辑图

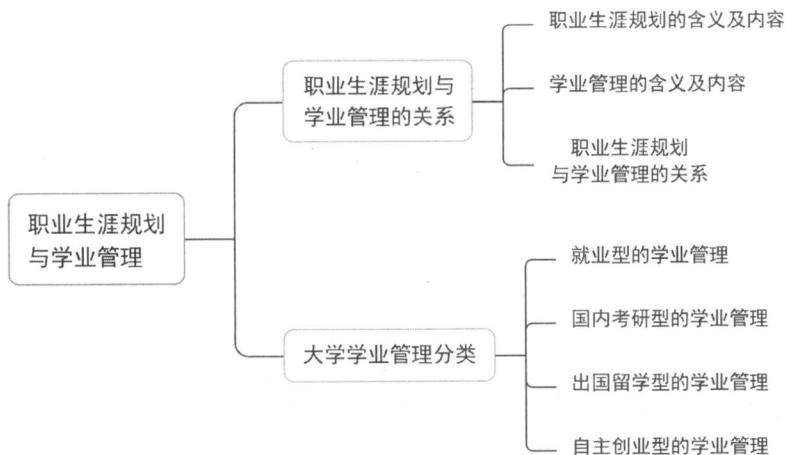

```
                                        ┌── 职业生涯规划的含义及内容
                    ┌─ 职业生涯规划与 ───┤
                    │  学业管理的关系    ├── 学业管理的含义及内容
                    │                    │
                    │                    └── 职业生涯规划
职业生涯规划 ───────┤                        与学业管理的关系
与学业管理          │
                    │                    ┌── 就业型的学业管理
                    │                    │
                    └─ 大学学业管理分类 ──┼── 国内考研型的学业管理
                                         │
                                         ├── 出国留学型的学业管理
                                         │
                                         └── 自主创业型的学业管理
```

情景导入

　　"我小时候比较调皮贪玩，喜欢拆家里的各种东西。还特别爱看师傅维修车辆，在旁边帮忙递工具、打灯。"湖南农业大学机电工程学院车辆工程专业工匠 20 班李思晨从小就和车辆结下缘分。初中毕业后，在父母的支持下，他选择了自己感兴趣的方向，前往长沙汽车工业学校学习。自此，他开始在市级、省级各类技能大赛中崭露头角，并留在长沙汽车工业学校做了三年专业教师。

　　一路走来，皆因兴趣。一段教师经历让他深感自身理论知识的薄弱。李思晨说："原本想着掌握这门技能就去工作，但这段经历让我开始坚定自己继续学习深造的目标，只有理论、技能双管齐下，职业素养和专业技术双双过硬才能走得更高更远。"于是，他通过单招考试顺利进入了湖南汽车工程职业学院，继续参加各类竞赛、以赛促学，用知识和技能提升自己。

2024 年 1 月，"湖湘工匠燎原计划"发布，李思晨凭借 2020 年湖南省职业院校技能大赛汽车检测与维修赛项一等奖的好成绩成功入选。9 月，他进入湖南农业大学学习。李思晨告诉记者，他现在在为进入学校研究生机电实验室做准备，在全英文软件上自主设计一整套电路图并得到老师认可，才算通过考核。

李思晨的微信名是"不要在吃苦的年纪选择安逸"，个性签名是"没有跨不过去的坎，只有不够优秀的你"。他说："一路走来，都是热爱驱使，我只想做这件事，就一直在做这件事。"如今的他有了更大的梦想，他希望学好技能，为汽车行业发展添砖加瓦。未来，他想要重新回到职业学校，通过自己的经验和力量，为培养大国工匠而努力，告诉每位因学业成绩暂时失意的大学生，专心学好技术一样可以大有可为。

（资料来源：本书作者整理编写）

第一节　职业生涯规划与学业管理的关系

一、职业生涯规划的含义及内容

职业生涯规划与学业管理的关系.mp4

1. 职业生涯规划的含义

职业生涯规划的含义在本书第二章有所提及。它指主体洞悉自我本质：包括独特才能、求职动机、价值观和人生追求等，精准把握时代脉搏，在充分了解行业、职业发展趋势的前提下，设定既与理想相符合又切实可行的职业愿景，并为之付诸行动。此过程包括对职业理想的设定、对职业路径的选择和对职业方案的制定，更包括一系列为实现目标而制定相关的学习、培训等行为，同时求职者主体为适应客观环境，阶段性地调整策略，不断进行自我评估和反馈调整。

职业生涯规划能够帮助大学生正确地认识自我，全面分析自身的优势和劣势，发现自身的兴趣和爱好、分析自身的人格特质，正确确立职业发展目标。职业生涯规划能够帮助大学生树立正确的职业观和就业观。大学生在制定职业生涯规划的过程中完成对自我认识和职业认识的全面回答，纠正错误的观念，树立职业信心。无论是在知识、技术还是心理上，都做好充分的就业准备，少走弯路，提高就业质量。

2. 职业生涯规划的内容

(1) 自我评估。自我评估包括分析自身的兴趣、爱好、性格、能力、特长等，对自己提问："我适合做什么""我想成为什么样的人？""我的梦想是什么？梦想与现实有哪些差距"。

(2) 环境评估。客观评估外在环境，如职业的特征、就业的渠道、工作的具体内容、行业的发展前景和薪酬待遇等。短期的职业生涯规划侧重职业的环境评估，长期的职业生涯规划侧重行业发展和社会大环境的评估。

(3) 生涯决策。生涯决策是在客观分析主客观环境后，对职业发展方向进行抉择。

(4) 目标制定。职业生涯目标包括短期目标、中期目标、长期目标和人生目标。短期目标与短期职业生涯规划对应，即 2 年以内需要完成的任务；中期目标与中期职业生涯规划对应，指 2~5 年内完成的职业目标；长期目标指 5~10 年的规划任务；人生目标指整个职业生涯规划目标，可长达 40 年。一般来讲，职业生涯规划的重点在于 2~5 年的中期职业目标的制定和实施，根据自身状况和现实反馈情况随时调整。

(5) 行动方案制定。行动方案指把职业目标转化为具体要实施措施。其中包括职业发展路径的选择、为实现职业目标接受相应的教育和技能的培训，以及实践经验的积累；还包括撰写求职简历、参加招聘面试、工作中谋求晋升、参加业余培训和转换工作等。

(6) 评估和反馈。评估和反馈过程是个人通过不断深化对自我、职业、环境认识，找到改进和提升的办法，不断修正最终职业目标的过程。只有在实践中，人们才能反思自身的言行，检验评估设想的职业方向与目标是否正确，纠正行动中的偏差，找到自身喜爱和擅长从事的职业。

二、学业管理的含义和内容

1. 学业管理的含义

学业管理是指求职者对与其职业目标相关的学业进行的一系列筹划和安排。求学者通过自身的性格特点、能力水平、家庭经济条件、专业特点和学校的环境进行客观分析和总结，确定学习目标，制定学习方案，这一过程包括对自身学习态度、学习动机、学习方法的自我管理，解决好"为什么学""怎么学"以及"学什么"的问题，为确保日后顺利毕业和就业打下基础。

2. 学业管理的内容

1) 确立学习目标

大学生由中学走进大学校园，学习方法、学习环境和学习内容都发生了很大变化。自主学习时间增多，课程难度也大幅提升，同学们会时常感到迷茫，此时，确立学习目标如同在茫茫沙漠中找到指南针，有了明确的方向才能出色地完成学业。

首先，分析自己的特长和兴趣爱好，明确自己能干什么。了解自身已具备的能力，以及为达到未来职业要求还需要提升的能力。其次，分析外在环境，学校的环境和社会环境能给自身提供什么支持。最后，按照预期确定学业目标。

2) 制订学习计划

按照自身学习目标制定学习计划。①围绕学业目标突出重点。例如，大一重点学好高等数学、大学英语和马克思主义基本原理等基础课程，同时掌握大学课堂的听课方法，适应大学期末考试的节奏等。大二和大三注重专业知识的积累，重点通过大学英语四级考试。大四重点完成毕业设计和毕业论文；②制定学习计划要结合自身的情况，不能盲从。例如，英语基础薄弱的同学可以将通过英语四级作为四年的目标，不急于在大二或大三考过，平时注重知识积累和阅读能力提升，通过多次英语考试来适应应试能力。数学基础比较差的同学则需要将更多的业余时间分配给数学科目，培养自身的逻辑思维和解题能力；③制定学习计划要有弹性。学习是一个动态过程，难免会遇到各种问题，弹性计划能够留出空余时间应对突发情况，便于同学们自己调整进度。

3) 优化学习方法

大学学习不同于高中学习，大学更注重自主学习。同学们在大学里要适应自学、学会自学，做学习的主人，摆脱对老师的过度依赖。要注重科学学习习惯的培养。达尔文曾经说过："我一生的主要乐趣和唯一的工作就是科学研究。"大学里需要学习和掌握的知识庞杂浩繁。要制定学习进度条才能有条不紊地完成学习任务。要掌握学习技巧，善于分析和总结规律，使学习效果事半功倍。要求真求实，把书本的内容落实到实践中去，在实干中总结方法，运用所学理论知识。学而不思则罔，思而不学则殆。要勤于思考，深入思考，养成自主思考的习惯，培养敢于质疑的精神。

三、职业生涯规划与学业管理的关系

1. 学业管理是职业生涯规划的基础

根据舒伯的生涯发展理论，生涯发展阶段可划分为成长期(出生到 14 岁)、探索期(15 到 24 岁)、建立期(25 到 44 岁)、维持期(45 到 64 岁)、衰退期(65 岁以上)五个阶段。每一个阶段都需要完成一定的发展任务，并达到一定的发展水平。每一个阶段能否达到这一发展水平，与上一个阶段能否完成任务有直接关系。学业生涯规划属于职业探索阶段的后期，这个阶段开始尝试角色扮演和自我发展。在这个时间段做好学业管理，能够为日后职业生涯的良好发展打下坚实基础。具体而言，①要保证学业目标与职业生涯目标一致，基于职业生涯目标做好学业管理；②学业管理要突出个性化，每个个体的职业发展走向不同，职业生涯规划也不尽相同；③学业管理要防止盲目随从，要尊重求学者自身意愿，以培养具有良好的身心素质、全面发展的人为总体目标制订计划。

拓展阅读 6-1：高考后，整装再出发(扫描右侧二维码)

2. 职业生涯规划是学业管理的升华

学业管理是在性价比最高的前提下，最大限度发挥求学者的能力和特长，顺利出色地完成学业。学业管理可以看作是职业生涯规划的一个阶段，是职业生涯规划在大学期间的实践和阶段性体现。同学们本科时期所学的知识与未来的职业生涯密切相关，职业生涯规划能够帮助大学生认清社会大环境和行业发展前景，明确大学的学习目标，尽早树立职业意识。因此职业生涯规划可以被看作是学业管理的升华。

作为一名新时代的大学生，每个人都渴望实现自身价值，希望成为独一无二的个体，希望得到家人和社会的肯定，这些都需要一个职业平台来展示。在大学期间积累的专业知识和被培养出来的职业能力，都需要通过工作实践去提高和强化，职场竞争是学业竞争的延伸和升华。

职业生涯规划与学业管理一脉相承，密不可分，大学生只有潜心学习，不断增强竞争意识和能力，有意识地提升专业素养，不断沉淀积累职业经验，才能更好地走向职场，为未来的职业发展奠定坚实的基础。

🔗 拓展阅读 6-2：为大学生就业之惑开"药方"(扫描右侧二维码)

第二节　大学学业管理分类

大学生学业管理
分类.mp4

一、就业型的学业管理

就业指的是大学生在完成大学学业之后求职择业，直接进入社会。大学生通过校园招聘、学校推荐和实习推荐等方式与企业签订就业协议，这是目前大多数毕业生的选择。

就业型的学业管理侧重围绕职业技能和专业知识的积累，在大学期间提高核心竞争力，根据社会和企业的用人需要不断调整自身的知识结构和综合素质，为顺利就业打下基础。

在大一阶段，学会适应集体生活，完成从中学到大学生活圈的转变，学会自主学习，适应大学的学习节奏和期末考试方式。与同学建立良好的人际关系，虚心向学长学姐请教，学会独立生活和经营人脉。积极参加校园文化活动，扩大交友圈，利用大学文娱生活拓宽视野；在大二阶段，更加注重专业知识的学习，考取英语四级、计算机二级、驾照等工具性证书。学好必修课的同时，认真对待专业选修课，通过系统的选修课不断丰富知识，增加涉猎面，阅读书籍，提高知识储备；在大三阶段，注重专业课程的学习，为就业做好准备。通过企业实习和兼职，更加了解社会，积累有利于应聘的相关经验，与用人企业进行沟通，了解职场礼仪和相关的面试技巧，准备相关的招聘考试；在大四阶段，选择与就业目标相关且实用性强的毕业设计题目，完成毕业设计，不断提升自身的实际应用技能，留意与就业相关的信息，利用校园招聘等就业渠道了解招聘信息。设计好个人求职简历、做好面试准备，提升求职成功率。

二、国内考研型的学业管理

目前，就业大环境不容乐观，学历贬值越发严重，越来越多的大学生把考研升学作为毕业后的选择。希望通过提升学历来增加就业筹码，获得更高的收入和更广阔的就业空间。

1. 理性思考　慎重决定

建议大学生理性思考，在考研行动之前客观分析形势，深入了解自己，合理规划学业。

首先，明确读研的根本原因。有些大学生对学术研究和本专业有强烈的兴趣，能够在文献阅读和实验过程中找到乐趣，这类大学生有合理的考研动机，也适合考研深造。有些大学生考研是对本科所学专业不感兴趣或者认为所学专业与自身的职业生涯规划不符，考研给了他们转换赛道的机会。还有少部分大学生不想面对就业压力，想通过考研来逃避就业，多过几年悠闲自在的大学生生活，这类大学生把备考当成逃避压力和承担社会责任的途径，不如放弃考研。

其次，考虑读研的成本，大学生应该思考是否值得将自己人生中精力最旺盛、创造力和执行力最强的三年用来读研，以及这是否与自身的职业生涯规划契合。对于立志从事科学研究和教育行业的大学生而言，获得研究生文凭是必备选项，但对于从事其他职业的大学生，社会经验和职业能力则更为重要。在成长型的企业中，参与企业发展的本科生在工作三年后获得的实践能力和晋升机会，往往远高于读研三年后就业的研究生。

2. 阶段性规划 掌握复习技巧

如果大学生在慎重考虑后决定考研，那么应该在大二阶段开始明确升学打算并付诸行动。大一和大二时认真学习各类专业课程和通识课程，认真听讲，做好学习笔记，向学长学姐虚心请教，多和任课老师沟通，为考研打下坚实的专业基础。

大三时确立考研目标，明确考研院校和考研专业，是跨校考研还是跨专业考研。考研大致分四种类型：①考本校本专业，成功率最高，也最为普遍。如果大学生对专业感兴趣，愿意在本校继续学习，也愿意将来从事与本专业相关的工作，那么考本校研究生是最优选项；②考外校本专业，这类大学生可能对本学校不满意，也可能本校本专业报考难度高把握不大。只要认真备考，还是有胜算的；③跨专业本校，这类考生对本专业的兴趣不大，更愿意选择自身感兴趣的专业，或者报考专业不考数学，备考把握更高；④跨专业跨学校，这类难度最大，考生需要在前期对所报考学校和专业全面深入了解，多方搜集复习资料，联系意向导师。这类备考需要大学生付出更多努力。

在明确备考目标后，大学生要搜集意向学院和专业的详细信息，包括历年的报考情况、招生人数、录取分数、参考书目和专业介绍。要了解硕士导师的研究方向和科研水平，可以给导师发邮件，向导师详细介绍自身情况，进行双向互选。

大学生要针对考研复习制订详细备考计划，公共基础课和专业课的准备应各有侧重。制定详尽的时间表和进度条，结合个人实际灵活调整，和研友们一起认真复习。

3. 大学生考研备考误区

(1) 战线过长或者过短，不能合理安排时间。很多大学生认为早早复习，拉长备考时间就能有更多的胜算，其实不然。战线拉得过长容易在 11 月、12 月份就陷入备考疲劳期，而这两个月份正是备考冲刺期，若处于疲劳期将对考研结果大打折扣。所以大学生要合理规划好备考时间，一般在大三下学期开始复习，充分、高效地完成复习内容。研究生入学考试是选拔性考试，其难度远大于大学期末考试，所以同学们要注重复习的深度、难度和广度，掌握好复习进度和复习节奏。

(2) 盲目报班，自欺欺人。一些大学生认为考研只要报了复习班，跟着学就行。很多大学生不惜花几万元报校外考研辅导班，认为只要钱花了，考试就能通过。每天在辅导班只是跟着听课，被动地接受老师讲的知识点和技巧，课后抛开书本和考题，不主动思考，能力也没有得到提升。大学生一定要注重备考过程，不能只做表面功夫，用报辅导班这种行为来自欺欺人。公共基础课和专业课都要踏踏实实掌握知识，通过做题和模拟来提升答题技巧，提高主动性，注重实战锻炼，真正地学懂弄通知识，认识到任何考研辅导都只能起到辅助作用。

(3) 题海战术，缺少归纳总结。一些大学生依赖题海战术，大量做题，以为只要题做得多，分数就能高。然而，题海战术往往费时费力，容易导致疲惫。做题不在多，而在精。考生需要通过做题来总结知识点和掌握答题方法，归纳一类题目的解题方法和技巧。还要注重研读教材，打好基础，深刻理解各章节的重点内容和知识点，以及每个章节的内在联系，切忌囫囵吞枣。

三、出国留学型的学业管理

近年来，随着国人收入水平的提高和出国留学热潮的兴起，越来越多的大学生，特别是北上广深的大学生，将出国留学作为本科毕业后的首要选择。出国留学不仅能开阔视野，让大学生体验不一样的风土人情和文化差异，还能在异国求学的过程中加深对本专业的研究和思考，感受不一样的教育风格。此外，出国留学也能让大学生在异国他乡磨炼生存技能、提高语言能力、学习他国文化。通过这些经历，他们的思维变得更加包容和开阔，辩证分析和独立思考的能力也更强。

确定了出国留学这一学业目标之后，大学生要进行长期的准备：①本科成绩，申请名校需要本科优异的专业成绩和丰富的社会实践经历，需要大学生前期积累和准备；②语言能力，申请者需要达到申请留学国家的语言要求。熟练掌握留学国家的语言是大学生在国外生活和学习的必要条件。大学生应该在申请前提高听、说、读、写的各项能力，并且通过雅思或者托福考试或者 TEF/TCF 考试，扎实的语言基础也是申请名校的必备条件之一。大学生可从大二开始选择适合的语言课程，并在申请之前拿到语言考试成绩。一般来说，托福考试要达到 90 分以上，雅思考试需要达到 6 分以上。由于国内语言环境有限，对于外语学习吃力的大学生，出国后参加语言预科班也是一种短期内快速提高语言能力的选择，但是费用较高，需要足够的资金支持；③提前准备出国留学的网申材料，包括个人简历、语言考试成绩单、本科成绩单、导师推荐信、学历文凭复印件、实习证明等。每个学校的网申时间不同，申请者需要提前规划，一般在拿到语言成绩后的第六学期开始申请。建议大学生选择 3～5 个意向学校进行网申，提高录取成功率；④准备签证，包括申请者的出生证明、家庭财产证明、护照原件及复印件、银行流水等。有些国家大使馆需要面签审查比较严格，需要申请者提前准备面签技巧。

四、自主创业型的学业管理

比起被选择、被雇用，一些大学生选择自主创业来解决就业问题。国家鼓励大学生自主创业，并相继出台了一些政策，为自主创业的大学生提供便利条件。明确自主创业的大学毕业生从毕业年度起可以享受三年税收减免的优惠政策。高校毕业生在校期间创业的，可向所在高校申领《高校毕业生自主创业证》；离校后创业的，可凭借毕业证书向创业地县级以上部门申请核发《就业失业登记证》，并享受相关的税收优惠政策和创业补贴。

创业需要承担一定风险、需要一定的资金和资源，更需要核心竞争力和团队管理能力，所以大学生在选择自主创业前务必深思熟虑，再追求梦想和激情。①在校期间刻苦学习与创业相关的知识并做好专业知识的积累，丰富社会实践经验，尝试间歇性的实践活动，提升创业能力和技巧；②在创业之前要进行市场调研，充分了解行业特点，学习市场营销和团队管理知识，向专业人士和行家咨询创业经验，与有创业经历的亲戚、朋友、师长交流；③提高身体素质，创业前期需要极强的抗压能力，良好的身体、旺盛的精力和强大的心理素质是创业成功的必备条件；④取得家人、朋友的支持，找到创业伙伴。

案例 6-1

扎克伯格的创业故事

扎克伯格 1984 年出生在美国纽约，从中学起开始编写软件程序。高中时，他开发了一款名为"突触媒体播放器"音乐程序，其"神童"的名声迅速传开，微软和美国在线等企业向他伸出橄榄枝。但他深知自己的能力还远远不够，没有答应。

2002 年，扎克伯格进入哈佛大学，学习心理学与计算机科学。在校期间，他如饥似渴地学习专业知识，并将学到的知识用于实践。大二时，他突发奇想，建立一个网站作为同学交流的平台。短短一个星期，扎克伯格就推出名为 Facebook 的网站。网站刚一开通就大受追捧，数星期内，哈佛一半以上的大学生都成为会员，大家利用这个免费平台了解朋友的最新动态，聊天交友。很快，网站就扩展到美国主要的大学校园，并波及整个北美地区。

2004 年，扎克伯格毅然辍学，专心创办 Facebook 网站，并向同行喊出"你的不如我的，如果你想加入，就来吧"的口号。业界大咖们笑他是夸海口，但扎克伯格相信自己有能力实现人生的目标。他把公司搬至硅谷小镇帕洛阿尔托，利用自己的技术优势，努力扩大网站影响，到 2004 年底，用户数量突破 100 万，初露锋芒。

2005 年，网站的发展遭遇资金瓶颈，还卷入了知识产权纠纷。扎克伯格有些气馁，他意识到自己除了技术优势，融资能力是弱项，一度想把公司卖给谷歌。但仔细思考后，扎克伯格又有些不甘心。他知道公司的发展方向是正确的，只要提升自己的融资能力，就能柳暗花明。于是他硬着头皮跟一些投资公司接洽谈判，用公司的愿景打动他们，终于得到了第一笔 50 万美元的投资，公司迎来转机。此后又拿下了 A 轮融资 1270 万美元，B 轮融资 2750 万美元，网站业绩突飞猛进，访问流量超过了亚马逊和迪士尼等巨头。资金问题解决后，Facebook 在营销方面又遇到了麻烦。推出的"动态消息"功能泄露隐私招致大批用户不满，一时群情激奋。面对突发危机，扎克伯格立即道歉，并采取"用户可以对隐私公开进行自定义设置"的技术手段予以纠正，平息了风波。此次事件锻炼提升了扎克伯格营销和应对突发事件的能力。2007 年 10 月，他推出定制广告服务，大受客户欢迎，业务量猛增到 230 万。此后，扎克伯格更加驾轻就熟地运营网站。2012 年，Facebook 发起了融资规模 50 亿美元的公开募股活动，成为硅谷有史以来最大规模的 IPO。

进军中国市场一直是扎克伯格的夙愿。为了更好地与中国市场接轨，他坚持每天学习中文，并花费大量的时间研究中国文化。在家里，他也经常跟自己的华裔妻子普莉希拉·陈用中文交流，于是有了清华大学"首秀"中文，亲和力爆棚的火热场面。

扎克伯格在短短 12 年间，从一文不名发展成为身家 300 亿美元的全球最年轻富豪，这些成功源自他注重自己各方面能力的培养，锻造了一只强大的能力"碗"。

(资料来源：本书作者整理编写)

拓展阅读 6-3：培育核心竞争力(扫描右侧二维码)

本 章 小 结

　　大学生的职业生涯规划与学业密切相关，大学生的首要职责就是完成好自身学业，而完成学业的重要一步是做好相关的学业管理，包括制定学业目标和具体落实。大学生应结合自身的职业目标设定，宏观上做好学业目标的管理，微观上在大学四年时间里具体规划好每一个阶段的学业管理。升学、就业和创业的选择不同，学业管理内容也不尽相同，大学生要根据不同目标制定行动方案并认真落实。大学生四年是人生中成长的一个重要阶段，大学生不仅要遵守学校的学习制度，认真听课，按时复习，完成课程要求，更要充分调动自身的主观能动性，整合各项资源，充实提升自我，为就业做好相关准备。

复习与思考

(1) 职业生涯规划的含义是什么？

(2) 大学生学业管理与职业生涯规划的关系是什么？

(3) 考研型的学业管理应注意哪些方面？

第七章 毕业生择业就业的程序

课程目标

- **知识目标**：通过本章学习，大学生了解毕业生择业就业的程序及相关基本要素，熟悉大学生如何进行择业就业准备。
- **能力目标**：掌握毕业生择业就业必备的基本素质和能力，掌握择业就业的方法。
- **素质目标**：完善择业就业能力，正确理性地认识求职就业。

重点和难点

(1) 毕业生择业就业的流程。
(2) 毕业生择业就业的方式。
(3) 灵活就业的类型及优势。

知识结构逻辑图

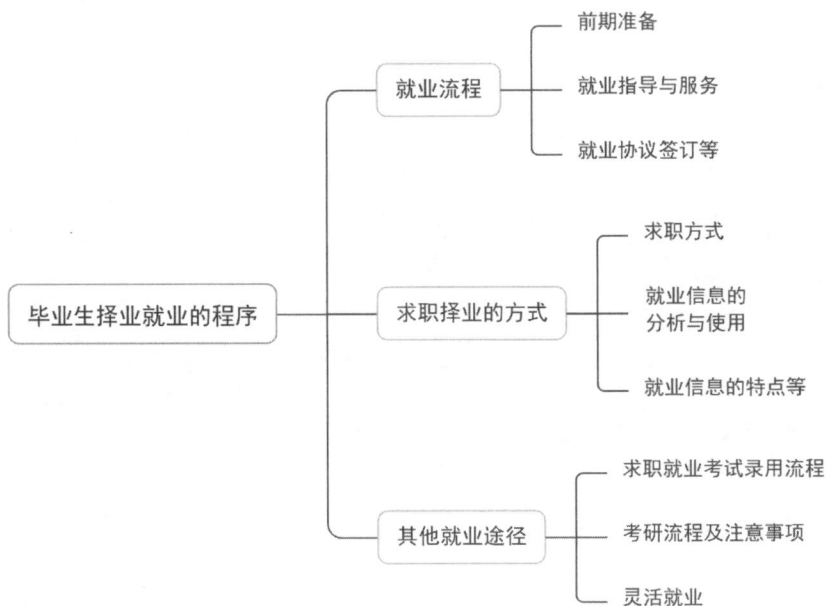

情景导入

张某某是某理工科大学电气工程及其自动化专业的大学生，他通过提前布局成功签约了上海某知名公司。张某某的秋招历程体现了提前规划和准备的重要性。

从 2 月份开始，张某某就完成了就业方向的考量，客观分析了行业行情，并结合自身所学特长，选择了目标就业岗位，并做了初步规划。他意识到秋招并不是在 9 月才开始，很多公司的提前批在 5、6 月就已经启动。因此，他从 3 月到 8 月潜心准备，备赛秋招，这段时间他完善简历，发掘闪光点，补充不足，并对未来的工作有了初步预期。

在暑期，张某某抓住了实习机会，完成了从 0 到 1 的过渡，这为他后来的秋招打下了坚实的基础。到了金秋九月，秋招正式开始，他积极投递简历，并在面试中展现出自信和对岗位及公司的兴趣，最终成功获得了心仪的工作。

(资料来源：本书作者整理编写)

第一节 就业流程

就业流程.mp4

学校毕业生就业工作是一个系统而复杂的过程，涉及多个环节和部门，旨在帮助毕业生顺利实现从校园到职场的过渡，包括前期准备、就业指导与服务、就业协议签订、离校手续办理以及后续跟踪服务等环节。

一、前期准备

1. 就业政策与形势分析

高校在毕业生就业工作开始前，会组织相关部门和人员对当前的就业政策进行深入解读，同时分析当前的就业形势，包括行业发展趋势、用人单位需求变化、毕业生就业意向等。这些信息将作为制定就业指导方案和服务策略的重要依据。

2. 就业指导与服务体系建设

高校会建立健全的就业指导与服务体系，包括设立就业指导中心、建立就业信息网、举办就业指导讲座和招聘会等。就业指导中心负责提供政策咨询、职业生涯规划、简历制作、面试技巧等方面的指导和服务；就业信息网则作为信息发布和交流的平台，为毕业生和用人单位提供便捷的信息服务；就业指导讲座和招聘会则帮助毕业生了解市场需求、拓宽就业渠道。

二、就业指导与服务

1. 职业生涯规划教育

高校会通过开设职业生涯规划课程、举办职业生涯规划讲座等方式，引导毕业生树立正确的职业观和就业观，明确自己的职业定位和发展目标。同时，也会邀请行业专家、企业人力资源顾问等人士为毕业生提供职业生涯规划方面的指导和建议。

2. 就业指导服务

就业指导中心会提供一对一或小组形式的就业咨询服务，解决毕业生在求职过程中需要的各种帮助。如简历制作、面试技巧、薪资待遇谈判等方面。同时，就业指导中心也会根据毕业生的专业背景和就业意向，推荐合适的就业岗位和用人单位。

三、就业协议签订

1. 就业协议书的作用与意义

《全国普通高等学校毕业生就业协议书》(简称"就业协议书"或"三方协议")是明确毕业生、单位和院校三方在毕业生就业过程中权利和义务的法律文书。它是单位确认接收毕业生的重要凭据，也是院校登记毕业生去向、转递毕业生档案的重要依据，如图7-1所示。

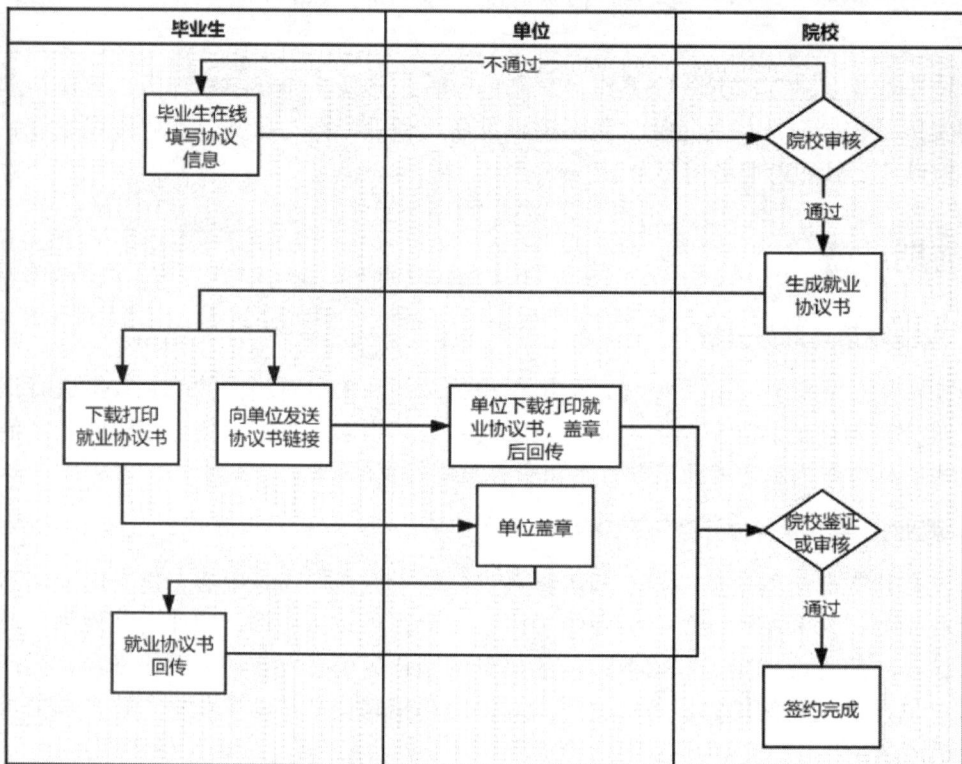

图 7-1　就业协议书签订流程图

2. 就业协议书的签订流程

(1) 信息搜集与匹配。毕业生通过学校就业信息网、招聘会等渠道搜集单位信息，并与感兴趣的单位进行初步接触和了解。

(2) 面试与录用。毕业生通过面试等环节获得单位的录用意向后，双方进入就业协议书的签订阶段。

(3) 签订协议。毕业生、单位和院校三方共同签订就业协议书。协议书中应明确毕业生的个人信息、单位的基本信息、工作岗位、薪资待遇、报到时间等关键条款。

(4) 审核与备案。就业协议书签订后，须提交给院校就业指导中心进行审核和备案。审核通过后，院校将按照协议内容办理相关手续。

四、离校手续办理

1. 办理离校手续的重要性

离校手续是毕业生离校前必须完成的一项重要工作。它不仅关系到毕业生的个人档案和户籍关系的转移，还关系到毕业生能否顺利入职并享受相关福利待遇。

2. 离校手续的具体内容

(1) 转递档案。高校就业指导中心会根据就业协议书的内容，将毕业生的档案转递到用人单位或指定的人事代理机构。

(2) 办理户籍迁移。对于需要将户籍迁移到工作所在地的毕业生，须按照相关规定办理户籍迁移手续。

(3) 结算学费和住宿费等。毕业生在离校前需结算清相关费用，包括学费、住宿费、教材费等。

五、后续跟踪服务

1. 就业情况跟踪与反馈

高校会建立毕业生就业情况跟踪机制，定期了解毕业生的就业状况、工作表现及用人单位的反馈意见。这有助于高校评估就业指导工作的效果，并为后续的就业指导和服务提供参考。

2. 校友联络与服务

高校会加强与校友的联络和服务工作，建立校友信息库和校友网络。通过校友会等活动形式，加强校友之间的交流与合作，为毕业生提供更多的职业发展机会和资源。

在当今竞争激烈的就业市场中，用人单位招聘高校毕业生是一个既关键又复杂的过程。它不仅关乎企业未来的发展动力，也直接影响到新员工的职业起点和成长路径。它包括需求分析、招聘计划制定、信息发布、简历筛选、面试与评估、录用决策、入职准备及后续跟进等各个环节。

六、求职择业的一般流程

(一)就业信息的收集

大学生在搜集就业信息时，应当遵循以下几个方面的原则。

1. 准确性、真实性原则

所谓准确性，就是要求信息所反映的情况必须真实、可信。就业信息的准确性，关系到择业人员做出的决断的准确性。信息不准，会造成决策的失误。

2. 系统性、连续性原则

就业信息的搜集要求具有系统性、连续性。在许多时候，搜集到的信息是零碎的，这就要求大学生善于将各种相关的信息积累起来，然后经过加工、提炼，形成一种客观、系统地反映当前就业市场、就业政策、就业动向的就业信息，从而为自己择业提供更可靠的依据。

3. 计划性、条理性原则

在搜集就业信息前，应首先制定信息搜集计划，明确信息搜集的目的。只有明确了目的，就业信息的搜集才有方向，信息搜集者才能发挥信息搜集的主动性；其次，明确自己所需要的就业信息内容范畴，是有关就业政策、就业动向的，还是有关用人单位需求信息的，做到有的放矢；最后要选择信息搜集的方法和渠道。方法是达到目的的手段，方法正确就可以在信息搜集过程中少走弯路，收到事半功倍的效果。在方法选择上，要注意与就业信息内容相匹配，有些信息需要通过亲身调查获得的，有些信息则需要通过查阅资料和文献获得。总之，力求方法与内容衔接。

4. 适用性、针对性原则

随着人才市场的发展，就业信息越来越丰富，在搜集信息的过程中，一定要注意适用性，否则就可能在众多就业信息中迷失方向，无法捕捉真实、有价值的信息。因此，毕业生在搜集就业信息的时候，必须对自己有充分的认识，然后根据自己的专业、特长、能力、性格、气质等各方面因素去搜集有关就业信息，避免搜集范围过大，从而浪费不必要的人力和时间。

在搜集就业信息时，大学毕业生既要做到高质高效、准确及时，又要结合实情、掌握要领。

🔗 **拓展阅读 7-1：搜集就业信息要突出："早、广、准"(扫描右侧二维码)**

就业信息来自社会各个领域，随着当今社会信息的飞速发展，就业信息传播的渠道和途径也越来越广泛。因此，大学毕业生要善于利用各种渠道、通过各种途径搜集就业信息。

🔗 **拓展阅读 7-2：搜集就业信息的几种途径(扫描右侧二维码)**

大学毕业生在搜集就业信息时，应避免陷入心理误区，以正确的心态对待就业信息搜集。具体来说，大学毕业生在搜集就业信息时应克服以下几个心理误区。

1. 克服思维定式

在日常生活中，人们往往由于习惯而形成定势，搜集就业信息时也不例外，主要表现如下：①只收集招聘信息，不收集就业政策信息、咨询信息等其他信息；②只选择自己熟悉的信息收集途径和方法；③只收集与本专业有关的信息；④只一味"求稳"，选择那些工作较稳定的就业信息。实际上，现代社会竞争激烈，每个人都有可能遇到职业转换的问题；⑤只关心离家较近的单位的招聘信息，不愿意离家较远，更不愿意到外地单位工作。

2. 避免依赖盲从

当前，有很多大学毕业生在求职中存在依赖心理，认为就业是家长或学校的事情，希望父母和学校提供所有信息，自己则坐享其成。还有些大学生在求职时盲目跟风，别人搜集什么信息，自己也跟着搜集什么信息，却不知道明确目标。结果是，尽管搜集到的信息不适合自己，也不敢主动尝试寻找更合适的就业机会。其实，每个求职者都有可能存在依赖心理，关键是在实际求职过程中注意克服，主动出击，及时准确地收集适合自己的就业信息。

七、就业知识的准备

大学生就业知识的准备离不开自身的努力，因而大学生要树立正确科学的认知图式，充分剖析自己的知识结构状况，自觉、自主地按照科学的方法，通过自身的努力和内化，优化自己合理的知识结构体系。

(一)建立合理的学习结构

知识结构的优化过程，实质上就是一个学习的过程。大学生要自觉摒弃那种死记硬背的习惯，注重运用科学的学习方法，增强自学能力，特别是要进行研究性学习，对知识单元要充分了解、消化吸收，转换视角审视、发现和把握知识间的相互关系，培养学术敏锐性。

(二)将理论学习与社会实践相结合

人们在某一学科领域基本上完成了知识的继承后，才可能进行前沿创新的研究。而不断向前发展的人类实践，也不断地向人们提出各种新课题。这些都要求理论学习与社会实践结合起来。因此，要深入开展理论学习与各类实践性环节互动的教学，注重学校教育与社会实践的紧密结合，多开展社会调查、课题研究和实地考察等活动，给知识结构的外延创造条件。

(三)勤奋学习，积累知识

缺少了勤奋学习和知识积累，知识结构的优化就无从谈起。因此，大学生要根据自己的专业方向和成才目标，分析并确定哪些知识是核心知识，哪些知识是辅助知识。

(四)充分利用各种知识资源

高校图书馆是教学和科研的重要支撑，是专业学术领域信息聚散的前沿阵地，也是大学生课堂教学的延伸、扩展和深入。大学生要充分利用图书馆的知识、信息资源，广泛阅读和涉猎各种文献资料，消化、充实、扩展课堂学习内容，同时扩大视野，增加信息量。现代互联网上的知识信息资源非常丰富，获取相对容易，大学生可以通过互联网打破时间和空间的限制，在更广阔的领域获取更多信息，进行更广泛的交流和合作。

八、就业能力的准备

(一)学习能力

对于大学生来说,学习能力的高低不仅决定着其现实的学业成就,还决定着其今后事业的成败。在提倡建设学习型社会的今天,每个"职业人"都面临着不进则退的工作压力。进步的动力来自学习,厚积薄发就是这个道理。作为当代大学生,要想提高自己的就业能力,就应该时刻重视培养自学能力,既要"学会",又要"会学"。

(二)适应能力

适应能力是一个人综合素质的反映,与个人的思想品德、创造能力、知识技能等密切相关。现实生活常常不尽如人意,大学生毕业之后所面临的是找工作、参加工作,然后发展。然而,现实生活总是在不断地变化,大学毕业生要勇敢面对现实生活中的挫折,培养自己适应社会环境的能力。只有这样,即使是在比较艰苦的环境下,也能够变不利的因素为有利的因素,从而为以后的事业成功奠定坚实的基础。适者生存,生存是为了更好地发展。因此,大学生应该注意培养自己适应社会的能力,无论面临哪种情况,都要尽可能地缩短自己的适应期。

(三)表达能力

表达能力是指运用语言阐明自己的观点、意见或抒发感情的能力,主要包括口头表达能力和书面表达能力。作为人与人之间最主要的交流工具,语言和文字在日常学习、工作和生活中所起的作用无可替代。不论今后从事管理工作还是技术工作,不论在政府机关还是民营企业,不论是用言语还是用文字,清楚、准确地表述是十分必要的。一个人要想让别人了解自己、重视自己更好地发挥自己的才能,其前提就是要有表现自己的能力。而要准确表现自己,就离不开出色的表达能力。

(四)社会交际能力

社交能力就是与他人相处的能力。一些大学毕业生在刚刚走上工作岗位时,由于初涉世事阅历较浅,缺少经验,往往在各种复杂的关系面前茫然失措,苦于无法适应,常常感叹"工作好搞,关系难处"。确实,社会上的人际关系远不如学校中的同学、师生关系那么简单。大学毕业生步入社会后,要与各种各样的人发生各种各样的关系。能否正确、有效地处理和协调好工作生活中人与人的各种关系,不仅影响一个人对环境的适应状况,还影响着其工作效能、心理健康、生活的愉快和事业的成就。因此,大学生要自觉地培养自己良好的社交能力。首先,大学生在人际交往过程中要谨记真诚的交友原则,认识到在与他人的交往中,打动人的是真诚,只有真诚才能换来与他人的合作和沟通。其次,大学生在日常交往活动中,要注意社交礼仪,积少成多;要主动与他人交往,理解他人,关心他人,不要消极回避,尤其是要敢于面对与自己不同的人;不要因自己的出身、相貌、经历不如别人而封闭自己;要善于去做,大胆走出校门,消除恐惧,加强交往方面的知识积累，在实际的交往生活中去体会、把握人际交往中的各种方法和技巧。

(五)实践能力

实践能力是保证个体顺利运用已有知识、技能去解决实际问题所必须具备的生理和心理特征。在现实生活中，尤其是教学、科研、生产第一线，大学生的实践操作能力的强弱将直接影响到其作用的发挥，而且也直接影响到工作能否顺利完成。因此，大学生应注意克服只注重理论学习而轻视实践操作的倾向，应该创造并珍惜每一次实践机会，多看、多听、多练、多思考，培养自己的实践能力。只要大学生本人及学校有关部门重视，大学生在校期间培养实践能力的机会还是很多的，像组织参加与专业相关社团、参与教师科研工作、积极参加暑期社会实践活动、担任班干部、寒暑假兼职等，这些活动都有利于大学生社会能力的提高。

(六)决策能力

良好的决策能力可以实现对目标及实现手段的最佳选择，可以少走弯路、少犯错误，以较小的代价取得进步与成功。为此，就要有意识地培养自己的决策能力，从日常小事做起，不要事事都请别人拿主意，要养成多谋善断的习惯。这样日积月累，就会形成一种能力习惯，以后遇到重大事情时就可以从容应对。如果大学生具备决策能力，就会慎重且恰当地选择出适合自己、与自己兴趣相符的发展方向，求职时就会从各种信息和建议中，对适合自己的职业岗位做出积极准确的反应。

(七)竞争能力

随着社会主义市场经济的进一步发展与完善，市场竞争更趋激烈，而市场竞争归根到底是人才的竞争。一个人如果不懂竞争、不具备竞争能力，在竞争的激流中就有随时被淘汰的危险。因此，对于大学生来说，培养竞争能力是非常重要的。而大学生要想培养自身的竞争能力，可以从以下三个方面着手：①要意识到竞争能力是自身发展和社会发展的需要；②要意识到竞争是实力的展示，掌握更多的技能技巧，善于抓住机会，勇于展示自己才会在竞争社会中获胜；③要意识到竞争实际是人格的考验，竞争的目的不是为了打败对方，而是为了促进生产的发展和社会的进步。因此，大学生必须在竞争社会中保持健康积极的态度才能获胜。

(八)团队合作能力

现在企业招聘也很注重应聘者的团队合作能力，因为一些大的项目仅仅靠某一个人是不可能完成的，只有通过团队的良好合作才能够完成任务。所以，大学生在日常生活和学习中要注重团队合作能力的培养。为了培养团队合作能力，大学生在读书之余要积极参加各种社会团体工作，在与他人分工合作、分享成果、互助互惠的过程中就可以体会团队合作的重要性。

(九)创新能力

创新是人类社会进步的动力，是当今时代的一个本质特征，也是与时俱进的要求。无论是经济社会发展的大环境还是高校教育科研的小环境，都对大学生提高创新能力提出了更高的要求。新时代的大学生必须具备一定的创新能力，才能学有所得、学有所用、学有所创，使大学时期的学习真正内化为个人能力。从某种意义上来说，具备良好的创新能力就意味着大学生具有更强的竞争力和发展潜力。因此，大学生在校期间，要不断培养创新意识和创新欲望，挖掘创新潜能，培养创新精神，提高创新能力，为在今后的工作中有所创新、有所创造奠定良好的基础。

(十)信息处理能力

现代社会是高度信息化的社会，大学生必须具备高效获取、分析和运用信息的能力。这种能力表现为，对各种信息具有敏锐的感知力，能广泛地接收各种信息；对有用信息具有简化、归类、存档和联想与拓展的能力，并能把这种经过加工的信息连同自己的认识、评价运用到学习、生活和生产实践中去；熟练使用现代化信息技术工具，特别是会熟练使用计算机来检索和提取自己需要的信息。

(十一)组织管理能力

随着大学毕业生就业制度的改革和社会经济发展对人才需求的多元化转变，具有一定的组织管理能力的大学毕业生越来越受到用人单位的欢迎。许多单位在挑选大学生时，不仅注重其学业成绩，还对其是否担任过大学生干部，是否参加过社会工作很感兴趣，其重要原因就是他们看重大学毕业生的组织管理能力。尽管不是每一个大学生毕业后都会从事管理工作，但无论从事科研、教育，还是做企业家、当老板，或是从事普通的工作，都需要一定的组织管理能力。

以上几大能力是当代大学生应具备的基本能力。只有具备了这些能力，才真正意味着大学生综合能力的提高，才能在竞争社会中游刃有余。

九、就业材料的准备

大学生就业材料的准备具有非常重要的作用，具体来说体现在以下几个方面。

(1) 有利于大学毕业生争取面试机会。用人单位通过大学毕业生的求职资料，既可以了解到毕业生的基本情况，也可以对其特长和爱好等有一定了解，从而为适合某些职位的大学毕业生提供面试机会。

(2) 有利于大学毕业生做出明智的择业选择。大学毕业生在准备就业材料的过程中，会逐渐了解自己的实际情况，明确自己的专长和爱好，进而能够对自身的情况做出全面的分析与评价，并把职业要求和自己的个性特征、实际能力结合起来，理性思考，最终做出明智的择业选择。

(3) 有利于用人单位做出选择。大学毕业生的就业材料是用人单位认识、考察求职者并做出选择的重要参考，它能够全面反映求职者的专业知识、能力特长以及学习与实践成果等基本情况。

大学生就业材料的准备应遵循以下几个原则。

(1) 客观性原则。就业材料是大学毕业生大学生活的全面总结与反映，必须以事实为基础，在内容上遵循客观性的原则，如实地填写自己的基本情况。

(2) 针对性原则。一个较全面的就业材料应该包括求职者的性格、专业、所学课程等方面，但不能千篇一律，而要根据用人单位的要求重点介绍自己在某一方面的特长。只有有针对性地推销自己，才能最终赢得用人单位的赏识，从而获得就业机会。

(3) 目的性原则。准备就业材料的目的是实现应聘目标，因此求职者必须在就业材料中明确自己的求职意愿，说明自己的特长，并将自己的才能充分展示给用人单位，从而实现求职目标。

(4) 规范性原则。规范性原则是对大学毕业生就业材料的基本要求，只有规范的就业材料才能够吸引用人单位。准备就业材料时，不仅要格式规范，填写术语也要规范。同时，就业材料中要全面反映自身的基本情况，既要突出自己的优点和成绩，也要说明自身存在的不足；既要说明自己对用人单位职位感兴趣的原因，也要表达自己努力工作的决心。

(5) 创造性原则。从就业材料的形式到内容，从结构到组织，大学毕业生完全可以发挥创造性思维和丰富的想象力，以制作出更具创造性的就业材料。通常来说，富有创造性的就业材料会吸引用人单位的注意，使其更愿意邀请你来面试。但需要注意的是，要把握好就业材料创造性的尺度，以免收到相反的效果。

(6) 杜绝错误原则。大学毕业生准备的就业材料要保证没有语法、文字、用词、标点符号或者打印错误，避免使用涂改液或橡皮擦，防止纸张沾上污迹。以免让用人单位觉得你是一个做事马虎、不严谨的人，缺乏能力和诚意。

(7) 言简意赅原则。大学毕业生的就业材料要尽量做到言简意赅，用最简洁的内容表达出自己最想表达的意思。

大学生在准备就业材料时，要特别注意以下几个方面。

(1) 选用标准纸张。一般情况下，大学生就业推荐表、个人简历和求职信等应打印，并选用质量较好的 A4 纸张，同时要检查是否有错字。

(2) 仔细审核各类材料。大学生的获奖证明材料或荣誉证书是其核心竞争力的体现，无论是用人单位还是毕业生自己都应十分重视。大学生在准备就业材料时，应仔细审核自己的各类资料。

(3) 认真检查，保证无误。就业材料准备完成后，应该认真审核校对，确保个人简历的内容与求职信一致，行文简洁顺畅，充分反映自己的优点和特点，态度诚恳、平和。

(4) 按顺序进行装订。大学生在装订就业材料时，需要考虑到用人单位可能没太多时间仔细查看每份资料，因此应按照资料的重要顺序进行装订。最常见的装订顺序是：封面、求职信、个人简历、大学生就业推荐表，在校期间学习成绩单、其他证明材料(包括各种证书复印件、各种作品或研究成果复印件等)。

十、就业心理的准备

大学生面对求职择业，心理上主要存在心理矛盾和心理误区等问题。

(一)心理矛盾

心理矛盾，是指两种或两种以上的不同欲望、动机、目标和反应同时出现并相互冲突所引起的心理紧张状态，其主要表现为以下几种。

1. 理想与现实的矛盾

在择业过程中，大学生的追求和憧憬往往更为强烈、丰富且远大。然而，由于他们涉世尚浅，接触社会较少，理想往往脱离客观与主观现实条件。许多大学生都想成为企业家或大经理、大老板，走商业巨子之路。但在择业时，他们并未充分考虑自己的知识、能力、性格、爱好、气质等是否适合从商，也未真正考虑所选择的单位是否有利于自己的发展，从而出现了理想自我膨胀和现实自我萎缩之间的矛盾。

2. 渴望竞争又害怕竞争的矛盾

在激烈的市场竞争条件下，如果没有强烈的竞争意识，就很难成就一番事业。但是，当真正面对社会为其提供的竞争机会时，许多大学生又顾虑重重，缺乏勇气。有的怕竞争失败丢了面子，有的怕竞争失败伤了和气，还有的认为不正之风干扰太大，竞争肯定会失败。他们把不愿参与竞争的原因归结为外界因素，但实际上，真正的原因是他们自己主观努力不够，缺乏实践能力和勇气，尤其一些大学生在择业中遇到困难时，不善于调整目标和自我心态，而是自己给自己打"退堂鼓"，主动放弃竞争机会。

3. 择业工作与继续求学的矛盾

在高校中，考研的大学生逐年递增，一方面，这是因为大学生已经充分认识到知识的重要性；另一方面，大城市对学历的限制比较严，好单位也要求高层次人才，因此不考研就很难找到理想工作。但择业与继续求学之间常存在矛盾冲突，一是时间上的矛盾，二是用人单位的限制。如果这两方面的矛盾解决不好，很可能既耽误了考研，又延误了找工作。

4. 自我观念强与缺乏把握自我的矛盾

随着年龄的增长和社会阅历的丰富，大学生的自我意识日趋完善。大多数大学生已能够客观全面地评价自己的优缺点，并对自身的价值有比较明确的认识，这为大学生顺利择业奠定了一定的心理基础。但是，也有部分大学生不能客观地评价自己，缺乏把握自我的能力。在求职择业的过程中，表现为狂妄自大，盲目自信，对自我期望过高，缺乏承受挫折的心理准备。还有部分大学生对自己评价过低，不能客观地估计和把握自我，缺乏竞争的信心和勇气，结果错失良机。这些心态对大学生顺利择业是极为不利的。

5. 一步到位与循序渐进的矛盾

许多求职者希望一开始就找到最理想的工作。例如大学毕业就想应聘大型企业的总经理助理，不愿意从基础性的工种干起，从而导致高不成低不就的局面。在择业中，很多大学生都自愿根据自己的专业到祖国需要的地方去建功立业，实现人生价值，不愿碌碌无为。然而，他们同时又缺乏艰苦创业的心理准备，不愿到艰苦的地方去，不愿到边远的地区去，不愿深入基层。有些大学生想走捷径，幻想成才的道路平坦笔直，想涉足层次高、工作条件好的单位，想一举成名，这些都是不可取的。

6. 所学专业与未来工作的矛盾

不少大学生对自己的专业看得很重，在择业中只要是专业不对口就认为不适合自己。

但在现实社会中，真正完全与所学专业对口的工作并不多，于是就产生了所学专业与未来工作的矛盾。其实，本科教育更多的是学习能力的培养，是接受新事物能力和适应环境能力的教育，因此，大学生完全不必为学不能致用而苦恼。当前，许多大学都在强化对本科生的基础知识培养，一些高校对入学新生不分专业，这些做法都是在淡化本科生的专业意识。

(二)心理误区

心理误区是指人在心理上，尤其在认识和人格方面，陷入无出路而不能自拔的状态，且对此缺乏意识。大学生在求职择业中存在诸多心理误区，常见的有以下几种。

1. 自我期望过高

有相当一部分大学生对社会就业环境以及用人单位对人才的需求了解不足，对个人专业技能、特长、兴趣等缺乏客观、准确的认识和定位。在求职择业过程中，他们一味追求舒适的工作环境和高薪。这种不切合实际的择业标准，使他们在求职过程中屡屡受挫，最终导致对个人能力产生怀疑，丧失自信心。

2. 只重眼前利益，忽视长远发展

部分大学生，不顾自己所学的专业，只追求高薪收入。他们在择业时最关心的是用人单位的效益和待遇。这部分大学生只注重眼前个人利益和物质利益，不考虑长远发展，其结果往往会引起用人单位的反感，从而被拒之门外。

3. 职业需求模糊

经过十余年的学校生活，大学生从学校走向社会，一开始根本没有考虑到事业发展会怎么样，在找工作时，往往关注的是单位的名气、地理位置和待遇高低，而没有考虑到自身的发展问题。事实上，大学生很难一毕业就明确干什么，因为大学生刚刚踏入社会，很多想法都与社会现实存在较大差距。必须经历现实生活的磨炼，才能正确看待自己、他人和社会，从而做出有意义的定位。

十一、就业心理问题的调适策略

针对大学生求职择业中常见的就业心理问题的调适策略如下。

(一)树立合理的职业价值观

人们产生消极的情绪和不合理的行为，往往是因为存在许多不合理的观念。大学生在职业选择和就业过程中遇到的心理问题，通常也是由非理性观念引起的。因此，大学生想要顺利就业，就必须改变不合理的观念，发展更合理的新观念。具体来说，应从以下几方面入手，树立合理的职业价值观。

1. 选择适合自己的职业

对于"好工作"的定义，不同的人有不同的看法，有人认为好工作是稳定的工作，有

人则认为是收入高的工作。而实际上，适合自己的才是好工作。一个人只有处于合适的位置上，才能充分发挥自己的才能。大学生在进行职业选择和就业时，首先要考虑是否有利于自己的发展和潜能的发挥，而不是盲目追求高层机关、大企业或高收入。

2. 选择符合社会需要的职业

大学生求职就业是一个与社会互动的过程，受到社会需求的制约。目前，大学生的就业政策是双向选择、自主择业，但自主择业是相对的，受到各种条件的限制。大学生想要顺利就业，就必须符合社会的现实需要，而不能单凭个人的自我设计。

3. 开拓进取，勇于创业

大学生创业是我国教育发展的新趋势，也是知识经济社会的新要求。大学生创业是值得鼓励的，但需要有开拓事业的信心和勇气，树立准确的观念与思路，对自己有一个合理的规划与定位，与具有市场经验的人士合作，并进行科学化、职业化的管理。

(二)准确定位，调整职业期望值

在进行职业选择和就业前的自我定位，是指毕业生结合自己的知识结构、能力特征、择业方向以及社会的人才需求等因素，确定自己的求职目标。所谓准确定位，就是正确认识自己和社会，摆正自己在社会中的位置，找到走向社会的出发点；充分了解社会的需要，深层次地了解自己的思想品质、价值目标、适应能力、知识结构，找到自我与社会的最佳契合点。大学生在择业就业中、应该对职业岗位进行客观、全面的评价，根据不同职业岗位的要求，将自身所具备的就业素质与职业岗位的要求进行比较，进而选择符合自己理想的，并能充分施展自己才能的岗位。当前，大学生就业面临着严峻的形势，自主择业给大学生带来机遇的同时，也带来了挑战。许多大学生对"市场"没有一个全面的认识，对就业市场的客观实际了解不够，就业期望值普遍偏高，这在很大程度上影响了就业的成功率。因此、大学生要顺利就业就必须根据自己的实际情况和就业形势，调整自己的就业期望值。具体而言、大学生在求职过程中应对自己所学专业知识以及该专业的市场需求情况有一个清楚的认知，并依据自己的兴趣、能力、性格以及家庭情况等去调整职业期望值。

🔗 **拓展阅读 7-3：心理调适方法(扫描右侧二维码)**

第二节　求职择业的方式

求职择业的方式.mp4

一、求职方式

(一)学校推荐

学校推荐是毕业生求职择业的重要方式之一，为毕业生提供了诸多便利和机会。学校推荐具有信息优势、信誉优势、资源优势和个性化服务等特点。毕业生应充分利用学校提供的各种资源和机会，积极寻求适合自己的职业发展方向，学校推荐的优势有如下四点。

1. 信息优势

学校就业指导中心和企业合作部门能够及时掌握就业市场动态和企业需求信息，为毕业生提供精准的就业指导和推荐。

2. 信誉优势

学校作为教育机构，其推荐信和证明具有一定的权威性和公信力，能够增加用人单位对毕业生的信任度。

3. 资源优势

学校拥有丰富的校友资源和校企合作资源，可以为毕业生提供更多的就业机会和职业发展空间。

4. 个性化服务

学校可以根据毕业生的专业背景、兴趣爱好和职业生涯规划，提供个性化的就业指导和推荐服务，帮助毕业生找到最适合自己的职业方向。

(二)参加各种形式的人才招聘会

毕业生求职招聘会是毕业生与用人单位之间进行双向选择的重要平台，类型多样，以满足不同行业、地区及求职者的需求。每种类型都有其独特的特点和优势，如表 7-1 所示。毕业生可以根据自己的实际情况和需求选择合适的招聘会参与，以提高求职效率和成功率。

表 7-1　求职方式一览

求职方式	类　型	优　势	举　例
各种形式的人才招聘会	校园招聘会	信息权威、规模大	XX 大学春季校园招聘会
	行业专场招聘会	专业化程度高	XX 省制造业专场招聘会
	线上招聘会	信息量大、自由化高	XX 大学寒假线上招聘会
	区域专场招聘会	人才供需匹配度高	沈阳都市圈专场招聘会
	特定群体招聘会	针对性强	XX 省女大学生专场招聘会
学校推荐	——	权威性、公信力强	——

1. 校园招聘会

特点：也称为应届生专场招聘会，通常由学校的就业指导中心或省就业指导中心主办。

时间主要集中在每年的 10 月至次年的 5 月，针对即将毕业的应届生。规模较大，选址多在展览中心或广场，参与企业众多，涵盖多个行业。

优势：便于毕业生与本地及周边地区的用人单位直接交流。针对性强，适合即将步入社会的大学生。

2. 行业专场招聘会

特点：针对某一特定行业举办，如机械行业、金融行业、IT 行业等。参与的招聘企业主要集中在该行业，应聘者也是从事或打算从事该行业的人才。

优势：专业化程度高，便于毕业生深入了解行业动态和岗位需求。有助于毕业生与行业内多家企业进行比较和选择。

3. 线上招聘会

特点：将现场招聘会搬到网上进行，形式多样，如网络双选会、直播带岗等。持续时间较长，一般在 20～30 天左右，便于毕业生灵活参与。

优势：打破了地域限制，毕业生可以在家就能与全国各地的用人单位进行交流。信息量大，便于毕业生快速筛选和投递简历。

4. 区域专场招聘会

特点：针对某一特定地区或城市群举办，如华东地区、珠三角地区等。旨在促进地区内高校毕业生的充分就业和区域经济发展。

优势：便于毕业生了解地区内的就业环境和用人需求。有助于毕业生在地区内寻找合适的工作机会。

5. 特定群体招聘会

特点：针对某一特定群体举办，如残疾人毕业生、退役大学生等。旨在为他们提供更加精准和有效的就业服务。

优势：针对性强，能够满足特定群体的就业需求。有助于提高这部分毕业生的就业率和就业质量。

二、就业信息的分析与使用

机会永远留给有准备的人。所以，每当我们抱怨运气不佳时，不要只顾着埋怨缺少机会，看看自己是否准备好了"鱼篓"。池塘里也有鱼多或鱼大的时候，但如果你连"鱼篓"都没带，那只能让鱼溜走了。

求职者能否谋取一个理想的职业岗位，不仅仅取决于自己的学识、技术和能力，以及社会经济的宏观需求等因素，也取决于求职者能掌握的就业信息的多寡。谁获得的信息数量多，求职的选择面就宽；谁获得的信息质量高，求职的把握性就大；谁获得的信息及时，求职的主动性就高。

求职择业不仅取决于体力和能力等诸多因素，而且也取决于个人所掌握的就业信息。如果个人掌握了大量信息，他的择业视野就会广阔，就能更稳妥地掌握自己的命运，争取主动权，不失良机地选择自己的位置。反之，如果个人视听闭塞、信息失灵，就会盲目从事某种工作。随着就业制度的改革，择业者越来越清楚地认识到，信息是择业的基础，是通往用人单位的桥梁。可以说，谁掌握了信息，谁就掌握了主动权；谁失去了信息，谁就失去了主动权。信息是关系到事业兴衰、成败的关键。

🔗 拓展阅读 7-4：就业信息的分析与使用(扫描右侧二维码)

三、就业信息的特点

(一)时效性

就业信息的效用具有一定的期限，过了期限，效用就会减弱，甚至消失。时效性是信息的一个很重要的特性。在竞争日趋激烈的就业市场中，信息的有效期也越来越短。在大学生就业市场上，每年总有两三个月是就业信息相对集中的时期，这段时间找工作也最有效。毕业生如果能把握好这段时间，主动出击，就能抓住机遇，实现理想。而过了就业信息的高峰期，毕业生要推销自己就处在相对被动的地位，就业难度明显增大。因此毕业生要时刻牢记"机不可失，失不再来"这句话，提前完成自己的职业生涯规划，清楚了解自己的信息需求，并能够对各种职业信息及时作出判断和反应。

(二)传递性

就业信息总处于流动和传递状态之中，它通过各种媒介和途径广泛传播。信息到达每个接收者的时间和方式并不相同。现代通信技术的飞速发展，使信息传递的速度越来越快，信息的传播渠道也越来越多样化。网络、电视等现代传播媒体与报纸、杂志等传统媒体各具特色。因此，毕业生要保持高度的信息敏感度，善于利用各种信息传递和流动媒介抓获信息。

(三)共享性

就业信息一经公开发布，即可被多人共享。某一就业信息共享的人越多，竞争就越激烈。随着大学毕业生人数的逐年增加，就业信息的共享者也越来越多。假设在就业信息总量不变的情况下，信息利用的竞争形势就会越来越严峻。因此，毕业生在得到就业信息后，首先应迅速作出决断，对自己认为有价值的信息立即采取行动并作出反馈。其次，要在自己的行为和自荐材料中突出自己的特色和优势，与众不同，才能在众多竞争者中"脱颖而出"，引起招聘者的注意。

(四)效用性

随着社会分工的进一步细化，用人单位对人才的层次、专业、性别、能力等方面的要求各不相同。就业信息本身必须能够说明它所适用的对象，以及该对象所应具备的具体条件。否则就会让每个人都产生"自己都能胜任"的错觉。因此，必须注意就业信息的针对性，不能盲目追求当下热门的职业。适合自己的信息一定要重视，不适合自己的求职信息也一定要果断放弃，减少求职择业的盲目性和盲从性。

(五)虚假性

由于信息来源多样，传递方式不一，大量就业信息良莠不齐，尤其是网络已成为毕业生获取信息的主要渠道，导致虚假或误导性信息难以避免。因此，毕业生务必谨慎对待就业信息，冷静分析，提高判断信息真实性的能力，对于一些不是十分清楚的就业信息，要及时与用人单位取得联系或请教别人，核实用人单位的准确信息，以免与所求职业相差太远。

四、搜集就业信息的主要方法

(一)全方位搜集法

把与你的专业有关联的就业信息全部搜集起来，再按一定标准进行整理和筛选，以备使用。这种方法获取的就业信息广泛，选择余地大，但较浪费时间和精力。

(二)确定方向搜集法

根据选定的职业方向和求职行业范围来搜集相关信息。这种方法以个人的专业方向、能力倾向和兴趣特长为依据，便于找到适合自己特点、能发挥自身优势的职业和单位。需要注意的是，当选择的职业方向过于狭窄，尤其是集中在竞争激烈的"热门"领域时，可能会面临两个问题：一是可选择的岗位数量明显减少；二是在供大于求的就业市场中，成功就业的难度会显著增加。

(三)确定区域搜集法

根据个人对某个或某几个地区的偏好来搜集信息，而较少关注和选择职业方向和行业范围，这是一种重地区、轻专业方向的信息收集法。按这种方法收集信息和选择职业，可能会因所面向地区的范围狭窄和"地区过热"(即有较多择业者涌向该地区)而造成择业困难。

五、搜集就业信息的渠道

(一)校内渠道

1. 学校就业指导中心

学校就业指导中心是学校的就业指导机构，负责协调指导毕业生的就业工作，它通过校内就业网站等信息载体及时发布国家、省、市就业政策与形势、就业法规信息、行业信息、用人信息、招聘活动信息、就业讲座等一系列最新动态。因此，随时浏览校内招聘信息是首要选择。建议求职者列出一份高校就业指导网的清单，筛选出与自己专业相关的院校，及时跟踪。此外，校内各院系(专业)大学生工作办公室常常通过本系校友等社会关系资源，积极主动提供对口的就业信息给本系(专业)毕业生。用人单位到学校选录毕业生所依赖的主要就是这两个窗口。通过学校主管部门搜集就业信息，优点是及时、准确、可靠、针对性强，是毕业生搜集就业信息的主渠道。不过，其不足之处是僧多粥少，竞争比较激烈。

2. 校园招聘会

我国各高校一般每年都组织毕业生供需见面洽谈会，这种形式更多的是针对每年的应届毕业生，国有大中小型企业以及私营企业采用该招聘会形式居多。校园招聘会因学校的知名度不同而有所差别，吸引的单位也不一样。总的来说，国有大中型企业青睐名牌大学高才生。不是每次参加供需见面会都能得到意外收获，但多参加校园招聘会无疑是件好事，即使无果，也可以锻炼口才胆识，积累自己的求职经验。

3. 校园人际关系

校园人际关系主要包括院系领导、老师、同学以及校友关系等。院系领导、老师对毕业生的情况比较了解，他们的同学多在相关行业和单位工作，社会接触面较广。多数教师都拥有良好的社会背景和人脉资源，不少还与校外的研究机构、企业合作开发科研项目，他们提供的就业信息价值较高，也比较对口，可以说这是一条获取就业信息的捷径。校友会也是获取就业信息的重要渠道之一。许多高校会定期邀请校友举办交流会或讲座等，这些校友多数是比较有成就的人士，毕业生可以向他们咨询就业的相关信息，自我推荐，他们通常都会提供用人单位信息。另外，也可以通过组织策划活动邀请校友参加，一方面加强联系，另一方面可以让他们进一步了解你的才干。一些校友对母校怀有深厚的感情，可以很方便地了解毕业生的情况。当其他单位需要毕业生时，他们自然首先考虑的是回母校挑选人才。当然，在求职过程中，每个毕业生的求职目标有差异，对待信息实用性的看法也不一样，有的同学可能掌握了较多信息，其中有些单位不在他的考虑范围内，相关信息对他自己无用，但可能对别的同学十分有用。因此，应提倡同学之间相互交流，做到信息共享。

(二)校外渠道

1. 社会人际关系

利用各种社会关系获得就业信息是一个非常有效的渠道。每个人都可以通过自己身边的家庭成员、亲友、师长、校友等社会关系，建立一个广泛的就业信息网络。毕业生手中的资源有限，社会经验也较浅，而家长或长辈社会阅历丰富，社会交往广泛，拥有较多的社会资源，获取信息的渠道也很多，容易提供符合毕业生要求的信息，并且在帮助了解就业信息或推荐就业时积极主动、不遗余力。因此毕业生要学会灵活运用这些资源。当然，这些都需要靠平时人际关系的不断积累，大学期间要学会做人与处事，处理好与师长、同学、校友之间的关系，真诚待人，善于表现自己，让更多人了解你的才华、性格、特长、爱好等，他们都会看在眼里，一旦有适合你的工作，都会主动推荐。通过社会关系搜集到的就业信息一般都比较可靠、及时、针对性强，价值相对较高。

2. 实习实践单位

大学生到用人单位参加社会实践和实习活动，不仅有利于开阔视野，学以致用，还有利于了解企事业单位的企业文化、工作情况和工作要求，更能获取单位的用人需求信息。这种信息具有全面性、准确性的特点。例如，很多大公司都会招大二、大三的实习生，这是大学生推销自我，赢得用人单位好感与信任的最佳机遇。表现出色的大学生，用人单位都会优先考虑录用。因此，大学生应充分利用寒暑假、业余时间开展社会实践或实习活动，适当做兼职、到各单位实习锻炼，展现出你的才华、能力、忠诚度与敬业精神，同时要了解就业形势、行业情况、职业发展机会、用人单位需求信息以及内部管理等，为日后的择业就业奠定良好的基础。

3. 各种传媒

报纸、广播、电视、杂志等大众媒体是搜集就业信息的传统渠道，一般都会定期或不定期发布招聘信息。其特点是便捷、传播范围广、速度快、信息量大、可信度强、省钱省时、选择机会多。毕业生通过这些媒介，可以很容易就掌握大量就业信息。求职者最好是将感兴趣的、符合自身需求的招聘信息剪下来，节省翻阅时间。不过，广告篇幅有限，无法深入了解招聘公司的背景及相关信息，且多数单位要求先寄送简历，谢绝来访。报纸上的招聘广告也不排除有虚假信息，涉世未深的毕业生要尤其注意。

(三)网络渠道

据不完全统计，目前全国有各类人才信息网将近 2500 个。许多大中城市已基本实现网上求职、网上招聘。除了国家或地方人事主管部门主办的人才信息网站和学校自建的就业指导网站提供的大量高质量信息外，利用网络搜集就业信息主要有以下四种方法。

1. 从专业的求职网站上查找信息

例如高校就业信息网、智联招聘、前程无忧、中华英才网等，毕业生登录后，即可根据自己的需求，使用职位搜索引擎搜索或订阅免费招聘信息。部分网站填写个人资料后就可以直接外发简历。

2. 从各大搜索引擎上查找就业信息

搜索查询比较简便，仅需输入关键词并敲击回车键，即可获得相关信息。假如查询结果条目太多，可通过添加搜索词，缩小搜索范围，各搜索词间用空格分开，或者在结果中输入第二个关键词进行进一步搜索。此外，利用搜索引擎还可以查阅到几乎所有就业指导网站。

3. 门户网站招聘专区或用人单位网页招聘通告

许多世界 500 强企业或国有大型企业，如 IBM、通用、微软、松下、宝洁、中国移动、中国联通等公司，也会直接在公司网站发布招聘信息，要求求职者必须登录注册并填写中英文简历。这种方式不仅为求职者提供了机会，还能帮助他们进一步了解企业的文化和基础信息。

六、就业信息的筛选与整合

就业信息的筛选就是对搜集到的就业信息进行加工、分析、综合、归类和过滤，从中筛选出适合自身需求的有用信息，作为求职的重要依据和基本前提，更好地为自己求职择业决策服务。就业信息的筛选是就业信息整理工作的核心。它通过对搜集到的原始信息在数量上加以浓缩，在质量上加以提高，在形式上加以变化，使之真正有利于自己、符合自己的职业目标和需求。这一过程可以概括为去粗取精、去伪存真、由此及彼、由表及里的改造制作过程。一般分为以下三个步骤。

(一)真伪辨析

利用各种渠道获悉大量的就业信息后，不要急于联系发简历或打电话，由于就业信息的来源复杂、信息的传播渠道多样，部分就业信息带有模糊性，甚至存在虚假信息或骗人的广告。建议求职者首先要判断这些信息的真伪，避免走弯路。对难以把握的就业信息，可以通过网络搜索、致电查询或现场调查等办法来确认它的真实性和准确性。例如当觉得用人信息可疑时，可利用"天眼查"等网站输入用人单位名称，通常有不少提示。

虚假或骗人的就业信息一般有如下特征，毕业生要严加防范。诸如在公交车站、马路、广场等公共场合胡乱粘贴的招聘小广告，月薪过万等宣传都是言过其实，千万别上当受骗；门槛很低，薪酬开得很高，设置责任底薪，要求完成公司规定的业务额，如果达不到目标，不仅拿不到报酬，还浪费了时间和金钱，甚至会被无理解雇；骗子公司或传销公司在网络上搜集毕业生资料，主动约会面试，并以此施以行骗、抢劫；要求毕业生交一定费用作为工作保证金，严重违反劳动法有关规定；不透露公司名字或用"某公司""某单位"等字眼模糊表达；公司基本资料不完整，找不到具体地址等。

案例：张某是某高校的毕业生。一天，张某接到朋友周某从广州打来的电话，希望他来公司工作。张某来到广州后，周某让他签订了一份合同书，并让他交押金5000元，承诺如辞职，押金如数退还。张某信任周某，便交了押金。当天下午，周某就带他开始"岗前培训"，经过几天的"培训"后，公司便让他"上班"，任务是打电话动员蒙骗他人来"工作"。

案例分析：大学生被非法传销组织欺骗的原因主要有：一大学生自身防范意识薄弱，轻信他人，容易上当受骗；对同学、朋友的介绍过于信任，没想到熟人还会骗自己；就业压力过大，择业时放松了必要的警惕，轻信非法传销公司的虚假宣传；个别大学生存在不劳而获的思想，被高额回报引诱，甘愿参与非法传销活动，如图7-2所示。

图7-2 利用招聘诱骗大学生踏入非法"传销"陷阱

(二)信息整合

在完成真伪辨析，删掉无效或内容残缺不全的信息后，毕业生要根据自己的实际情况、专业和特长等设置一套标准，对信息进行进一步筛选，确保将精力集中在最有价值的信息上。记住，适合自己的才是最好的。因此，毕业生通过分析自己的特色、兴趣、价值观等特点，全面了解自身优势和偏好，比较并排列出质量较高、较完整的就业信息。一般就业信息应该包括如下八个要素：①用人单位的名称及其所有制。用人单位的名称往往包含着所属行业、业务范围、所在地区、企业级别和所有制形式等；②用人单位的主管部门及其发展趋势。随着改革的发展，某些事业编制单位也可能成为私有企业，其主管部门也会相应变化。主管部门不同，劳动人事管理办法、工资、福利、医疗、养老、住房等待遇也有区别；③用人单位所属行业及其发展趋势。不同行业的职业生涯发展也各不相同；④意向的职业岗位在用人单位中的地位和作用。如保险公司的业务员、内训人员、精算师、会计、出纳、保安、司机等岗位，都有特定的地位和作用；⑤用人单位及意向岗位的工作环境和福利待遇。工作环境包括人际关系、工作时间(有无夜班等)、工作场所(户外或户内)、编制类型(编制或合同)、工作稳定性(流动或固定)以及工作场所的温度、湿度、噪声等。福利待遇包括工资、奖金、三保一金、退休金等，有无任职培训、进修机会和晋升可能也应包括在内；⑥用人单位的地理位置和发展前景。地理位置不仅与求职者就业后每天上下班的距离有关，往往还关系到一个单位的发展前景。交通不便、位置偏僻，是发展的不利因素。用人单位的固定资产、流动资金、科技含量、人才构成等因素，与发展前景密切相关；⑦用人单位对求职者的具体要求。如学历、专业、性别、身高、相貌、体力、户口以及职业资格、技术等级各方面的要求。有些用人单位还对心理素质、能否经常出差等方面有特殊要求；⑧招聘数量和报名办法。用人单位本次招聘哪些岗位的从业者，每个岗位招聘的数量，报名的时间、地点、方式，应准备的证书(如身份证、户口本、学历证书、职业资格证书等)和材料(如简历和有关证明等)。求职者可按照这八个基本要素对搜集到的大量就业信息进行甄别，经过初步分析和研究，淘汰过时、用处不大或不符合自身实际情况的信息。

七、就业信息的整理

就业政策信息的整理可以分为国家就业政策信息与各地方政府就业政策信息两类。国家就业政策信息较为稳定，对其主要内容要了解并掌握，同时注意最新动态。如国家支援西部的优惠政策、"基层就业奖励计划""三支一扶"等，建议毕业生适当了解。地方政府就业政策因地而异，发达地区、欠发达地区、沿海地区或者西部地区所实施的就业政策通常也是因地制宜。因此，求职者一旦确定求职地域后，应关注当地的人事政策，如就业优先政策、晋升待遇、户口迁移、养老保险、社会保障、公积金、应届大中专毕业生准入条件等相关内容。

第三节　其他就业途径

其他就业途径 求职就业考试录用流程.mp4

一、求职就业考试录用流程

求职就业考试录用的流程与基本要求因不同行业、企业和职位而异，但一般来说，可以归纳为以下几个主要步骤和相应的基本要求。

1. 信息获取与准备

(1) 信息获取：求职者需通过各种渠道获取招聘信息，了解岗位要求、薪资待遇、公司背景等信息。

(2) 材料准备：完善自荐材料，包括高校推荐表、个人求职简历、自荐信、所取得的各类证书的证明材料等。这些材料应真实、准确地反映求职者的个人信息、教育背景、实习经历、专业技能等情况。

2. 报名与资格审查

(1) 在线报名：在规定时间内登录企业官网或人才招聘网站进行在线报名，填写个人信息、学历、工作经历等。

(2) 上传证件：报名时需上传个人证件照、身份证、学历证书、职称证书等相关证件。

(3) 资格审查：企业会对报名者的资格进行审查，确保报名者符合招聘条件。审查内容通常包括学历、专业、年龄、工作经验等方面。

3. 笔试与面试

(1) 笔试：通过资格审查的求职者须参加笔试。笔试内容通常包括专业知识、综合素质测试等，旨在评估求职者的知识水平和综合能力。

(2) 面试：笔试合格的求职者将收到面试通知。面试通常分为初试和复试两轮，主要考查求职者的基本素质、沟通能力、专业能力、工作经验等。

4. 体检与政审

(1) 体检：面试合格的求职者需要进行体检，确保身体健康，符合企业的用工要求。

(2) 政审：体检合格的求职者还需要接受政审，包括政治面貌、品行等方面的考察。政审合格者方可进入录用环节。

5. 录用与签约

(1) 录用：政审合格的求职者将收到录用通知书，成为企业的正式员工。

(2) 签订合同：录用后，求职者需要与企业签订劳动合同，明确双方的权利和义务。

6. 注意事项

在求职过程中，求职者应保持诚信，如实提供个人信息和相关材料。面试时应着装得体，注意礼仪和态度，展现出良好的职业素养和沟通能力。在签订劳动合同时，应认真阅读合同条款，明确双方的权利和义务，确保自身权益不受侵害。

二、考研流程及注意事项

1. 考研准备阶段

了解目标院校的招生政策、考试科目及大纲，并制订复习计划。

2. 报名阶段

在规定时间内通过研究生招生信息网进行网上报名，并到指定地点进行现场确认、缴费和照相。

3. 初试

参加全国硕士研究生统一招生考试，一般在每年的12月下旬进行。

4. 复试准备

初试成绩公布后，根据成绩及院校复试线，准备复试材料，包括专业课复习、英语口语练习等。

5. 复试及录取

参加复试，包括面试、笔试等，复试通过后等待录取通知。

6. 注意事项

提前了解目标院校和专业的招生政策、考试科目及大纲，制订合理的复习计划。认真准备申请材料，确保材料的真实性和完整性。关注招生院校和考试机构的官方网站，及时了解招生信息和考试动态。在备考过程中保持良好的心态和健康的体魄，合理安排学习和休息时间。

三、灵活就业

灵活就业，又称灵活用工，是指毕业生没有按照传统的人才市场和校园招聘等规范方式获得职业，而是通过个体企业就业、阶段性就业、自主创业等灵活多样的用工形式获得收入的就业方式。随着数字经济、新业态的快速发展，灵活就业的内涵和外延不断被改写，成为大学生就业的一种新趋势。

(一)灵活就业的特点

(1) 就业领域广阔。灵活就业可供选择的职业门类齐全，对专业技能要求相对较低，可以充分考虑个人的兴趣和能力，同时满足一些职业对于人才的渴求。

(2) 就业方式灵活。毕业生可以根据自己的实际情况和兴趣爱好，选择自主创业、自由职业等多种灵活就业形势，实现工作与生活的平衡。

(3) 就业质量提升。为了不断适应社会的需要，选择灵活就业的大学生必须不断学习新知识、掌握新技能，以适应不同的岗位需求，从而提升自己的就业质量。

(二)灵活就业的类型

(1) 自主创业。毕业生利用自己的专业技能和创意，创办自己的企业或项目，实现自我价值和职业发展。

(2) 自由职业。包括从事咨询、设计、翻译、写作、编程等职业，以个体形式为客户提供服务，获得收入。

(3) 个体企业就业。毕业生在个体企业、小微企业等灵活用工单位就业，享受相对自由的工作时间和工作环境。

(4) 阶段性就业。毕业生根据市场需求和个人情况，选择短期或临时的工作岗位，如兼职、实习等。

(三)灵活就业的挑战

(1) 社会保障问题。部分灵活就业毕业生可能面临社会保障缺失的问题，如缺乏医疗保险、养老保险等。

(2) 职业发展不确定性。灵活就业的职业发展路径相对不明确，毕业生需要具备较强的自我规划和管理能力。

(3) 收入稳定性差。灵活就业的收入可能受到市场需求、个人能力等多种因素的影响，存在一定的不稳定性。

本 章 小 结

大学毕业生就业工作是一个系统而复杂的过程，包括前期准备、就业指导与服务、就业协议签订、离校手续办理以及后续跟踪服务等环节。本章的目的是让大学生了解毕业生择业就业的程序及相关基本要素，熟悉大学生如何进行择业就业准备，掌握毕业生择业就业必备的基本素质和能力，掌握择业就业的方法。

复习与思考

(1) 简述毕业生就业的途径及其流程。
(2) 详述毕业生求职就业信息的获取方式及方法。
(3) 详述灵活就业的类型及优势。

第八章 求职材料的准备与制作

课程目标

- **知识目标**：通过本章的学习，大学生了解求职材料的准备与制作。
- **能力目标**：掌握制作符合个人情况的高质量求职材料的方法。
- **素质目标**：提高求职材料的撰写能力。

重点和难点

(1) 毕业生求职材料的种类及作用。

(2) 个人简历的制作。

知识结构逻辑图

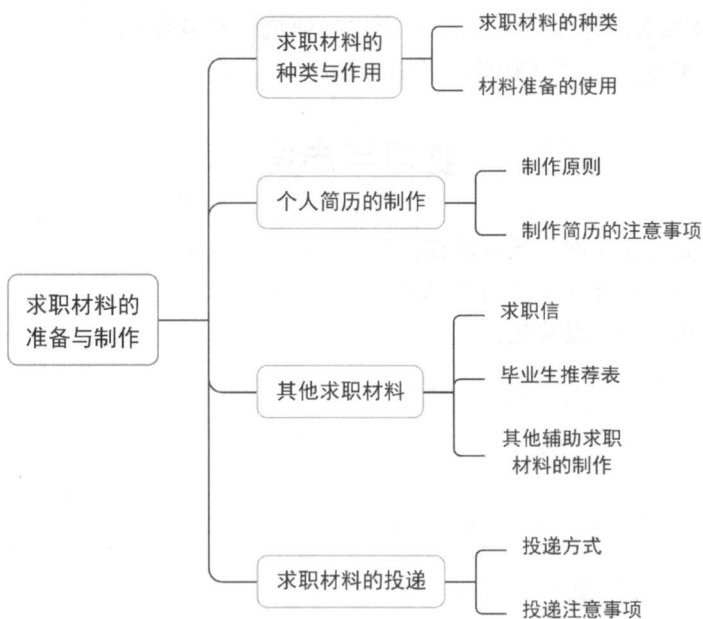

求职材料的准备与制作
- 求职材料的种类与作用
  - 求职材料的种类
  - 材料准备的使用
- 个人简历的制作
  - 制作原则
  - 制作简历的注意事项
- 其他求职材料
  - 求职信
  - 毕业生推荐表
  - 其他辅助求职材料的制作
- 求职材料的投递
  - 投递方式
  - 投递注意事项

情景导入

在大学校园中，一场招聘活动正在如火如荼地开展。在这个热闹的氛围中，小李引起了辅导员老师的关注。小李，正处于大三下学期，与其他同学的状态不同，小李显得犹豫而不安。他站在人群的边缘，低头不语，流露出内心的挣扎。

经过一次单独谈心，小李透露出了他在就业准备中所面临的困惑。首先，他对求职目标过于偏向国际外企，对国内企业持有抵触情绪，似乎认为自己的技术才华只能在跨国公司得到发展。其次，尽管他在学术和技术领域有出色的表现，但他的简历存在一定的问题，过于泛化，未能凸显出与目标岗位的匹配性。最后，尽管他在学业上表现自信，但在面试中却缺乏自信，无法展现出最好的一面，影响了他的招聘表现。

这些问题使得小李在充满竞争的招聘中感到困惑和无助。面对即将到来的就业挑战，小李迫切需要有针对性的准备。为了重拾自信，需要他在求职材料的准备与制作的时候做好充分准备。

(资料来源：本书编者整理编写，仅供教学使用)

第一节　求职材料的种类与作用

求职材料的种类
与作用.mp4

一、求职材料的种类

1. 个人简历

个人简历是求职者向潜在雇主介绍自己教育背景、工作经验、技能特长以及个人成就等信息的一种书面材料。它是求职者与雇主之间建立初步联系的重要桥梁，也是求职者展现自己专业能力和个人优势的关键工具。

2. 求职信

求职信，又称自荐信，是求职者向潜在雇主或招聘机构表达自身能力和经验，以寻求职位或工作机会的一种专用信函。它是求职者与招聘机构之间沟通的重要工具，也是展示自身才华和技能的重要途径。求职信具有自荐性、针对性和真实性的特点。它要求求职者清晰地展示自己的教育背景、工作经验、技能特长以及个人优势，同时确保信息的真实性和准确性。

3. 推荐信及证明信息

(1) 毕业生就业推荐表。毕业生推荐表是由教育行政部门或学校统一印制的、由学校毕业生就业指导中心发给每位毕业生填写并附有学校意见的书面推荐表格。它是一个官方认证，具有权威性，用人单位对此有较高的信任度。把它放在就业材料中，能够提升就业材料的可信度以及推荐力度。

(2) 推荐信。来自导师、实习单位领导或业内专家的推荐信，能够客观地评价求职者的专业能力、个人品质和工作态度。一封有分量的推荐信往往能在求职过程中起到关键作用。

(3) 实习证明。如果求职者有相关的实习经历，那么实习证明也是必不可少的辅助材料。实习证明应详细说明实习岗位、实习时间、实习内容及实习表现等信息。

4. 其他辅助材料

在求职应聘过程中，除了个人简历这一核心材料外，还可以准备以下辅助材料以增强自身的竞争力。

(1) 各类证书。

- 学历及学位证书：毕业证书和学位证书是证明求职者教育背景的重要文件，应确保在求职时能够提供清晰、有效的复印件或扫描件；

- 专业技能证书：如英语四、六级证书、计算机等级证书等，这些证书能够直观展示求职者在特定领域的技能水平。特别是与应聘职位相关的专业技能证书，更是加分项；
- 荣誉证书：包括"三好大学生""优秀大学生干部""优秀团员""优秀毕业生"等荣誉称号证书，以及社会实践、征文比赛、文艺演出、体育运动会、社团活动等获奖荣誉证书；
- 奖学金证书：各类奖学金等级证书也是求职过程中的有力辅助材料，它们能够证明求职者在学术方面的优秀表现。

(2) 作品集。对于设计、艺术、广告等创意类职位，求职者可以准备作品集来展示自己的创作能力和设计风格。作品集应精心挑选并排版，以展现最佳效果。

(3) 研究报告或论文。如果求职者在大学期间参与过科研项目或撰写过学术论文，那么这些研究成果也是很好的辅助材料。它们能够证明求职者的研究能力和学术水平。

(4) 自我介绍视频或音频。虽然这一形式较为少见，但在某些行业或职位中，求职者可以尝试制作自我介绍视频或音频来展示自己的风采和表达能力。这种形式新颖且直观，能够给招聘者留下深刻印象。

二、材料准备的作用

大学生就业材料的准备具有非常重要的作用，具体来说体现在以下几个方面。

1. 自我介绍与宣传，有利于大学毕业生争取面试机会

用人单位通过大学毕业生的求职资料，既可以了解到毕业生的基本情况，也可以对其特长爱好等有一定的了解，从而给适合某些职位的大学毕业生面试的机会。

2. 说明求职意向，有利于大学毕业生做出明智的择业取向

大学毕业生在准备自己的就业材料的过程中，会逐渐了解自己的实际情况，明确自己的专长和爱好，进而能够对自身的情况做出全面的分析与评价，并把职业的要求和自己的个性特征、实际才能结合起来，理性思考，最终做出明智的择业取向。

3. 展示个人应聘优势，有利于用人单位做出取舍

大学毕业生的就业材料是用人单位认识、考察求职者并做出取舍的重要参考，它能够全面反映求职者的专业知识、能力特长以及学习与实践成果等基本情况。

第二节　个人简历的制作

个人简历的制作.mp4

对求职者来说，个人简历是最重要的求职材料。招聘单位的人事部门主要通过个人简历来了解求职者的情况，决定是否给其面试的机会。个人简历的内容主要是介绍自己的基本情况，如学习、生活、工作经历、个人成就和特长等。写个人简历的目的是让对方具体地了解求职者，帮助获得面谈的机会。

一、制作原则

1. 真实准确

(1) 信息真实。简历中的所有信息，包括教育背景、实习经历、技能特长等，都必须真实可靠，不能夸大其词或编造虚假信息。真实的信息是建立职业诚信的基础。

(2) 准确无误。注意检查简历中的拼写、语法和格式错误，确保简历的准确无误。任何小错误都可能给招聘者留下不专业的印象。

2. 简洁明了

(1) 内容精炼。尽量用简洁的语言表达你的经历和能力，避免冗长和复杂的句子。对于每项经历或技能，都应突出重点，避免流水账式的描述。

(2) 格式清晰。采用清晰易读的格式，如分段、标题、列表等，使简历更加有条理和易于阅读。同时，注意字体、字号和行距的选择，保持整体的美观和整洁。

3. 针对性强

(1) 定制简历。根据不同的职位和行业要求，定制不同版本的简历。突出与申请职位相关的经验和技能，使简历更加符合招聘者的需求。

(2) 强调重点。在简历中突出你的核心竞争力，如专业技能、项目经验、实习成果等。这些重点信息将帮助你在众多求职者中脱颖而出。

4. 量化成果

(1) 使用数据。尽可能用具体的数据来量化你的成果和贡献。例如，在描述实习经历时，可以提到你完成了多少任务、提高了多少效率或节约了多少成本等。这些数据将更直观地展示你的能力和价值。

(2) 展示成果。除了量化成果外，还可以具体描述你的工作成果和贡献。例如，你如何解决了某个问题、优化了某个流程或推动了某个项目的进展等。这些成果将进一步证明你的能力和潜力。

5. 简洁美观

(1) 避免花哨。简历的设计应简洁大方，避免使用过多的图形、颜色或特效。这些元素可能会分散招聘者的注意力，降低简历的可读性。

(2) 保持整洁。在打印简历时，应选择高质量的纸张和打印机，确保简历的整洁和美观。同时，注意简历的排版和布局，使其更加整齐和易于阅读。

6. 遵循规范

(1) 格式规范。遵循行业内的简历制作规范，如使用标准的字体、字号和行距等。这些规范将帮助你的简历更加符合招聘者的阅读习惯和审美标准。

(2) 语言规范。使用正式、规范的语言来表达你的经历和能力。避免使用口语化或过于随意的语言，以保持简历的专业性和严肃性。

二、制作简历的重要事项

个人简历的基本内容如下。

(1) 个人信息。姓名和联系方式等：包括电话号码、电子邮箱地址，有时还可以包括能体现专业能力的个人网站或社交媒体链接。

(2) 求职意向。简短地说明求职目标或期望职位，特别当求职者不确定会申请哪个具体职位时，有助于招聘单位了解求职者职业方向。

(3) 教育背景。

● 学历：列出最高学历，包括学校名称、专业、入学和毕业日期(或预计毕业日期)。

● 学位：说明所获得的学位，如学士、硕士等。

● 相关课程：可以列出与申请职位相关的几门核心课程或项目经验。

● GPA(如果成绩优异)：如果 GPA 较高，可以包括在内以展示学术能力。

(4) 实习/工作经验。

● 公司名称、职位、时间范围：清晰地列出实习或工作经历。

● 职责与成就：详细描述在每个职位上的具体职责和所取得的成就。使用量化指标(如"提高了销售额 20%")来增强说服力。

(5) 技能与专长。

● 专业技能：列出与申请职位直接相关的技能，如编程语言、设计软件、市场分析等。

● 语言能力：如果掌握多种语言，请说明语言能力水平(如流利、熟练、基础等)。

● 软技能：如沟通能力、团队合作、领导力等，这些在工作中同样重要。

(6) 项目经验。如果在大学期间参与了任何有意义的项目，无论是学术研究、社团活动还是课外项目，都可以在这里详细描述。强调在项目中的角色、所负责的任务以及项目成果。

(7) 荣誉与奖项。列出获得的任何奖项、奖学金、荣誉证书等，以证明优秀和成就。

(8) 自我评价。简短地总结个人特点、职业态度和对未来的展望。注意保持客观和积极。

(9) 附件。如果简历中有提及的推荐信、作品集或其他补充材料，可以在简历最后提及并附上。

(10) 注意事项。使用清晰、简洁的语言，避免使用行业术语或缩写(除非确定收件人能理解)。保持页面整洁，避免过多的图形或颜色。针对不同职位定制简历内容，突出与职位相关的经验和技能。在提交简历前仔细校对，确保没有语法、拼写或格式错误。

个人简历的范文

姓名：XXX

性别：女

出生年月：XXXX 年 XX 月

籍贯：XX 省 XX 市

E-mail: xxxxxxxxxxx@126. com

联系电话：XXXXXXXXXXX(微信同步)

求职意向：网络工程师

教育背景

2020 年 9 月—2024 年 7 月，就读于 XXXX 大学

专业：软件测试

课业成绩优异。综合测评排名专业 1/148，核心专业课成绩排名 2/148。

主要专业课成绩(略)

在校期间，积极参与学校管理，担任了院团委组织委员、班级学习委员，展现出优秀的沟通与管理能力。

实习经历

2007 年 7 月，在中国国际展览中心"国际电子商务展览会"上，担任台湾世纪股份有限公司的软件产品展示员，负责介绍网络应用软件《沟通大师》和《沟通精灵》，凭借工作耐心负责、讲解清晰透彻，获得公司好评。

2021 年 11 月—2022 年 3 月，在 xxx 有限公司实习期间，独立完成了嵌入式门禁系统的模块测试工作。

技能证书

通了国家英语四级考试，成绩优秀。具有娴熟的英文阅读、写作能力以及良好的英语听说能力，熟练掌握专业英语。

全国计算机等级考试二级合格，计算机应用水平测试成绩优秀。

熟练使用 Office 软件(如 Word、Excel、PowerPoint 等)，掌握动画软件 3ds Max 等。

自我评价

个性坚韧，能吃苦耐劳，工作认真，有突出的钻研开拓精神。为人热情乐观，兴趣广泛，适应性强，人际关系良好。具备优秀的组织、协调能力，善于沟通，富有团队协作精神。

……

第三节　详述其他求职材料

详述其他求职材料.mp4

一、求职信

求职信和个人简历是毕业生需要准备的主要求职资料，二者内容相似，形式不同。前者为信函，后者多为表格；前者是一种主动的求职资料，而后者则是一种被动的求职资料。

1. 求职信的结构

求职信是求职者向潜在雇主展示自己兴趣、能力和适合该职位的重要工具。一个结构清晰、内容精炼的求职信能够大幅提升你被考虑的机会。以下是一个典型的求职信结构，可以根据自己的具体情况进行调整：

(1) 抬头(信头)。联系信息：包括姓名、地址、电话号码和电子邮件地址。

(2) 日期。写求职信的日期。

(3) 收件人信息。包括公司名称、部门(如果知道的话)、收件人姓名(尽量具体到招聘经理或人力资源负责人的姓名)和地址。如果不知道具体姓名，可以使用"尊敬的招聘经理"或类似称谓。

(4) 称呼。使用恰当的称谓，如"尊敬的[收件人姓名]先生/女士"或"尊敬的招聘团队"。

(5) 引言。简短介绍自己，说明你是如何得知这个职位空缺的(如招聘网站、朋友推荐等)。明确表达你对该职位的兴趣，并简要说明为什么适合这个职位。

(6) 自我介绍。概括教育背景、相关工作经验(如果适用)以及与申请职位相关的技能或成就，强调满足职位要求的关键技能和经验。

(7) 匹配度阐述。详细说明能力、经验和兴趣如何与职位描述中的要求相匹配，并提供一两个具体的例子或成就，以证明自己的能力。

(8) 表达兴趣与期待。再次表达对这个职位的热情和兴趣。提及希望有机会进一步讨论如何为公司作出贡献。礼貌地请求面试机会，并提供联系方式以便对方联系你。

(9) 结尾。使用正式的结束语，如"此致，敬礼"或"顺祝商祺"。留下全名和签名(如果是手写求职信)。在电子邮件中，可以省略签名，但要在落款处重复全名。

(10) 附件。如果求职信是电子邮件形式，可以在邮件正文中提及附带了简历或其他相关文件，并说明文件名。撰写求职信时，保持内容简洁明了，避免冗长和无关紧要的细节。同时，确保没有语法或拼写错误，这会影响你的专业形象。

2. 求职信的内容

求职信是我们在推销自己的过程中最关键的部分，也是迈出求职第一步的重要工具。求职信的书写质量很大程度上决定了我们能否顺利进入用人单位的初选范围。常见的求职信一般采用信函的形式，正文除了用一般信笺的礼貌用语外，主要包括：说明个人的基本情况(学历、工作简历)；说明工作能力和潜在能力；明确向用人单位提出申请职位；说明如被录用，能为用人单位做出什么贡献；写明自己详细的联系方式。

在写求职信之前，我们应该做好以下几件事情：①尽可能多地了解招聘单位；②了解应聘单位需要什么样的人才；③明确能为招聘单位提供独特优势；④了解应聘单位为其招聘的人员提供的工作条件和薪资；⑤了解应聘单位所提供的工作条件和薪资与就业市场同类职位所提供的工作条件和薪资水平之间的差距。

3. 求职信的范文(简版)

范文一：给 xx 公司的求职信

尊敬的 xx 公司领导:

您好!

我是一名 xx 大学 xx 专业的应届毕业生，从网上获悉贵公司正在招聘工程技术人员，我对从事工程技术工作很感兴趣。我性格外向，喜欢从事技术研发。大学期间，在一家工程公司做过实习，积累了一些相关工作经验，因此我觉得自己非常适合贵公司工程技术人员这个职位。我希望能在这个岗位上将所学的知识理论付诸实践，与公司一起成长。

随信附上我的简历及联系方式，盼着您的回信。

此致

敬礼

×××

××××年×月×日

二、毕业生推荐表

推荐表是由学院毕业生就业指导中心统一印制的，其栏目有姓名、性别、民族、出生年月、政治面貌、学校名称、专业、学历、培养类别、外语水平、健康状况、学校地址、特长、奖惩情况、在校表现、院系推荐意见、学校毕业生就业指导中心意见等(包括从事的工作范围等)。

1. 推荐表的填写

毕业生推荐表的内容与表格式简历相近，制作推荐材料时，任选一种就可以了。一份完整的推荐表应填写好所有栏目，院系在规定栏内盖上鉴定公章，学校毕业生就业指导服务中心在学校推荐意见一栏签署"同意推荐"字样并盖上公章。推荐表具有代表校方向招聘单位推荐毕业生的作用，具有唯一的可信性。为避免重复签约，毕业生只能用推荐表原件和就业协议书原件与一个单位签订协议。招聘单位也只能坚持用推荐表原件和就业协议书原件签协议。

2. 填写推荐表的注意事项

不能涂改，推荐表具有代表校方的推荐作用，由就业指导中心加盖公章。因此，填表的时候一定要细心、认真。特别是成绩单、院系推荐意见等部分，一旦有涂改的痕迹，就可能引起招聘单位的误解。如果填写错误，应当换一张表重新填写。

用备注栏突出优势。如有重要作品发表、突出的外语能力或突出的工作经历等，可在备注栏里填写，以表现自己的突出优势。

保证推荐表的唯一性和可信性。推荐表原件不可仿制，更不可谎称遗失而重新补办。否则，会影响学校的声誉，从而造成不良影响。毕业生在"双向选择"过程中可以使用推荐表的复印件进行"自我推销"，但只有与招聘单位签订协议时，才能向招聘单位或人事主管部门提交推荐表的原件。一定要保管好推荐表。

三、其他辅助求职材料的制作

1. 辅助求职材料种类

(1) 求职者本人在求职信或简历中提及的有关教育背景的证书和相关证明资料。

(2) 有关自我介绍、专长、获奖项目等由有关机构颁发的证书和相关证明材料。

(3) 由权威人士和权威部门出具的推荐信。

这些证书、相关证明材料及推荐信的复印件，应附在求职信或简历中一起提供给招聘单位，以加强求职信或简历中所介绍的自我能力、专长、成绩等的可信度。

2. 辅助求职材料的主要内容

(1) 毕业证书或学历证明。求职者应向招聘单位提供自己最高学历的毕业证证书复印件，或者是与自己应聘职位专业对口的毕业证证书复印件。

(2) 各门课程学习成绩单。毕业生各门课程学习成绩单是目前大多用人单位在招聘新员工时较为看重的参考文件，也是求职辅助材料中的重要内容。成绩单应由院校教务部门开具并加盖公章，在求职材料中一般采用复印件，待面试时再提供原件。

(3) 专业等级证书、职业资格证书。专业等级证书如"英语水平等级证书""计算机水平等级证书"等。对于高等职业技术学院的毕业生来说，相当一部分毕业生都获得了相关的职业资格证书。对于获得上述有关证书的求职者，可以在其求职信或简历中介绍这方面内容，并在求职材料中附加这些证书的复印件以增强可信度。

(4) 获奖证书。获奖证书包括毕业生所在院校颁发的"三好大学生""优秀大学生干部""优秀党、团员"等荣誉证书；各类个人单项比赛(包括在校运动会上获得的荣誉证书)；以及参加社会各团体活动，向各级报纸、杂志投稿并发表个人作品或论文获奖所得到的荣誉证书等。如果求职者在求职信或简历中有介绍，应该在求职材料中提供相关证书的复印件。

(5) 学校推荐表、推荐信(在外资企业，推荐信和简历一样，也是一份招聘者相当看重的必备资料)、参加社会实践毕业实习的鉴定材料和有关科研成果的证明，以及可以证明自己能力的其他个人材料。

以上有关证件的复印件均应采用 A4 纸复印，并装订成册。原则上复印时按原件规格复印，既不放大也不缩小，否则会失真。特殊情况下，可将小的原件两件或三件复印在同一张纸上。

第四节　求职材料的投递

一、投递方式

求职材料的投递.mp4

1. 线上投递

(1) 电子邮件投递。通过搜索目标公司的官方网站或招聘平台，找到人力资源的邮箱地址，将求职材料(如简历、求职信等)以电子邮件的形式发送。在发送时，应注意邮件主题和附件的命名要清晰明了，以便用人单位快速识别和处理。邮件正文不要空着，最好写成简短的求职信，增加被查看的概率。

(2) 在线招聘平台投递。利用各大在线招聘平台投递简历。这些平台通常提供简历模板和一键投递功能，方便求职者快速完成投递。

(3) 公司官网投递。许多公司会在其官方网站上设置招聘专区，求职者可以直接在官网上填写简历并投递。这种方式通常更加直接和高效，因为简历会直接进入公司的招聘系统。

(4) 社交媒体投递。随着社交媒体的发展，一些公司也会通过微信公众号等社交媒体平台发布招聘信息，求职者可以通过社交媒体平台将求职材料发送给公司。

2. 线下投递

(1) 招聘会投递。参加各类校园招聘会或社会招聘会，直接与公司招聘人员面对面交流，并递交求职材料。这种方式可以让求职者更直观地了解公司文化和岗位要求，同时也有助于增加被录用的机会。

(2) 信件邮寄。尽管这种方式在现代求职中较为少见，但仍有一些公司接受通过信件邮寄的方式投递求职材料。求职者需要按照公司提供的地址，将简历、求职信等材料邮寄至指定地点。

(3) 亲自送达。对于一些特别心仪的公司或岗位，求职者也可以选择亲自将求职材料送达公司。这种方式可以展现求职者的诚意和决心，但需要注意礼仪和时间的安排。

3. 其他方式

(1) 内部推荐。通过公司内部的员工或朋友进行推荐，将求职材料直接提交给公司内部相关人员。这种方式通常可以绕过烦琐的招聘流程，增加被录用的机会。

(2) 猎头公司。与猎头公司合作，将求职材料提交给猎头公司，由猎头公司代为寻找合适的岗位并推荐给相关公司。这种方式适用于一些高端职位或难以通过常规渠道找到的岗位。

在求职过程中，一定要根据自身情况和目标公司的要求选择合适的求职材料投递方式。无论选择哪种方式，都需要注意材料的准确性和完整性，以及投递的时机和礼仪。

二、投递注意事项

1. 邮件投递注意事项

(1) 邮件标题管理。邮件标题应简洁、明确，包含姓名、申请职位及关键信息，如"张三—软件工程师申请"。避免使用花哨或无关的标题，确保邮件标题能够准确传达求职者的意图。

(2) 正文精简干练。邮件正文不宜过长，应保持简明扼要。用一两句话简要介绍自己，表达对职位的兴趣，并列出关键的技能和经验，突出与职位的匹配度。同时，提供联系方式，并表示希望有机会进一步交流。

(3) 附件格式及命名。附件格式优先选择 PDF，因为它能够保留文档的格式和布局，且在不同设备上呈现一致。附件命名应简洁明了，如"张三_软件工程师简历.pdf"，避免使用含糊不清的文件名或包含特殊字符。

(4) 邮箱选择。推荐使用专业邮箱，如网易、新浪、搜狐等免费邮箱。如果使用 QQ 邮箱，建议修改邮箱名称为真实姓名，避免使用 QQ 昵称，以展现求职者的专业性和严谨态度。

2. 线上平台投递注意事项

(1) 完善简历信息。在招聘网站或公司官网的在线简历系统中，应完整且认真地填写简历信息，包括个人基本信息、教育背景、工作经历、项目经验等。同时，注意保持信息的准确性和一致性。

(2) 针对性填写。根据目标公司的岗位需求，有针对性地填写简历信息。例如，如果目标公司招聘的是线上教育策划人员，那么在填写工作经验时，应重点突出与线上教育、策划相关的经历。

(3) 及时关注动态。投递简历后，应及时关注招聘网站或公司官网的反馈动态。如果收到面试通知或需要进一步提供材料的通知，应及时响应并准备相关材料。

3. 线下平台投递注意事项

(1) 准备充分。参加招聘会或亲自送达求职材料时，应提前准备好足够的简历和其他求职材料。同时，注意材料的整洁和美观，以展现求职者的专业性和细心程度。

(2) 注意礼仪。在与招聘人员面对面交流时，应注意礼仪和态度。保持自信、礼貌和谦逊的态度，积极回答招聘人员的问题，并主动展示自己的优势和特点。

(3) 了解公司背景。在投递求职材料之前，应提前了解目标公司的背景、文化、业务范围等信息。这有助于在面试或交流时更加准确地表达自己的意愿和期望。

4. 其他注意事项

(1) 避免盲目海投。求职者在投递简历时，应避免盲目海投。应根据自己的专业背景、兴趣爱好和职业生涯规划等因素，有针对性地选择目标公司和岗位进行投递。

(2) 保持积极心态。求职过程中可能会遇到挫折和困难，但求职者应保持积极的心态和信心。相信自己的能力和价值，并不断努力提升自己的综合素质和竞争力。

本 章 小 结

求职材料的准备与制作是一个系统的过程，设立本章的目的是让大学生了解求职材料的准备与制作。掌握制作符合个人情况的高质量求职材料，从而提高求职就业的材料撰写能力。

复习与思考

(1) 简述毕业生求职材料的种类及作用。
(2) 个人简历的制作应遵循哪些原则？
(3) 求职材料的投递有哪些方式及注意事项？

第九章　应聘实务

课程目标

- **知识目标：**通过本章的学习，大学生了解求职应聘过程中面试、笔试的基本框架及其含义，熟悉面试、笔试的种类和内容，并掌握有效的笔试技巧，同时了解面试中的相关礼仪。
- **能力目标：**掌握面试、笔试的流程与技巧，提升面试形象与礼仪，熟悉笔试方法与技巧，从而提高应聘成功率。
- **素质目标：**理解应聘过程中自信心、抗压能力、学习与成长、团队合作与分享等职业素养的重要性，思考个人应聘策略，正确认识并理性对待应聘中遇到的困难。

重点和难点

(1) 面试考查的内容与种类，以及应对不同面试官类型的策略。

(2) 面试前的准备、面试过程中的注意事项、面试结束时的礼仪，以及面试中常见问题的回答技巧。

(3) 面试中对服饰礼仪、语言表达、肢体语言及其他礼仪的具体要求。

(4) 笔试的种类、内容及有效的笔试技巧。

知识结构逻辑图

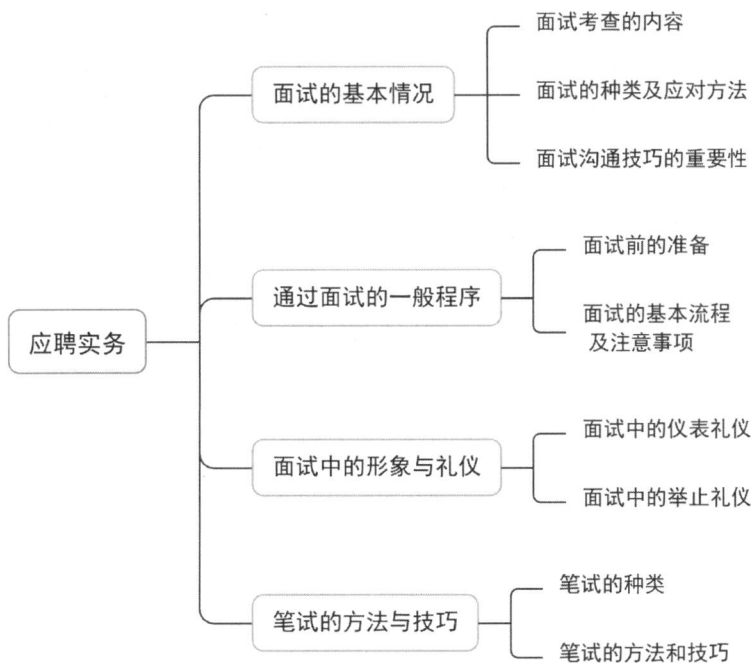

情景导入

小张是一名即将从计算机科学与技术专业毕业的应届生。凭借着优秀的计算机技能，他经过层层选择，如愿进入百度和美团的面试。两家公司都是他心仪的企业，因此他特别紧张。在面试安排中，百度采用的是无领导小组面试(群面)，而美团采用的是一对一面试。在百度的面试中，他记错了面试方式，在主持人抛出一个问题后，同组的小伙伴迅速进入角色，侃侃而谈，而他却不知所措。在美团的面试中，由于是英文面试，他反复重复一个英文单词，唯恐对方听不清楚，直至招聘负责人亲自打断并说明他已经明白了张同学的意思，他才明白该适可而止。最终，两家一流的互联网公司都在面试时将他拒之门外。

李同学面试中信集团总部时，面试官问他对中信集团了解多少。他想了半分钟然后说道"我不太了解，当初投递简历时是海投的。接到面试通知的时候，还没来得及查看公司的相关资料。"面试官对他说："我们希望企业和员工的了解是相互的，你可以回去再多了解了解，再做出选择吧"。

小王是一名即将从信息与计算科学专业毕业的求职者，满心期待地投递了心仪公司的数据分析岗位。经过简历筛选，他成功获得了笔试的机会。笔试当天，小王一进入考场就显得有些紧张。他发现自己面对的是一份包含多种题型的试卷，既有理论知识的考查，也有案例分析、逻辑推理等实践性较强的题目。由于准备不充分，他在解答这些题目时显得捉襟见肘，很多题目只能凭感觉猜测。特别是当遇到一道涉及公司业务知识的题目时，小王更是感到无从下手。他意识到，自己在准备过程中忽略了对于公司背景和业务知识的了解，导致在解答这类题目时缺乏必要的背景信息和思路。

笔试结束后，小王虽然感到沮丧，但他并没有放弃。他开始反思自己在准备过程中的不足，并决定从中吸取教训，为未来的笔试作好充分的准备。他首先分析了自己在笔试中遇到的困难和问题，然后制定了详细的复习计划，包括系统梳理知识体系、加强逻辑思维和问题解决能力的训练、了解公司背景和业务知识等。同时，利用学校提供的 AI 模拟平台进行了模拟考试，通过模拟真实的笔试环境来检验自己的学习成果和应试能力。经过一段时间的努力和准备，小王再次获得了另一家公司的笔试机会。这次，他显得更加自信和从容。他凭借扎实的知识基础和良好的应试能力，成功通过了笔试，并顺利进入了面试环节。

(资料来源: 本书作者整理编写)

第一节　面试的基本情况

面试的基本情况.mp4

面试是一种经过组织者精心设计的考试活动，通过在特定场景下，以考官对考生的面对面交谈与观察为主要手段，由表及里测评考生的知识、能力、经验等有关素质。面试给公司和应聘者提供了双向交流的机会，使双方相互了解，从而更准确地作出聘用与否、受聘与否的决定。

面试是公司挑选职工的重要方法。如何顺利地通过面试，是毕业生在求职择业过程中非常关心的问题，也是能否成功就业的关键环节。

一、面试考查的内容

(一)面试的内涵

面试，简而言之，就是企业用于检测和评价应聘者综合素质与综合能力的一种考试活动。注意的是，面试与日常生活中的观察、考察等测评方式有明显区别的。日常观察，虽然也少不了面对面的交谈，但那是在自然场景下进行非正式行为，而面试是经过精心设计的考试活动。面试不能与一般性的交谈、面谈、谈话等同对待。一般性的面谈仅限于面对面的直接接触或情感沟通，而面试则是通过"问""听""察""析""判"等手段进行综合考量，与口试、笔试、操作演示等人员素质测评形式相区别。口试强调的只是口头语言的测评方式，而面试则包括对语言之外的一切行为的综合分析和判断。

(二)面试考察内容的特点

面试通常注重考察应试者的以下几个特点。

1. 外部言行直观性

一个人的能力、气质、性格与外部行为特征相对应。也就是说，人的心理特征虽不可见，但可以通过个体的外部行为表现去推断其内在。例如，假如经常看到某个人爱说爱笑，好交朋友，我们可以推断说这个人的性格外向、开朗。在面试中，面试官正是通过观察考生的外部行为来评价其素质，包括应试者的语言行为和非语言行为(如表情、举止等)，从而对应试者形成一个直观的印象，来推测和判断应试者的能力和个性品质，甚至用其当时的行为来预测其未来的工作表现。这种直观印象对用人单位的最终聘用决策具有重要影响。这就有点像买房子，即使房产销售把房子描绘得再好，如果你没有亲临现场考察房子位置、周边环境、设计和布局等具体情况，也不可能拍板买下房子的。由此可见，面试的这种直观性为用人决策提供了重要依据。在公务员招考中，即使应试者的条件再好，笔试成绩再高，如果面试表现不好的话，也很有可能被淘汰。

2. 专业技能可迁移性

根据面试职位的不同，面试的方式和内容具有很强的灵活性，考察内容以及时长等也有较大的变通性。

不同职位对人有不同要求，面试会根据不同职位的特点，灵活地采用不同的方式去考察应试者。面试方式和内容因人而异，面试官提出问题，应试者针对问题进行回答。考察内容不仅包括专业知识、工作能力和实践经验，还包括仪态仪表、反应速度、应变能力等。面试一般由用人部门主持，因为各部门、各岗位的工作性质、工作内容和任职资格条件不同，面试差异大，无法在同一时间进行。

尽管面试问题可以事先设计，但在面试中并不是对所有应试者都按同样的内容来进行(严格的结构化面试除外)。面试官可以根据实际情况来决定面试问题的内容和数量。如果应试者的回答信息充分，则面试过程可以缩短；而如果应试者的有关情况还把握不清，则面试官会多追问一些相关的问题。

3. 素质测量整体性

笔试完全以答案为依据评定成绩，只要考生的答案与标准答案一致，不论考生是否真正理解，也不论考生的解答方法是否巧妙、熟练，花费时间多少，都得给分。面试则是依据考生现场的全部表现，对其素质状况作出评定。它不仅分析考生的回答是否正确，更注重考生回答问题的灵活性、逻辑性和应变能力面试所评定的整体素质主要包括以下内容。

(1) 语言表达能力，主要考查应试者表达是否清晰、简洁，是否富有逻辑性。

(2) 应变能力，主要考查应试者在有压力的情景中反应是否灵活、敏捷、快速。

(3) 综合分析能力，主要考查应试者的逻辑思维是否有条理，是否善于分析和概括问题。

一个人的素质如同一座巨大的冰山，包括露出水面的部分(基准性素质)和隐藏在水下的部分(鉴别性素质)，如麦克利兰素质冰山模型(如图 9-1 所示)。在面试中，面试官所能考察到的是表象部分，尤其是语言表达能力，通过表象来推断求职者的潜能及综合素质。

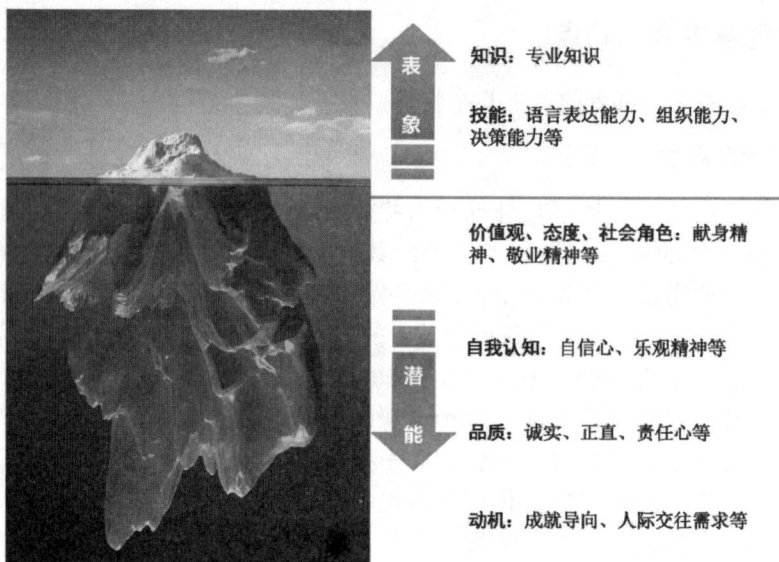

图 9-1　麦克利兰素质冰山模型

(1) 考察表象。依据冰山模型，个体的表象素质(基准性素质)是容易被测量和观察的。通过面试沟通，面试官主要想考察求职者的知识和技能，包括专业知识、语言表达能力、组织能力、决策能力等，进而判断求职者是否具备胜任某一特定工作的基本条件。

(2) 推断潜能。依据冰山模型，个体的潜能(鉴别性素质)无法通过表象直接观察得知。面试官需要通过科学合理的面试沟通方式，逐步挖掘出求职者的价值观、态度、社会角色，自我认知，品质和动机。

⊘ 案例 9-1

微软面试"井盖为什么是圆的"

世界上有十道经典面试题，其中微软这道"井盖为什么是圆的？"（"Why manhole covers round？"）堪称最为经典。历经多年，仍被许多中小公司当作问题模板，用在二面环节中，还自以为是地设计了所谓标准答案。前不久，一家外企也这样面试了三位中国人。

第一位候选人是工程学博士，他很认真地回答：地铁隧道的截面是圆的，自来水管的截面是圆的，这是因为空心通道圆柱形受力最均衡，同理，在平面上，相同周长下，圆的面积最大，圆形井盖的承受能力最大，同等厚度下比其他形状井盖更能承受车辆负载。这不仅能降低井盖和道路的维修成本，还能减少交通事故的发生，所以井盖都是圆的。

第二位候选人是历史学硕士，他也很认真地回答：从历史视角来分析，19世纪开始工业化时，还没有汽车和公路，排水管道先于柏马路的发展。古代建筑学中，井道都是圆形，所以，从历史学上讲，井盖自古以来就是圆的，这是历史传承，习惯成自然。

第三位候选人是90后大专生，他听了这道题笑了，很爽快地回答：井盖形状要看设计人员的心情。面试官第一次听到这么感性率直的回答，情不自禁地脱口而出，"为什么？"大专生继续回答：设计人员愿意设计成圆的就是圆的，愿意设计成方的就是方的，方井盖也很多啊；设计成三角形的也不是没有；还可以设计成梅花形，只要能盖住井口就可以了。

你更喜欢哪种答案呢？实际上"井盖问题"演变成微软面试热点，正是因为它无标准答案，具有很强的开放性。这个问题能够全面考察应聘者的逻辑思维、问题解决能力、创新思考以及对日常事务的观察力，这些能力对于微软这样的高科技企业来说至关重要。

"井盖问题"作为微软面试中的经典案例，不仅考查了应聘者的创新思维和问题解决能力，还蕴含了丰富的物理学、工程学、经济学、管理学、心理学和行为学等多方面的知识和启示。通过对这个问题的深入剖析和拓展思考，我们可以更加全面地了解微软面试的风格和目的，以及如何在面试中展现自己的优势和潜力。

（资料来源：本书作者整理编写）

二、面试的种类及应对方法

面试已成为当下用人企业决定是否录用的重要指标条件，在面试中能否表现良好，直接关系到是否能成功应聘。同样，企业为了招到合适的人才，会采取不同的面试方法，根据面试的标准化程度、内容、方式、进程等不同的划分标准，可以对面试进行分类，如图9-2所示。

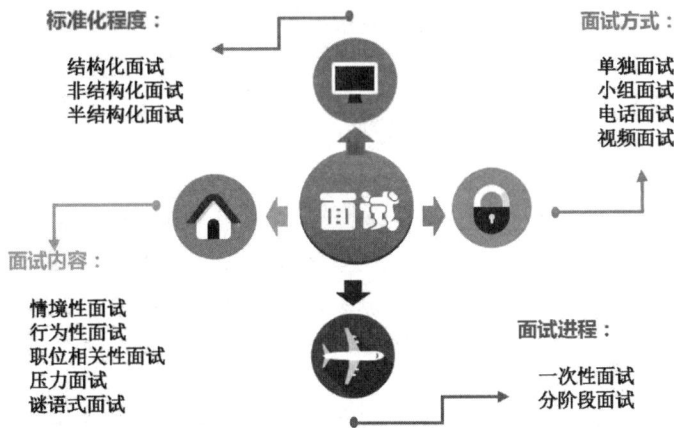

图9-2 面试类型

(一)根据面试标准化程度分类

(1) 结构化面试。面试题目、程序、评价标准统一明确，常见于公务员面试和大型企业统一招聘。特点是标准化程度高，每位应聘者面对相同的题目和流程，评价标准一致，便于横向比较。

(2) 非结构化面试。面试内容和形式不作限定，较为随意，通常通过聊天式提问进行。常见于初创企业、小型企业或非正式招聘场合。特点是形式灵活，面试官可以根据应聘者的表现自由发问，考察内容更为全面。

(3) 半结构化面试。只对面试的部分因素有统一要求，如规定有统一的程序和评价标准，但面试题目可以根据面试对象而随意变化。常见于中型企业或招聘特定岗位时采用。特点是结合了结构化面试的规范性和非结构化面试的灵活性，能够更好地适应不同应聘者的特点。

(二)按照面试的内容分类

(1) 情境性面试。询问求职者在特定情境下的反应。如，面对营销经理岗位的应聘者，提问："如果顾客向你投诉，说产品不好用且服务态度差时，你将会怎么做？"

(2) 行为性面试。要求求职者描述在过去某个真实情境中的反应。如，向求职者提问："请描述您在上一份工作中最成功和最不成功的一件事。"

(3) 职位相关性面试。询问求职者与职位相关的问题。如，面对会计岗位的应聘者，提问："银行利息应计入哪个账目？"

(4) 压力面试。面试官故意提出一些比较尖锐的问题，让求职者感到不舒服。其目的在于鉴别出比较敏感或者压力承受能力较弱的求职者。

(5) 谜语式面试。通过提问考查求职者的逻辑思维能力。如，提问："请把一盒蛋糕切成8份，分给8个人，但蛋糕盒里还必须留有一份。"

案例 9-2

一场令人难堪的面试

张扬是一位优秀的毕业生。研究生临近毕业时，他参加了某知名空气净化公司的装配工艺工程师岗位的面试。本以为凭自己的实习经历和专业技能可以很轻松通过面试，没想到这竟是一场让他尴尬不已的面试。

当张扬走进面试室的时候，看到面前坐了5个人——总经理、生产部经理和副经理、人力资源部经理、招聘专员。在简单的寒暄之后，几位面试官开始了劈头盖脸地发问。这些问题中包括一些完全没有必要且非常失礼的问题，例如："如果你是一个足够聪明的人，那你为什么在大学还做服务员的兼职？""你不认为自己的年龄早就应该毕业了吗？"张扬感觉十分难堪。这些问题更像是在故意挑毛病，和工作没有关系，也没有考察任何技术方面的问题。随后又与总经理和生产部经理进行了第二轮面试，这次提问主要围绕技术方面问题展开，沟通十分融洽。

由于第一轮的面试看起来更像人身攻击，甚至有些卑劣，张扬在面试结束后就赶紧准备其他公司的面试。没想到一周后，张扬收到了该公司的录用通知。

这份录用通知让他很纠结。这份工作本身是很理想的，他很喜欢这份工作、这个行业及这家公司所在的位置。可是第一次的面试让他觉得很压抑，他想知道是不是面试官故意制造紧张气氛，观察他的抗压能力。他们为什么这样做呢？

思考：

(1) 这种面试按照面试内容可以归为哪一类面试？

(2) 如果你是张扬，你会接受这份工作吗？如果你拿不准是否接受，那么你还需要哪些信息帮助你决策？

(资料来源：加里·德斯勒. 刘昕，泽. 人力资源管理[M].第14版.北京：中国人民大学出版社，2017.)

(三)按照面试的方式分类

(1) 单独面试(序列化面试)。面试分为一对一和多对一两种情况。指主考官(一位或多位)与应聘者单独面谈，面试官会根据自身职务特点，针对求职者的求职动机、工资要求，责任心、应变能力、领导才能，专业知识和过去的工作成果等方面开展面试，是面试中最常见的一种形式。

(2) 小组面试(集体面试)。面试官同时对若干应聘者进行面试。应试者将被分成若干组，每组5~8人，测试组面试官则数人坐在一旁观察。面试中会先确立一个提问者，然后提出一个能引起争论的问题展开讨论。在这样的讨论过程中，被面试者的沟通能力、协调能力、语言表达能力和领导力会在沟通中逐一呈现。这就是现代评价技术中的一种方法，称为"无领导小组讨论"。它的存在以及实践应用与单个面试相比较，具有不可超越的优越性。大型外资或合资企业很乐于采用这种方式，过程中应试者务必了解其面试特点，做好准备，在面试过程中积极抢答问题，提出自己的观点，展现自己的才华。无领导小组讨论是最常见的一种小组面试法。

(3) 电话面试。通过电话交谈的方式面试求职者。电话面试不会受到求职者的相貌、着装的影响，氛围也更轻松。但是，求职者在肢体语言等方面表现出的特质无法得到考察。

(4) 视频面试。随着可视化软件的兴起，很多公司开始采用视频面试的方式考察求职者。尤其是在不方便见面的时候，面试官会选择电话面试和视频面试。

(四)按照面试的进程分类

(1) 一次性面试。面试次数只有一次。

(2) 分阶段面试。面试有多轮筛选。

案例 9-3

特殊的面试

谈起面试，让小谭印象最深的是在离市区较远的一家公司的面试，他们要招的是文秘。

面试地点被安排在公司的会议室，要从市区顺利并按时到达这家郊区的公司，这对本就不是本地人的小谭来说，已是第一道面试难题。由于平时面试不多，而且对这家公司也不够了解，小谭开始搜集公司的一些信息，当然包括如何从住所到达公司这个当前急需解决的问题。

对线路有了清楚的掌握后，小谭胸有成竹开始了这次陌生而又熟悉的求职长征。值得庆幸的是，在公司规定的时间内，小谭顺利抵达了公司指定的面试地点，虽然也是提前到，但会议室也已经有两个人了。

小谭忐忑地来到面试官面前时，面试官在进行基本的面试沟通后，向小谭提出了两个问题，"选择我们单位的原因？""你是如何来到我们单位的？"随后，面试官说："你是唯一没有打电话问我们路线的同学，你被录取了。"面试官补充说明了录取理由：公司虽然离市区确实有些远，但能自己找到并且提前到面试现场，足以说明对这次面试的重视，而作为一名文秘，有较强的思考能力和对公司积极了解的主动性是非常重要的。

（资料来源：本书作者整理编写）

🔗 拓展阅读 9-1：不同类型面试的应对方法(扫描右侧二维码)

三、面试沟通技巧的重要性

面试的内核是沟通，关键在于处理好三方面的关系，即与人、与事、与己的关系。从沟通的角度出发，是否具备面试沟通技巧将导致两种截然不同的面试结果。

(一)缺乏面试沟通技巧，举步维艰

缺乏面试沟通技巧的求职者，主要体现在自我沟通不畅、与人沟通存在障碍、遇事沟通不顺这三个方面，在求职之路上注定举步维艰。

1. 自我沟通不畅

所谓的自我沟通不畅，主要是指求职者对自我认知的偏差：一是好高骛远，不切实际；二是妄自菲薄，患得患失。不能清醒地认识自我、沟通自我，就无法成功通过面试。每年都有一些被称为"慢就业"(即毕业后不急于就业，而是选择游学、考研、参加社会实践等方式推迟就业)的大学生，并非找不到工作，而是对工作的期望值过高，盲目追求脱离自身实际的"高工资、高待遇"的理想工作，最后导致"毕业即失业"的局面。也有一些人，对自己所学专业不太感兴趣，却又不敢突破自我，勇敢追求自己真正想从事的岗位；还有一些人过度看低自己，最后只能安于现状。

2. 与人沟通存在障碍

与人沟通存在障碍在面试环节中主要体现在与面试官的沟通过程中。例如：①不善于打破沉默，不愿主动说话，语音语调生硬，面试官问一句，自己就回答一句，使场面更显尴尬；②与面试官"套近乎"，过分"套近乎"会妨碍求职者进行专业经验与技能的陈述，也会令面试官反感；③无法正视自身问题，面试官常常会提出或触及一些让求职者难为情的事情，很多人对此躲躲闪闪或撒谎敷衍，而不是诚实地回答并进行正面解释；④缺乏沟通礼仪，言行举止令人不适，给面试官留下不好的印象。当然，与人沟通存在障碍不仅仅体现在上述几个方面，每一个失误都有可能导致面试的失败。

案例 9-4

求职者的失误

www.careerbuilder.com 网站对 400 余名负责招聘的经理进行了一项调查，要求他们回答求职者的哪一种"最令人印象深刻的失误"是导致求职失败的主要原因。结果显示，求职者在面试中的失误是导致被招聘经理拒绝的首要因素。例如，有一些求职者在面试的过程中表现得极其傲慢无礼。一些招聘经理举例说："有一位求职者竟然以与人约好吃午餐为由，催促我加快面试的进度。""一位求职者竟然告诉我，他来这里求职的唯一原因是他妈妈希望他能得到这份工作。""有位求职者在面试的过程中谈到前任老板的某些缺点时，竟然说脏话。""有位求职者竟然穿拖鞋来面试。"

(资料来源：加里·德斯勒. 刘昕，译. 人力资源管理[M].第 14 版.北京：中国人民大学出版社，2017.)

3. 遇事沟通不顺

遇事沟通不顺贯穿整个面试过程，一个缺乏沟通技巧的求职者，在整个面试过程中都会感觉事事不顺，甚至每次面试都不顺利。简历出错、打扮不佳、面试档期"撞车"、错过求职机会、准备不充分、面试表现不如意，诸如此类的不顺利的事情频繁发生，求职之路自然就会坎坷崎岖。

(二)掌握面试沟通技巧，一帆风顺

掌握面试沟通技巧的求职者，在求职之路上将有如神助，自我沟通顺畅，与人沟通融洽，遇事沟通顺利，一切都变得一帆风顺。

1. 自我沟通顺畅

掌握面试沟通技巧的求职者，能够正确地认识自我，基于自身素质和客观现实，找到一份理想的职业。这样的求职者，愿意花时间来深入探索自己，分析自己的性格兴趣，确定自己感兴趣又合适的职位。更优秀的做法是在求职之前就已经做好了自己的职业生涯规划，对于面试官提到的"你对将来有什么打算？"等问题，能够流利地表述清楚。

2. 与人沟通融洽

与人沟通不仅要让对方听得清楚，更要让对方听得舒服，这在面试中显得尤为重要。缺乏沟通技巧，往往难以有效交流；掌握沟通技巧，则能使交流更加融洽。在面试中，积极营造一种融洽的沟通气氛，有助于促进求职者和面试官的沟通互动，不仅能让求职者超常发挥，也能给面试官留下深刻的印象，在面试中取得高分。

3. 遇事沟通顺利

为什么有的求职者一次面试就拿下录取通知，而有的求职者每天四处奔波，却只是重复上演失败？为何自己的求职之路如此坎坷？与其抱怨客观现实的不公平，不如多花点时间从自己身上找原因。许多求职中的不顺，其实是求职者自己在遇事上没有运用相应的沟通技巧，而这些完全是可以避免的。一个真正掌握了面试沟通技巧的求职者，对待面试的各个环节都能巧妙地处理，仿佛一切都已经在预料之中，求职之路自然一帆风顺。

第二节　通过面试的一般程序

通过面试的一般程序.mp4

在这场名为"求职"的战斗中，相当比例的求职者还没来得及大展身手就已经被淘汰。如今的社会不存在"怀才不遇"的说法，因为机会只留给有准备的人！正所谓'台上一分钟，台下十年功'，如果想在面试中取得优异成绩，就要在面试前付出足够努力。面试前的准备是面试成功的基本条件，也是求职者应该掌握的一项技巧。

一、面试前的准备

不懂得如何赢得机会的求职者，往往只能在"求职的门口"徘徊。就业形势越来越严峻，随着大数据时代的到来，人们对"人"的价值有了全新的认识。要想让自己的价值得到认可，除了自身要有过硬的实力之外，更重要的是如何运用技巧赢得机会！

案例 9-5

失败六次的求职大学生

在一次大学生求职论坛上，张强分享了自己求职失败的经历：作为一个重点大学毕业生，在形象气质良好，工作经验丰富的情况下，却接连失败了六次。

凭借一张优秀的简历，张强接到了 6 家公司的面试通知。仿佛是被喜悦冲昏了头脑，接到电话约面试的他，非常爽快地接受了对方安排的面试时间，就这样，在四天内他参加了六场面试。

要准备六场面试需要花费大量的时间，但是张强坚信自己具备较强的能力，即使是临阵磨枪也能顺利通过。紧接着，他为这份自信付出了惨痛的代价。六场面试下来，状况不断。先是面试迟到，接着又记混了对方公司的名字和自己投递的岗位，自我介绍也忘词，回答问题总是答非所问。面试的时间一次比一次短，最后一次面试甚至不到 3 分钟。

四天下来，张强参加了六场面试，自以为感觉良好，焦急地等待对方的回信。两个星期过去了，张强一个回信也没有收到，这才意识到自己六场面试全都失败了。垂头丧气的他开始埋怨用人单位的刁难，甚至感叹道："大学生求职真艰难！"

(资料来源：本书作者整理编写)

上述案例重现了多少个求职者的真实经历！案例中的主人公屡次失败，可叹的不是他错过了宝贵的机会，而是把失败的原因归结于用人单位身上，没有真正意识到自身的原因。可想而知，他距离成功还很遥远。面试是一个沟通的过程，也是一场求职者与用人单位"博弈"的过程，棋差一着，满盘皆输。一个动作、一句话、一个词，都有可能葬送了来之不易的机会。只有面试前做好充分的准备，才能自信、从容地走进面试现场。

(一)知己知彼，百战不殆

1. 了解沟通对象

要确保高质量的沟通，前提就要明确自己的沟通对象，这是沟通过程的出发点和落脚点。信息发布者往往没有养成在沟通前了解信息接收者的习惯，从而在沟通中不自觉地忽略了差异性的存在，导致沟通过程中障碍重重。

案例 9-6

自负的后果

招聘单位打电话通知去面试时，我正和好朋友在逛街。在许多招聘会上，"多投简历"战术让我早就记不清什么时候投了这个简历。

回到学校，我向一个宁波本地的同学打听了一下。原来，这是一个私立英语培训学校。当时，我很"自负"地想，就凭我多次到大公司面试的经历和扎实的基本功，这种小场面应该不在话下。

我如约来到招聘单位，和人力资源部主任聊了一会才知道，这是一份初中英语教员的职位。主任简单地问了我一些英语方面的问题，我自信地对答如流。心里暗想，这么简单的东西还来考我，想想我六级的英语水平教高中生都不在话下。看起来主任对我还是比较满意，他把我带到一个坐满了大学生的教室，让我围绕"春天"给同学们上一堂课。接过粉笔，我有模有样地上起课来。当我正自我陶醉在"传道授业解惑"的满足感中时，主任示意我可以结束讲课了。

回到刚才那个办公室，他和我闲聊了起来。他问："你对我们学校了解吗？""知道一点，你们是私立英语培训学校"，我回答。他又问："你知道来我们这里培训的都是什么人吗？我们学校的特色和授课风格你了解吗？"我无语。他说："你恐怕对我们不大了解，从刚才的谈话中我感觉你对英语教员这个职位好像也没做好准备。"我心里一惊，刚刚还以为瞒天过海之术施展得很好，原来早就被明眼人识破。

他接着说："我们的大学生英语水平很多都是需要加强的，而他们本身对英语又没什么兴趣。刚才听了你的讲课，你的专业水平确定达到了我们的要求，但在教学上，你根本没有与大学生互动，不能吸引他们学英语。恐怕你不大适应……"我听出了他话中的意思，起身告辞了。

(资料来源：李书作者整理编写)

知己却不知彼是许多求职者的通病。求职者总是会用大量的时间来总结提炼自身特色，却忽略了对沟通对象的了解和认识。纵使你有万般能耐，首先也得符合对方的要求，别让自负害了自己。对于一个求职者来说，整个面试环节的沟通对象应该包括三个方面：用人单位、用人部门和招聘部门。

(1) 用人单位。当你正准备施展浑身解数的时候，也许一个问题就能决定你的去留："你对我们公司了解多少？"这是一个让许多求职者头疼的问题，大家普遍的回答都如出一辙，例如公司地位、规模、经营业务等。事实上，这个问题的背后还有另外一层含义——你为什么想来我们公司？除了考察你对公司的了解程度，更重要的是想考察你是否会对本公司忠诚。在对用人企业招录大学应届毕业生的原因调研中，期望培养出对企业"忠诚度高""认可企业文化"的员工占比超80%。

面对"你对我们公司了解多少？"这个问题，我们总结出了一条比较完整的回答思路：概况-印象-感情。

- 概况，即公司的整体状况，包括公司地位、规模、经营业务、业绩、地址、文化、价值观、发展前景等。如果你对该公司确实了解得不多，就往大环境去靠，阐述你对公司所属行业的了解和看法。回答点到为止即可，不需要高谈阔论，更不允许对公司品头论足。

- 印象，即公司给你留下的印象，适当地夸奖能为自己加分，过度吹捧反而显得不真诚。比较合适的做法是通过描述一个细节、一个场景、一个情节来说明你与该公司的关联，类似于这样的开头："我印象最深刻的一次是……"这个细节描述可以来自日常生活中与该公司的真实接触，也可以来自对公司宣传片的感触等。

- 感情，即你对公司的情感承诺，如果你能紧接着上面所描述的细节，进一步表达你对公司的向往和认可，甚至是忠诚，把自己的情绪表达出来，甚至感染到用人单位，相信用人单位也会被你打动。

(2) 用人部门。对用人部门的了解也需要每一位求职者做好功课，特别是进入第二轮面试的求职者。一方面，要对用人部门的整体情况、运作流程、部门结构、职能分工有一个较为清晰的认识；另一方面，要了解用人部门对人才的需求、岗位的职能职责和任职要求，以及相关专业知识。

(3) 招聘部门。一般情况下，第一轮面试都是由招聘部门的员工来负责。为了让自己在面试中有更平稳的表现，求职者也需要对招聘部门有一定的了解。了解的内容主要是面试的形式、流程、常见问题以及面试官的风格等，避免陷入陷阱或误区。

了解沟通对象的渠道有很多，如网上查询、请教公司内部员工、请教面试过的前辈等。做的功课越扎实，被录用的概率就越大。

2. 准备自我介绍

在人际交往过程中，最初形成的印象起着重要的作用，即"先入为主"的效果。虽然这些第一印象并非总是正确的，但却是最鲜明、最牢固的，并决定着以后双方交往的进程。这便是著名的"首因效应"。一般情况下，面试的第一个环节就是让你做一个简短的自我介绍，其效果会影响着整个面试的结果。

> **案例 9-7**
>
> #### 汉朝东方朔
>
> 汉武帝即位初年，征召天下贤良，各地士人、儒生纷纷上书应聘。东方朔也给汉武帝上书，原文如下。
>
> 臣朔少失父母，长养兄嫂。年十三学书，三冬文史足用。十五学击剑。十六学《诗》《书》，诵二十二万言。十九学孙吴兵法，战阵之具，钲鼓之教，亦诵二十二万言。凡臣朔固已诵四十四万言。又常服子路之言。臣朔年二十二，长九尺三寸，目若悬珠，齿若编贝，勇若孟贲，捷若庆忌，廉若鲍叔，信若尾生。若此，可以为天子大臣矣。臣朔昧死再拜以闻。
>
> (资料来源：本书作者整理编写)

短短一百多字的求职书中，东方朔言简意赅地介绍了自己的身世、年龄、形貌、学识能力和求职目标，并运用数字来具体体现，最终打动了天子。

东方朔靠着这简短的自我介绍，成为唯一的幸运儿，开始了名留青史的生涯。自我介绍的重要性不言而喻，说得好便是艺术，说得不好便是败笔。在准备自我介绍之前，需要对这项工作有一个深入的了解。

(1) 自我介绍的意义。从用人单位的角度来看，让求职者做自我介绍的目的主要有两个：一是让用人单位有一定的时间再次扫描求职者的简历，并做好标注；二是考察求职者的基本能力，例如普通话、表达能力、逻辑能力等。

从求职者的角度来看，做自我介绍的目的也有两个：一是缓解自己的紧张情绪，因为自我介绍是提前做好准备的；二是推销自己，用简短的时间给面试官留下深刻的印象。

(2) 自我介绍的内容。比较全面的自我介绍应该包括以下五个方面。

① 基本信息。在简短的开场白之后，首先应该让对方记住自己的名字，可以采用一些巧妙的说法来比喻或解释自己的名字，给面试官留下深刻的印象。接着介绍自己的籍贯，如果面试官是同乡，能为彼此拉近一些距离。然后介绍自己的学校、专业、学历等信息，以及求职意向。这部分内容不必大做文章，简要介绍就行。

② 相关实践经历。这是自我介绍的重点部分。用人单位更倾向于找拥有相关经验的求职者，既可以迅速融入岗位，又能省去公司培训的成本。所以这部分内容一定要重点突出自己与意向职位相关的工作经验或实践经历。

③ 性格特点与知识技能。说明自己的性格特点，要尽量贴近岗位要求，也可以列举相关的兴趣爱好。如果时间允许，可以简短举个例子补充说明，适当留白，引发兴趣。一般情况下，每个岗位都会要求一定的知识技能，求职者需要在自我介绍时突出自己这方面的优势，告诉对方自己符合基本要求。

④ 胜任力。面试的主要目的就是考核求职者是否能够胜任这个职位。针对这一点，求职者应该先入为主，告诉面试官自己为了应聘这个职位做了哪些准备，积累了哪些经验，将会如何开展工作，证明自己能够胜任这个职位。

⑤ 结束语。最后，用一句话结束自我介绍，再次强调自己对这个职位的渴望及自信，并感谢对方给予这次面试机会。

(3) 自我介绍的准备工作。有备无患是明智之举，无论你多么自信、经验多么丰富，都不能忽视自我介绍的准备工作。在起草自我介绍的过程中，需要注意以下两点：一是对整个篇幅的把握，自我介绍的时间一般是 1 至 3 分钟，在有限的时间内无法面面俱到，要尽量突出重点，对其他基本信息简要提及即可；二是结合简历，注意两者信息的一致性，避免冲突。写完之后应该反复校对，检查语句是否通顺，表达是否妥当，是否准确恰当。

(二)求职模拟，熟能生巧

凡事预则立，不预则废。多少名人十年磨一剑，才换得最终的成功。求职面试也是如此，凭借临场发挥取得成功的例子屈指可数，做好周全的准备必不可少。面试之前应当反复模拟，做到熟能生巧，才能十拿九稳。

1. 模拟沟通环节

相比才华横溢的佼佼者，像凭借熟练技艺的"卖油翁"一样的求职者也许更能打动用人单位。一次完美的表现，需要求职者事先演练上百次。

⊗ **案例 9-8**

凌晨四点的洛杉矶

科比·布莱恩特，NBA 历史上第一个高中生后卫，帮助洛杉矶湖人队拿下 5 次 NBA 总冠军，是 NBA 史上最年轻的 30000 分先生。他曾 2 次成为 NBA 得分王，2 次获得 NBA 总决赛 MVP，1 次获得 NBA 年度 MVP，连续 15 次入选 NBA 全明星赛，并获得 2 枚奥运会金牌。

有人说科比·布莱恩特是一个篮球天才，科比却以"洛杉矶早晨 4 点"自称。他的意思是他的成功完全出于勤奋。2013 年 4 月，有人出版了一本名为《我和科比的训练故事》的书，为我们讲述了科比的训练故事。

这本书的作者罗伯特·阿勒特，是美国一位知名的体能训练师。书中有一个故事：在备战 2012 年伦敦奥运会期间，罗伯特和美国男子篮球队一同来到拉斯维加斯集训。

那是队员们开始合练的前一个晚上，忙了一天的罗伯特正准备上床休息。就在这时，罗伯特的手机响了起来。他想，这时会是谁打来电话呢？因为时间已是凌晨 3 点 30 分。

不会发生什么意外吧！罗伯特有些紧张地接听电话。是科比。"罗伯特先生，希望没打扰你。"科比说。如此有礼貌，没有一点大牌球星的架子，尽管罗伯特困得快要支持不住了，但他仍然很客气地说："怎么会打扰呢？科比，有什么事吗？"电话那头说："我想知道，你是否能帮我做点体能训练？""当然，一会儿在训练馆里见！"罗伯特挂了电话，便匆匆往训练馆赶，他想，不能让科比在那儿等着。

到了训练馆，罗伯特吃了一惊，科比早已到达训练馆，而且他已经练得浑身是汗，像刚从水中爬出来的一样。见罗伯特带着困意赶来的样子，科比说："要辛苦你了，我们开始吧。"在罗伯特的指导下，科比用了 1 小时 15 分钟进行体能训练，然后是 45 分钟的力量训练。时间已快到早晨 6 点，罗伯特实在有些坚持不住了，说："对不起，我要回酒店休息了。"科比说："辛苦你了，谢谢你！也好，我去练投篮。"

按照安排，上午 11 点，只休息了 4 个多小时的罗伯特得去训练馆指导全队合练。当他到达训练馆时，已到齐了的队员们有的在聊天，有的在和教练讨论着什么，可科比仍然满头大汗在练习投篮。

"你啥时候结束？"罗伯特特别感动。科比反问道："结束什么？"罗伯特说："投篮训练。"看着手中投出的篮球画出一道弧线，稳稳落入篮圈，科比说："这不就结束了。"原来，那一个球是他那天投中的第 800 个球。

(资料来源：本书作者整理编写)

一代传奇巨星科比，用他辉煌的运动生涯向我们诠释了"成功绝非偶然"的真谛，而面试也是如此，同样一句话、一个动作、一个表情，只有反复练习多次，才有可能尽善尽美。如果在面试沟通中，求职者能够展现出自己最好的一面，对面试官的提问对答如流，相信这场沟通的效果会使双方都感到满意。换言之，在正式沟通之前，我们也需要模拟沟通环节，力争取得最佳的沟通效果。

(1) 搜集证据。不少人认为面试其实就是在讲故事，谁故事讲得精彩，就有可能在面试中脱颖而出。讲好一个故事的前提是有故事可讲。面试官经常会让求职者"举个例子说明"，如果求职者事先没有准备，临时回忆不仅浪费时间而且在语言表达上也会出现瑕疵。所以，面试之前一定要学会搜集证据，将自己的工作和生活经历分类梳理，明确什么故事可以用来证明什么，一定要提前准备好。此外，对于自己搜集好的证据也要仔细雕琢，有证据是一回事，如何把故事讲好、讲妙，引起面试官共鸣则又是另外一回事。

（2）头脑风暴。考试抽到原题的感觉相信大家都懂，面试也是一样。如果面试官提问的问题恰好是你提前准备好答案的问题，你就已经掌握了这场面试沟通的主动权了。解放自己的思想，来一场头脑风暴，尽可能多地罗列出面试官可能会提问的问题，再提前把答案写下来，反复练习。当然，你也可以求助朋友或者网络，摸清面试官的提问思路。

（3）照镜子。面试不仅仅是在考察求职者的语言表达，还包括神态、精神面貌、行为举止等方面。通过一面镜子，你就可以轻松了解到自己呈现给别人的形象。坐在镜子前，当做一次正式的面试，矫正自己的不雅动作，用神态和动作配合语言表达，既让自己感到自然舒适，也能让面试官感觉满意。

（4）模拟面试。一切准备就绪之后，可以邀请一位或几位朋友扮演面试官，按照面试流程完整重现面试情景。通过面试的模拟，一是找到最自信的自己，二是提前预防面试可能出现的意料之外的情况，三是可以对回答方式和时间进行把控。一次模拟是不够的，需要反复练习多次，结合朋友的建议不断改善沟通质量。

2. 做好万全准备

成功并无既定模式，凡事都需做好充分准备再付诸行为。在正式面试前，不要把它想得过于简单，有储备准备工作要完成。

成功没有必然方程式，凡事要有充分的准备才去做。在做好万全准备之前，不要把面试想得太简单。除了模拟沟通环节之外，在正式面试之前，还有许多准备工作要完成。

（1）烂熟于心。面试中要让提前准备好的内容派上用场，就必须做到烂熟于心。面试之前要反复熟读自己的简历、自我介绍及相关问题的答案等信息，做到倒背如流才能成竹于胸。当然，熟悉并不只是熟读文字，而是要全面深入了解。特别是简历中的工作经历，这是面试官常问的问题。

（2）备齐材料。根据用人单位要求，把面试中需要用到的材料提前准备好。尤其是简历，若用人单位没有明确份数要求，最好多打印几份，以备不时之需。此外，还可以备上自己的作品，如文章、证书等，为自己加分。此外，一个有形的公文包或文件夹也是有必要的。

（3）确认信息。再次确认用人单位的名称、联系人、地址、应聘岗位等信息，特别是面试时间和行车路线，提前确定交通方式。对于应聘岗位的信息，不仅要确认名称，还要全面了解，特别注重细节之处。

（4）提前到场。面试千万不能迟到，否则将会前功尽弃，当然，也不能到得太早，避免给对方造成困扰。最佳的到场时间是面试前 10～20 分钟，为了确保自己能够在预定的时间到达指定地点，建议提前一两天先去踩点，熟悉整个路线。到达指定地点后，按照通知要求做好登记，或者及时联系对方。如果面试人数较多，请耐心等待，切忌急躁。

（5）心理准备。如果做好了心理准备，一切准备就都已经完成。在做好万全准备之前，不能把面试想得太简单；但是当你把该做的事情都做完之后，就可以告诉自己"其实面试没那么困难"！一是要保持自信，尽管自己不一定是最优秀的，但只要把最好的自己呈现出来就行；二是要克服紧张心理，即使身经百战的人也会紧张，但不能过度紧张，重要的是如何克服自己的紧张情绪；三是保持平常心，做最充分的准备，最坏的打算，即使面试失利，也并不代表你永远被淘汰，这只是一次机会，做到无愧于心就行。

面试不是儿戏，不能存在侥幸心理，既要了解沟通对象，也要精心准备自我介绍，知己知彼方能百战不殆；面试不是简单对话，临阵抱佛脚只会漏洞百出，提前做好模拟沟通和全面准备，求职之路才能畅通无阻。面试也不是什么生死大事，做好充分准备后，就可以放手一搏，全力以赴。

二、面试的基本流程及注意事项

所谓"细节决定成败"。应对面试，在做好充分准备的前提下，过程管理尤为重要。

鉴于面试在整个招聘过程中的重要性，不同行业和不同公司都会根据自己的需求"定制"开展面试，但仍会遵循一定的流程。

任何一个成功的面试，都应该有如下六个过程：自我介绍、拉近距离、引起兴趣、资格考查、优势回顾和结束面试。

1. 自我介绍

走进面试考场，你应尽量放松自己，表情自然，面带微笑，给人以真诚、亲切的印象。通常情况下，主考官都会说："请你简单谈谈自己的经历和特长。"

一个好的开头可以营造一种和谐的气氛，迅速与考官沟通思想，尽快进入正题。大多数有经验的考官宣称，他们在见到应聘者的 3 分钟内，就能知道对方是否适合聘任的工作。

所以，自我介绍不仅是求职者展示自我特色的绝佳机会，也是面试官了解和考查求职者最直接的方法。自我介绍是否精彩，直接奠定了整个面试的基调。在敲门的那一刻，面试就已经开始了，无论是进入房间的仪态、着装，还是握手，都是面试官细致观察的着眼点。

> **案例 9-9**
>
> **一次失败的自我介绍**
>
> 李雨晴正好碰上了一个赞美她名字的面试官："李雨晴，你的名字很好听呀！"对此，李雨晴的应答却不尽如人意："是吗，谢谢！这个名字比较符合我的性格，雨是比较温柔的，晴是比较热烈的，我觉得我的个性既有顺从的一面，也有比较热烈积极的一面。"
>
> 【点评】面试官夸奖申请人的名字，一是发自内心地赞美名字，二是希望能够在面试开始的时候，营造一种放松和谐的气氛。李雨晴的回答却犯了一个典型的交流错误：失真。它听起来很"美"，却完全不真实，因为宝宝刚出生时，完全看不出性格是温柔还是热烈！这样反映申请人急于表现自己的优点，结果却违反了最基本的"真诚沟通"的原则。面试官本来想放松一下，结果反而被申请人的自夸弄得浑身起了鸡皮疙瘩，觉得自己接下去要是不夸奖他(她)一番，简直就没法继续交流了。
>
> "哦，我来自肇庆，您去过吗？"恰巧几位面试官都没有去过肇庆，当场气氛显得十分尴尬。
>
> 【点评】一般来说，我们不鼓励申请人"反问"面试官，尤其是这种有关个人信息而不

是商业信息的私人问题。

"其实我高中的成绩是可以进名牌大学的，但是高考时没发挥好。我虽然不是来自名校，但是我相信自己绝对不比那些名牌大学毕业生差，我一直非常刻苦，每一次作文的得分都是优，我发誓一定要比他们还要优秀……"

【点评】 为自己辩解，反而弄巧成拙，暴露了心理素质差，经不起失败的考验。并且，适当地夸奖自己是可以的，但是绝不可贬低别人抬高自己。

"我觉得我学会了与人进行沟通，学会了团队精神，也锻炼了自己的领导能力和组织能力。"

【点评】 这种回答看上去中规中矩，却犯了三个明显的交流错误：一是不全面，因为大学的收获绝不只是沟通和组织能力；二是缺乏说服力，短短一句话列举了四种能力，却没有任何事实和数字予以支撑，让人难以信服；三是不够个性化，这样的回答，与别的申请人"撞车"的可能性很大，估计十之八九会让面试官暗叹："又来一个善于沟通有团队精神的人！"

(资料来源：本书作者整理编写)

李雨晴的失败案例正是许多求职者的缩影，其中有许多值得改善的细节。为什么成功的自我介绍总会让面试官产生"咦"的感慨，而失败的自我介绍只会让面试官轻声"嗯"一下？关键就在于要了解面试中的"禁忌"，巧妙运用你能掌握的几分钟，将真实性和艺术性相结合，打造出独特的自我介绍。

🔗 **拓展阅读9-2：如何巧妙表达自我介绍的真实性和艺术性(扫描右侧二维码)**

此外，为了留下完美的"开头三分钟"，你有必要认真地准备你的自我介绍，包括中英文版本。认真研究公司招聘职位需要哪类人才，在介绍中针对性地列举事例说明自己具备相关才能。自我介绍需要提前准备，可请老师或朋友修正，多次演练，严格控制时间，直至能够自然流畅地表达，避免让面试官感觉是在"背诵"课文。

2. 拉近距离

面试的第二步，同时也是贯穿整个面试过程的，是和面试官拉近距离，建立一种密切的联系，这是面试成功的关键所在。在大公司的规范制度下，面试官也许在努力避免在面试中过多地融入个人情感和喜好，但是完全脱离个人偏好是不可能的——毕竟，人们总是倾向于和自己相似的人相处，并且和他们成为朋友。

拉近距离有利于营造和谐的面试气氛。此外，面试官并不总是在挑选最优秀的人，当然，达到一定的水平是必需的。当几个候选人同时满足基本条件时，面试官往往会倾向于自己比较喜欢的人，那些在他眼里能够更好地适应和融入公司的人。所以，要努力与面试官建立积极的关系，让他们认同你，觉得和你在一起非常舒服自然，就好像朋友一样。

这需要语言和非语言方面都做出努力。

(1) 语言交流。每个面试官都有自己特有的语言交流方式，包括不同的语气、措辞、语速和音量等。一个人的声音可以体现出他的情感和个性，有的友好、愉悦，有的则严肃、冷漠。你并不需要去模仿面试官说话的方式，但是最好不要相差太远。

(2) 非语言交流。90%的面对面交流都是非语言的，所以，在很多时候，非语言交流甚至比语言交流更重要，包括仪容、表情、动作、姿势、眼神交流等。

另一方面，面试官的眼神、表情、说话语气的改变，会透露出一些满意或不满意的信号，求职者也可以根据这些非语言信息来解读他当时的感觉和想法，并在此基础上对面试表现做出相应调整。

3. 引起兴趣

成功面试的下一步是引起面试官对你的兴趣。拉近距离虽然很重要，但却是不充分的，必须要吸引面试官的注意，让他们真正地听你讲述的故事。这是有一定难度的，因为在做出任何尝试之前，必须首先要弄清楚什么是面试官感兴趣的。否则，可能会出现求职者反复强调一些无关紧要的素质，不仅做了无用功，更可能会招来面试官情绪上的反感。

一般而言，在面试之前就应该"做功课"，弄清楚公司招聘职位要求职员具备哪些方面的素质，想一想自己是否具备相关经历。在面试中谈这些，才能引起面试官的兴趣。当然，如果能够了解到谁来面试你，面试官是哪个领域的专家，那么，在面试中适当地谈论相关话题能够增加胜利的砝码。

(1) 投公司所好。在准备过程中，求职者可以对此行业的发展现状和面临的挑战稍做了解，在面试前，重新回顾一下，并且结合自己的实际背景写出几个能够吸引面试官的经历，例如："我十分重视和珍惜这个机会……在 XXX 活动中/上一份工作中，我成功地使成本下降 35%，而同时产量却同比上升了 20%……这对我来说是一个难得的机会，使我可以充分发挥自己的经验，为公司的发展做出贡献。"

(2) 投面试官所好。例如面试开始前，如果能够从前人的面试经过或者其他渠道了解到合伙人的一些信息，在面试时针对性地谈相关话题，会使得面试更顺利。

如果面试流程允许的话，另一种可行方式是直接询问面试官他眼中的理想人选应该拥有哪些方面的素质。他可能会告诉你一些特质，诸如团队合作、自我激励、良好的沟通能力和不断学习的意愿等。例如，你可以这样表述："一直以来，在学习、生活和社会工作中，我都是一个不断激励自己，挑战自己的人。"然后给出一些具体的事例加以佐证。

4. 资格考查

接下来进行的往往是面试官和求职者双方互相深入了解的阶段，确定彼此是否相互合适。在这个过程中，面试官会提出更多的问题来进一步了解你。同时你也可以向面试官提出一系列预先准备的问题。例如：

● 与其他公司相比，贵公司的优势在哪里？

● 你还有其他的附加问题要问吗？

● 假如我应聘这个职位，我怎样才能尽快地上手？

以上这些问题都是有内容的假设性问题，不仅能够得到重要的相关信息，还能使面试官对你的自信和积极留下深刻的印象。

当然，求职者并不需要提出以上所有问题，只需问几个就可以。你有权利去知道这些问题的答案，并在此基础上判断这份工作究竟是不是自己喜欢并且合适自己的。

此外，合适的提问时间也很重要，通常面试官会主动询问你是否有什么问题，这时候从容提出就比较理想。在提问的时候，切忌一开始就像连珠炮一样；也不应该向专门做人力资源顾问的面试官问过于专业的问题，如技术、市场、财务等。当然，也不能说："我没有什么好问的。"

面试问答确实是一个展示自我能力的过程，但并不意味着求职者可以肆无忌惮地大放异彩，太过强硬的霸势反而会让面试官觉得不舒服，自然就不会给求职者满意的结果。在面试问答过程中，既要展示自己的优势，又懂得收敛，才是正确的做法。

(1) 明确考查重点。面试最重要的就是向面试官证明"我非常适合这份工作"，让面试官相信自己就是最佳人选，这就需要求职者巧妙展示自己的长处。相比其他候选人，自己究竟强在哪里呢？针对这个问题，要从面试官组织面试的初衷出发，即面试官究竟想考察什么？从招聘的角度出发，可以将面试官的考查点总结为以下 4 点。

① 求职态度。即你对这份工作的重视程度和自身的态度，这是考察的第一点，也是决定面试是否有必要继续进行的首要因素。求职者首先要端正态度，严肃对待面试机会，并通过正式的穿着或者适当举例，将自己的态度传递给面试官，让面试官感受到自己强烈的求职意向。

② 个人品格。现在的企业越来越重视对求职者"品德修养"的考核，这在一定程度上比能力更重要。阳光、积极、勤奋、踏实、细心等，每个人的品格有很多种，不可能全部拥有也不可能全部展示出来，重点在于这个职位要求候选人具备什么样的品格。例如，应聘一个会计岗位，细心的候选人可能更占优势。展示个人品格一定要有的放矢，且尽量少用形容词，多引用别人的评价或举出具体的例子来说明。

③ 专业技能。这是胜任这份工作的硬性条件。一是专业知识，二是技能特长，需要求职者注重平时的学习积累，以及面试前的精心准备，才能在面试时表现得比别人更优秀。当然，表达一定要准确，真实反映自己的掌握程度，切忌夸夸其谈、言过其实，经不起面试官的检验。

④ 人岗匹配。即面试的初衷——你是否能够胜任这份工作。这方面主要是考察求职者的工作经验，以及求职者对这份工作的理解。比起培养一个潜力股，面试官更愿意找一个"现成的"匹配者。求职者切不可说自己没有与岗位相关的经验，即使真的没有从事过相关的工作，也要巧妙地"编"一个。当然，本书并不是提倡大家造假，此处的"编"是指将自己的工作实践紧密贴合所应聘的岗位，从岗位要求出发，重新组织表达自己的工作经验，让面试官相信你确实有这方面的经验。

(2) 了解面试"禁忌"。面试的目的不仅是找到一个合适的人，更重要的是找到一个"能为公司所用的人"。如果求职者在面试中表现得太强势，面试官一般不"想"要，也不"敢"要。在面试中，求职者的表现主要有以下三种。

① 蛮横无理不尊重。部分求职者无视招聘和面试规则，我行我素，不尊重面试官，特别是有些"关系户"，认为自己有熟人介绍，参加面试只是走个过场。对于这样的求职者，面试官非常反感，一般不会录用，即使迫于压力录用了求职者，在日后的工作开展中，求职者也会寸步难行。

② 功高盖主不低头。部分求职者认为自己能力特别优秀，自吹自擂，以自我为中心。更有甚者，趾高气扬，不把面试官放在眼里。古人云："木秀于林，风必摧之；堆出于岸，流必湍之；行高于人，众必非之"，这样的道理在面试中也同样适用。能力强就称霸一方，目空一切，即使不在乎一次面试机会，这样的求职态度也只会让自己四处碰壁。

③ 独断专行不商量。这主要是指那些在无领导小组讨论中独断专行的求职者，不注重与队友的沟通。无领导小组讨论的形式不仅考核求职者的能力，更加注重求职者的合作精神，如果求职者自以为是，不接受他人的意见建议，更容不得别人的批评指正，不与他人沟通交流，不仅队友不高兴，面试官也不会喜欢。

展示自己的强处才能打动面试官，但以此炫耀称霸而不知收敛，只会让面试官弃而远之。真正的面试强者，既懂得展示自己的强处，又能让对方坦然欣赏。关键是尊重，这也是沟通的前提。尊重对方，了解对方的需求和看法，关注对方的感受，会带给自己意想不到的回报。

以无领导小组讨论为例，求职者不一定要争当小组的领导者，做好自己就行。别人发言时要仔细倾听并做好笔记，自己发言时要有条有理、言简意赅、直击要害。同时，适当关注小组里没有发言机会的成员，提议听一听他们的看法，也会给面试官留下良好的印象。

5. 优势回顾

在这一阶段为了加深面试官对你竞争优势的印象，可以主动建议，争取一个简单小结的机会，强调自身的长处。在此过程中，还需要不时地征询面试官的意见，看他是否有额外的信息想要了解，并及时提供答案。

6. 结束面试

收尾在面试过程中是相当重要的，是推销自己的冲刺阶段。要始终保持自信，把公司所需要人的特质和自身的长处结合起来，回顾阐述，凸显你和空缺职位的合适性，展望你的加入能够为公司带来的利益和贡献。

"请问你还有什么问题吗？"面试的最后，面试官一般会给予求职者提问的机会，求职者可以在这个环节中提出自己感兴趣的问题，与面试官进一步互动讨论。求职者一路过关斩将，终于来到了面试的最后一个环节，这关键的临门一脚是否能够踢好，直接攸关面试的最后结果。

绝大部分面试官表示，在最后的自由提问之前，对于是否录用该名求职者其实已经有了大致的答案。但是考虑到对求职者的尊重，还是会给求职者提问的机会。话虽如此，但相关研究表明，仍有 30%的求职者(原本已经决定录用)因为最后一个环节的失误导致自己被淘汰。

🏵 案例 9-10

纠缠薪金求职泡汤

李玉然是个销售干将，年轻时，做事风风火火，雷厉风行。可是随着年龄的增加和经验的增长，她的工资却没有水涨船高。于是，她决定跳槽。经过几个月的奔波，她终于物色了一份比较合适的工作。面试的时候，老板很欣赏她的才干，言语中颇有赞赏之意。

最后，老板微笑着说："我们公司的规定是试用期三个月，不过既然你已经做了这么多年了，经验丰富，试用期就按一个月算吧。这个月的工资是两千五加上提成，如果你没有意见的话，明天就可以来上班。"李玉然很高兴，但是她觉得老板和她的关系如此融洽，不妨再套套近乎，让对方提高一下待遇。

于是，她试探道："与您这样大方爽快的老板打交道真令人感到愉快，我更希望您能把工资提高到三千左右，这样的话，我马上就可以与公司签约。"老板一听，觉得李玉然得寸进尺，是个没有底线的人，当即委婉地拒绝了她的请求。当然，李玉然眼看就要到手的工作也成了泡影。

（资料来源：本书作者整理编写）

自由提问虽然有可能只是走个过场，但是面试并未结束，这依然是考核的一个环节。根据自由提问的效果，有的求职者葬送了即将到手的机会，也有求职者为自己赢得了逆转的机会。

🔗 拓展阅读 9-3：面试中容易出现的常见错误(扫描右侧二维码)

第三节　面试中的形象与礼仪

形象展示是沟通的第一步。爱美之心，人皆有之，人们总是会把美好的品质与美好的形象联系在一起。美好的形象能在一定程度上带给对方一种舒服、愉悦的感觉，直接影响沟通的效果。所以，掌握面试中沟通技巧的第一个关键步骤就是——展示自己的美好形象。求职者的形象给面试官留下的印象的好坏，关系到能否顺利踏入职场，找到一份满意的工作。为此，求职者在面试前对个人形象进行设计是必要的。应根据个人的具体情况和求职目标，选择得体的服装、发型、妆容，给面试官留下良好的印象。

一、面试中的仪表礼仪

对于陌生人，沟通的第一要素就是仪容仪表，即外貌、发型、体态和着装。如果面试官对求职者最初的印象是消极的，那么求职者想改变这种印象是很困难的，即使求职者的能力优秀，也极有可能被掩盖。相反，如果求职者一开始就给面试官留下积极的印象，就将有利于促进双方的沟通和互动。

(一)仪表要求：30 秒印象

无论是约会、面试，还是开会，仪容打扮所形成的第一印象都是十分重要的。第一印象的形成，90%以上来自非语言信息。而与人初次见面，最关键的则是前 30 秒钟，这 30 秒钟会给别人留下一个深刻印象。在面试时，面试官首先映入眼帘的往往是应聘者的整体形象，其中，头部是较为瞩目的部分。发型的打理大有讲究。如果顶着一头乱蓬蓬的头发去参加面试难免有碍观瞻，会让面试官认为你不善于打理自己、不善于管理时间，这样的印象对你的面试无疑是不利的。一般情况下，若不是去应聘模特儿等艺术类的工作，发型还是传统和保守一些为好，既不要染成彩色，也不要过分前卫。总之，不要过分奇异是基本的要求，要有精心打理的痕迹，但决不能有刻意"猎奇"的迹象。总体要求就是干净、整洁。

(二)着装原则：穿出风度

"简单就是美"，这不仅是职场着装的原则，也是面试打扮的座右铭。我们在向同学介绍求职服装的时候，通常会说：公司员工穿什么，你就穿什么；职业装是个不错的选择；整洁大方是基本原则。简单是最重要的原则。参加面试的时候，色调最好以黑、白、灰、蓝、咖啡色为主。太花哨的颜色可能会引起反感，饰物数量不要超过一件，款式越简单越好，因为饰品太多会给人一种"不职业"的感觉。

除了遵循简单美的原则，面试着装还需遵循干净平整原则。着装再得体，也必须保持干净整洁，这是最起码的要求。面试前还要注意一下自己的衣服是否平整，最好是熨烫过的衣服，如果学校里没有条件熨衣服，可以在面试前一夜把衣服挂起来，这样也可以保持衣服的平整。

在遵循以上原则的基础上，选择服装的关键是看职位的要求。应聘银行、政府部门时，穿着偏向传统正规；应聘公关、时尚杂志等，则可以适当地在服装上加些流行元素。除了应聘娱乐、影视广告这类行业外，最好不要选择太过突兀的穿着。应届毕业生允许有些大学生气的装扮，比如穿休闲类套装。

需要注意，"昂贵造型"没有必要。由于经济条件有限，刚走出校园的毕业生很难承受昂贵的服装，用人单位的人事经理是完全理解的，不会计较一个来面试的人穿的是不是名牌。参加面试带一点"大学生腔"不要紧，干净整洁就可以了。

(三)西装礼仪：展现男士气度

男士在面试时的着装，应遵循简洁、得体的原则以给人留下可靠、专业的印象。整体上，建议选择深色服装，避免穿着合成纤维织物。白色衬衫搭配领带是较为经典的搭配，应避免选择带图案或条纹的衬衫。

在着装细节方面，鞋子的选择至关重要。当穿着深蓝色或灰色西服时，只能搭配黑色皮鞋，事前应把鞋刷干净，确保鞋跟完好。袜子的搭配同样不可忽视。如果穿鞋面很低的皮鞋，要特别注意选择袜子，颜色要和你的西装相配，最好选择黑色或深灰色，且长短合适，切记一定不能穿白色袜子。

以外，随身携带物品的选择也能体现个人的职业素养。建议携带手提公文包或文件夹。

(四)领带礼仪：领带打出个性风采

领带很重要，选错了领带会使你那昂贵的衣服大打折扣，而合适的领带能使一般的服装看上去更好。领带只有一种可接受的选择，那就是真丝领带。亚麻的易起皱，毛料的显得太随便，合成纤维的不好打结，看上去又很廉价。

(五)套裙礼仪：展现女性魅力

女士的面试着装与男士不同。女士比男士有更大的选择余地，但面试服装必须与时代同步。目前，套装适合于多数的白领面试场合，炭灰色套装加上白色的衬衫也许是最稳妥的组合。女士选择颜色的范围较广，但商界广泛接受的颜色是白色和淡蓝色，还可选择浅蓝色或深蓝色。适当裙长的裙子，会让人事经理和应聘者都感觉更自在。与男装相反，纯天然纤维织物也许并非是女装最明智的选择，因为用羊毛或亚麻编织的衣服容易起皱，所以可以考虑天然与合成纤维的混纺织物。衬衫和颈部饰物的选择要恰当。长袖衬衫是最理想的，而且最好在外衣的袖口外露出 0.5 厘米或 1 厘米，这是比较典型职业的象征。女士应避免穿短袖衬衫，更不能不穿衬衫。

(六)手部礼仪：双手细节

面试前，不要留长指甲，也不要涂艳丽的指甲油，应保持指甲干净、整洁。因为长指甲在工作中可能会影响一些精细操作，还可能在与他人互动时给人留下不够专业、利落的印象。

(七)配饰礼仪：得体配饰锦上添花

饰品佩戴也遵循简约原则。公文包和钱包通常选择其一携带，公文包能更凸显职业的专业性和正式感。

女性选择腰带时，应确保其在颜色或风格上与鞋子相搭配。至于珠宝饰品，越少越好。在大多数正式场合，结婚戒指、订婚戒指、小巧的耳环是比较合适的选择，但要避免同时佩戴多个戒指。在正式商务等较为严肃的场合，建议避免在脚踝等部位佩戴过于显眼的珠宝或配饰。

(八)化妆礼仪：气质妆容

妆容精致、自然即可。男生要注意头发和面部保持干净整洁，尤其是容易出油的男生，一定要提前处理干净，否则会给面试官留下不好的印象。女生应当注意选择适合自己的发型，不要太过另类或者漂染多种颜色。建议女生化淡妆，这样一方面可让自己更加自信，另一方面也是对面试官的尊重。但要注意的是，面试时不适宜喷过于浓烈的香水。

二、面试中的举止礼仪

(一)进场礼仪：体现修养

面试中的举止礼仪.mp4

进入面试场地，求职者应始终保持诚恳态度，面带微笑，不要过分紧张，对碰到的每个公司员工都应彬彬有礼。在进出面试办公室时，务必把握进屋时机，注意进退礼仪，一定要保持抬头挺胸的姿态和饱满的精神，与人交谈时不要频繁耸肩、手舞足蹈、晃动双腿等，手势不宜过多，需要时适度配合表达即可。

(二)握手礼仪：主动有礼

面试时，专业化的握手是最重要的一种身体语言。专业化的握手能创造出平等、彼此信任的和谐氛围。自信的握手，会使人感到你能够胜任而且愿意做任何工作。是创造好的第一印象的最佳途径。握手时，手臂自然弯曲，有节奏地轻摇两下，然后把手自然地放下。握手时双眼要直视对方，自信地介绍名字，握手力度要坚实有力，有"感染力"。但需要注意的是，不要太使劲，不要大幅度摇晃，不要用两只手，用这种方式握手在西方公司看来不够专业。

(三)站坐礼仪：站则精神，坐则端庄

"站如松，坐如钟。"进入面试室后，在没有听到"请坐"之前，绝对不可以坐下，面试官告诉你"请坐"时才可坐下，坐下时应道声"谢谢"。良好的坐姿能给面试官留下好印象，坐椅子时最好坐满三分之二，保持轻松自如，上身挺直，这样显得精神抖擞；身体要略向前倾，不要过度挺直腰部显得僵硬，自然挺直即可，并拢双膝，把手自然地放在上面。有两种坐姿不可取：一是紧贴着椅背坐，显得太放松；二是只坐在椅边，显得太紧张。切忌跷二郎腿并不停抖动或加些玩笔、摸头、伸舌头等小动作，容易给别人一种轻浮傲慢、有失庄重的印象。

(四)结束礼仪

求职面试结束时，礼貌地与面试官握手并致谢，轻声起立并将座椅轻手推至原位置，出公司大门时对接待小姐表示感谢。建议在面试结束 24 小时之内向面试官发出书面感谢信。

(五)介绍礼仪：自我推销有技巧

进入面试现场后，考生经常挂在嘴边的第一句话便是"各位考官、各位工作人员，早上/上午/下午好！我是**号应聘者，很荣幸有这个机会参加今天的面试"等问候语，实际上，这种表述方式易出现口误且显得烦琐，曾有考生因紧张将"上午"说成"下午"或"晚上"。建议大家自然、简洁即可，比如用礼貌性质的问候诸如"各位考官，大家好！""考官好""各位考官好"等都是可以的。

行礼不要刻意而为。有的同学一进门就 90 度鞠躬，这不仅没有必要，在一定程度上也耽误了整个面试的时间，很容易引起面试官的厌烦情绪。如果确实想在入座前向面试官问好，只需要站稳后小幅度鞠躬示意即可，注意不要边走边说话。

(六)聆听礼仪：有效倾听

在面试过程中，有效"倾听"十分必要。双方都力图准确把握对方的真实意图，获取尽可能多的信息。"听"，要用心去理解，去积极地做出反应。要耐心、专心、细心，始终保持饱满的精神状态，专心致志地注视着对方，以表明你对他的谈话感兴趣；要具备足够的敏感性，善于从对方的话语中找出他没有表达出来的意思。

(七)手势礼仪：为素养加分

面试中，若应试者手势运用恰当可为面试加分，但要达到预期的目的，还应注意因时、因地、因人灵活运用。

1. 关注手势

当对方感到自己的谈话被关注和理解时，才能愉快专心地听取你的谈话，并对你产生好感，面试时尤其如此。一般表示关注的手势是：把手搁在耳下，或双手交叉身体前倾。

2. 开放手势

表示你愿意与听者接近并建立联系，让人感到你的热情与自信，觉得你对所谈问题已

是胸有成竹。手势的做法是：手心向上，两手向前伸出，手要与腹部等高。

3. 把握手势

表现出对所述主体的把握，可先将一只手伸向前，掌心向下，然后从左向右做一个大的环绕动作，就好像用手"覆盖"所要表达的主题一样。

4. 强调手势

如果想吸引听者的注意力，可把食指和大拇指捏在一起，以示强调。

(八)面部礼仪：微笑的眼睛赏心悦目

眼神是心灵的窗户。与人交谈时，目光要大方、友好地直视对方，不要左顾右盼，也不要目中无人或低眉垂目。在社交场合，特别是初次面试时，"笑眯眯"的人总是有其魅力的。微笑和随和的目光可以吸引别人的注意，也能使自己及他人心情轻松，并在很短的时间内拉近双方的心理距离。

(九)饮水礼仪：讲究饮水之道

这里有一道选择题，供你思考：面试开始前，人事经理问面试者，"你喝点什么？"你会选择以下哪种回答？

A. 看公司有什么，挑一个自己喜欢的

B. 什么都不要

C. 要茶水

D. 要茶水，但根本不喝

那么问题来了。面试的水，该动吗？

其实，如果招聘人员问你喝什么或要你提出选择时，一定要明确地回答，这样会显得有主见。杯子放得远一点，水喝不喝都没有关系，在这个环节只要注意几点即可。喝水忌讳出声，这是国际礼仪常识。吃喝东西出声都是极其失礼的举动，也是对他人的不尊重，特别是在正式场合，往往会引起反感，所以我们需要平时多练习"默默无闻"地吃饭、喝水。还有就是不要说"随便，您决定吧"一类的话，招聘方不太喜欢缺乏主见的应聘者，这种人在将来的团队合作中会浪费大家的时间，降低工作效率。

(十)名片礼仪：接递有礼节

与面试官见面时互换名片，要将名片的正面对着面试官，双手递交；在接面试官递过来的名片时记得双手接过，接过后要认真地看一下上面的信息，并道声谢谢；看的同时可以读出名片上的信息，如姓名、职称；切忌接过名片之后在手里把玩，要把名片放在身前，或者是放到名片夹里。

(十一)动作礼仪：避免下意识小动作

回答面试问题时，不能做的小动作很多，例如：

● 咬嘴唇，这一动作传递给面试官的信息是不够自信、过于紧张；

- 吐舌头，这在面试官看来是极不成熟、极不自信的表现；
- 挠头，会让面试官认为你不够冷静，并会给你的整体形象减分；
- 拨弄头发，会令面试官觉得你不够尊重他；
- 玩手指或者衣服纽扣、衣服的一角，会让面试官觉得你是一个长不大的"大孩子"；
- 交叉双臂，环抱胸的动作，看上去会显得你戒备心、拒绝感很重；
- 拉裙子，在面试时担心走光而不断地拉裙摆，这容易让面试官觉得你有些浮躁；
- 交叉跷脚，会让面试官对你产生不端庄的印象。

(十二)餐叙礼仪：餐桌上的面试

如果企业招聘方提出以餐叙方式继续面试，顺便邀你共享早餐、午餐或晚餐，以便多了解你一些，其实还是脱不了面试的范畴。应聘者要好好把握这个餐叙面试机会。有几点需要注意：

- 别在餐桌上整理仪容。餐巾在整个用餐过程中都该置于膝上，若暂时离位，把餐巾放在座椅上，侍者瞧见了会明白你马上就会回来；
- 双脚应该平置于身前地板，而不是斜倚椅子一侧；
- 双腿不要不停摇晃；
- 不能把两只手肘都拄在桌面上；
- 盛菜的食盘用毕要归回原处，别拿自己的餐具取代共享的餐具，譬如以自己的叉子去叉取菜盘里的食物；
- 别提供自己餐碟或接受别人餐碟里的食物。像"这味道好极了，你尝尝"之类的举动并不适合商业餐叙的场合；
- 最后还有一点，学会冷静旁观别人如何用餐，你会学到不少东西。

第四节　笔试的方法与技巧

笔试的方法与技巧.mp4

笔试作为企事业单位招聘的重要环节之一，越来越受到重视。在笔试的种类和内容上也呈现出多元化，这就要求毕业生要"顺势而为"，在求职过程中按照要求做好笔试准备。同时，在笔试的环节中注重技巧和方法，有针对性地进行专门训练，为自己争取求职成功的机会。

一、笔试的种类

笔试是用人单位对求职者的专业知识、文字表达能力、逻辑思维能力及书写能力等综合能力的一次测试，主要适用于对专业知识要求较强、应试人数较多、需要考核的知识面较广或需要重点考核文字能力的求职者。大企业、大单位大批量用人，国家机关选聘公务员，或者对专业知识要求较高的企业往往采用笔试的考核方式。

当前大学生在求职过程中，对企业笔试并不陌生，但应注意求职笔试与大学学科考试的差异。根据企业笔试知识点的要求，可以有针对性地做好笔试准备、掌握笔试的答题技巧并做好充分准备，定能顺利通过笔试。

笔试的类型，按照企业的岗位要求可以分为以下几种。

(一)专业考试

专业性考试主要是为了检验求职者对岗位知识的熟悉掌握程度，以及文化知识水平和相关的实际能力。通常情况下，一个合格的大学毕业生经过大学四年深造，各门功课都取得了一定的成绩，用人单位通过成绩单就可大致了解该生知识、能力等方面的基本情况。然而，有一些专业性要求比较高的用人单位，仅通过成绩难以全面评估求职者的专业能力，因此需要通过笔试的方式对求职的大学毕业生进行文化和专业知识的考核。例如银行招聘笔试，考题一般只涉及银行、金融业务；外贸、外资企业招聘雇员要考核英语水平；公检法机关录用干部要考法律知识；文秘工作要测试应用文种的写作等。值得注意的是，这种考试方式已被越来越多的热门就业单位所采用。

(二)心理测试

心理测试是让被试者完成事先编制好的心理学标准化量表或问卷，通过完成情况来判定其心理水平、个性差异以及态度、兴趣、动机、智力、个性等心理素质的方法。随着时代的发展，企业对员工心理测试越来越重视，通过心理测试确定求职者的相关心理素质，然后根据对人才岗位的要求，决定取舍。

通过职业心理测试选聘工作人员的直接原因，在于它可以降低特殊行业员工的淘汰率和培训成本，有针对性地开展培训等工作，便于用人单位量"材"录用员工，量"材"配置员工，从而达到人尽其才、事得其人、人适其职、提高工作效率的目的。而职业心理测试得到广泛使用的原因，主要是依据职业生涯规划学科中的"人职匹配"理论，该理论认为个体的心理素质与职业之间有着密切的联系。在一般工作中个体差异对其影响不大，可采取一般的测试方法来选拔聘用人员。但在一些特殊行业则不然，如让沉默寡言的人来从事交际工作显然不恰当；让反应迟钝、优柔寡断、急躁而又临阵紧张的人从事要求思维敏捷、判断准确、性格果断又沉稳的交通调度工作必然会影响工作效率，甚至会酿成大祸。这些人也会因为择业不当、工作不顺或者频繁失误，而产生焦虑、失望的情绪。所以，对特殊职业进行心理测试，无论是对个人，还是对单位都是非常必要的。

(三)命题写作

这种笔试方式可考查求职者的文字表达能力、分析解决问题的能力以及逻辑思维能力。命题作文需要求职者在规定时间内写出一份会议通知、请示、报告或某项工作总结，或就某个案例进行分析，也可能提出一个论点，予以论证或批驳等。通过上述命题作文的考查形式，能够衡量应聘者思考问题的缜密性和深刻性程度。如公务员考试中的《申论》考试，往往给考生一定的考题资料，根据资料进行分析进而书写自己的主要意见和看法。

(四)智商测试

智商，即智力商数(Intelligence Quotient)，是个人智力测验成绩和同年龄被试成绩相比的指数，是衡量个人智力高低的标准。智商概念是美国斯坦福大学心理学家特曼教授提出的，用公式表示即：$IQ=MA(心理年龄)/CA(生理年龄)\times100$。

智商测试主要为一些跨国公司采用，他们对毕业生所学专业一般没有特殊要求。在他们看来，专业能力可以通过公司的培训获得，他们更看重的是毕业生是否具有接受新知识的能力。

(五)综合能力测试

综合能力测试主要考查应聘者各方面的综合素质及能力。通常这些企业对应聘者各方面的能力有较高的要求，例如应试者要在规定的时间内对一组数据资料进行分析，找出合理的地方和存在的问题，并设计出解决问题的方案。这对应试者的理解、发现问题、分析解决问题等能力的全方位测试，甚至有时要求用外语答题，相对而言要求更高一些，难度更大一些。例如电子、通信、机械重工类企业，在招收技术人员时，就会着重考查逻辑推理能力、数字计算能力及行业相关综合知识。

公务员考试中的行政能力测试是极具代表性的综合能力测试。目前这种测试集中用在国家级、省、市地方公务员以及社会事业单位的招考中，是必考的一部分，是用来测试应试者与拟任职位相关的知识、技能和能力，是考查从事公务员工作所必须具备的一般潜能的一种职业能力测试。考试题型有言语理解与表述、数量关系、判断推理、常识判断、资料分析等。

近年来，综合能力测试越来越受到各大中型企业的青睐，逐渐成为企业招聘笔试环节中重要的考核内容。

二、笔试的方法和技巧

(一)笔试准备

1. 注重平时知识的积累，扩展知识面

不管什么类型的笔试，在笔试的内容上都会反映出一名求职者知识的积累，尤其是知识面的扩展，所以良好的笔试成绩来自平时的努力学习，以及在校期间知识的积累。在校大学生应把握好学习的良好机会，既做到学有专攻，也应不断扩大学习领域，拓展自己的知识面，形成扎实的知识功底，这样在笔试时就能信心十足，得心应手。

2. 仔细分析岗位的知识需求，了解笔试内容

在接到企业笔试通知之后，第一时间应通过研究职位招聘要求，了解该岗位需求的专业知识和能力。另外通过多种渠道和方式了解该企业历年招聘笔试的题型，最好模拟完成一份历年的笔试试题，看看自己能否在规定时间内完成、正确率有多少，进而找出问题所在，总结笔试经验，针对自己的弱项突击练习。如果找不到往年笔试的题型，则可以根据岗位招聘要求，有针对性地准备笔试内容。

在进行模拟笔试时，建议模拟真实笔试时的状态，尤其是考场的特殊规定，如时间的限制、不允许使用计算器等。对于多数应聘者来说，如果时间充足、笔试题是能够拿高分的。但在很多情况下，为了在笔试阶段尽可能全面、综合地考查应聘者的素质能力，企业设计的笔试题量都很大。有些应聘者在有时间限制的情况下，没有掌握答题的技巧，容易导致不能合理利用时间，情绪受影响，从而发挥失常。针对专业性较强的岗位，一定要在

模拟笔试的基础上复习已学过的知识。一般说来笔试都有一个大体的范围，可围绕这个范围查阅相关资料，短时间内丰富自己的专业知识，简单的复习可以有助于恢复遗忘的陈旧知识。例如，参加一般公务员的考试，涉及法律、政治、行政学、公文写作等方面内容，可以有针对性地进行考前复习，购买历年真题进行模拟训练，逐渐熟悉并适应此类笔试的内容和节奏。

3. 保持良好的身心状态，做充足的心理准备

充分的准备可以提高笔试成绩。考试前，一定要适当减轻思想负担，适当参加一些文体活动，从而使自己高度紧张的大脑得到放松和休息；要保证充足的睡眠，以保证考试时有充沛的精力和良好的笔试状态。同时预想一下考试中可能遇到的问题(如遇到难题、考试设备故障等)并提前想好应对方法，还要确认证件、文具是否备齐，以及考场纪律要求。

(二)笔试的技巧

笔试成绩不仅取决于个人实际水平和考前复习，还与答题技巧密切相关。要提高答题技巧，需保持良好的考试心理状态，了解考试特点，熟悉各类考试题目的特点和解题方法，以充分展现自身知识、储备和真实水平。以下将从多个方面介绍具体的笔试技巧。

1. 熟悉考场，心中有数

熟悉考场环境、了解考试注意事项是考试之前必须做的工作，这有利于消除应试时的紧张心理。除携带必备证件外，也要准备齐全考试必备的文具如签字笔或钢笔(最好为黑色签字笔)、2B 铅笔、橡皮等。有些考试对考生有特殊的要求，如允许使用计算器或者其他考试用具。

2. 保持自信，放松心态

考试中的紧张难以避免，笔试怯场大多是由于缺乏自信心所致。客观冷静地评估自己，能克服自卑心理，增强自信心。同时，从战略角度审视笔试的重要性，它并非唯一选择，对待结果要有一定的心理预期。

3. 掌握题型，答题精细

参加笔试前，要熟悉考试内容和题型，常见的笔试类型包括填空题、问答题、判断题、应用题、作文题等。答题时要了解各科考题特点，熟悉每种题型的答题方法，防止出现不必要的差错。前期的专项笔试训练至关重要。如公务员考试，题型较为固定，可通过"题海战术"来提升自己的答题能力。

4. 科学答卷，仔细分析

拿到试卷后，先浏览一遍，检查是否有漏题、破损情况，必要时应及时更换试卷。了解题目的多少和难易程度，估算答题速度和完成时间。笔试题目多、内容多，又要限时完成，必须合理安排答题时间，然后按照先易后难的原则排出答题顺序，先攻相对简单的题，后攻难题，这样就不会因为攻难题而浪费时间太多，导致没有时间做那些会答的题。遇到综合题或论述题，则应先列出提纲，再逐条撰写。最后，要尽量挤出时间对容易出错的地方进行复查。特别注意不要漏题，更不能出现错别字、语法错误等。

5. 卷面整洁，字迹工整

答卷时，要做到字迹工整，卷面整洁，格式规范、标点正确，避免错别字。一份字迹工整、整洁的试卷，会给人留下良好的印象；反之书写过于潦草则会影响考试成绩。因为求职笔试不同于其他专业考试，用人单位往往不仅关注分数，还会从卷面上观察求职者是否具有认真的态度、细致的作风，这直接影响被录用的可能性。

6. 积极思考，正常发挥

回答客观题时应该正确、严谨；对于主观题，就应该适当地展开，以充分展示个性和创造力。例如，有些试题从理论和实践两方面检查考生的基础知识，以综合运用为主，检验考生的实际水平和学习灵活性。回答这类问题时，就要积极思考，回忆学过的知识进行联想和比较分析，找出正确答案。

本 章 小 结

本章主要分析了大学生在应聘过程中面试、笔试环节可能遇到的情况与困境，包括面试和笔试的类型、准备方法以及注意事项。

面试方面：

(1) 面试种类繁多，形式多样，大学毕业生要做好提前模拟面试，以积极心态应聘。

(2) 新形势下，面试不仅需要技巧，还需要注意礼仪，确保面试成功。

(3) 加强对毕业生面试技能的教育，提升面试技巧，增强就业意识，提高解决实际问题的能力。

(4) 大学毕业生在求职过程中会遇到各种类型的人力资源经理或者企业面试，要提前做好面试问题的应答准备，有备而战。

笔试方面：

(1) 笔试分为专业类考试、命题写作、智商测试、心理测试以及综合能力测试。

(2) 在平时一定要注重知识的积累，扩展知识面，丰富专业理论知识的储备，并针对求职意向仔细分析岗位的知识需求，了解笔试内容，并做好足够的心理准备和知识储备。

(3) 在笔试前保持良好的精神状态，放松心态；考试中要科学分析试题、掌握答题技巧，保证卷面整洁，字迹工整。

复习与思考

(1) 面试有哪些类型？

(2) 面试前要做好哪些准备？

(3) 笔试前应该做哪些准备工作？

(4) 针对笔试应如何储备自己的专业理论知识？

(5) 笔试中应该注意哪些答题技巧？

第十章 职业选择与就业心理准备

课程目标

- **知识目标**：通过本章的学习，大学生理解就业压力的主要来源，掌握压力化解与心理调适的方法，识别职业发展中的非理性生涯观念并掌握改善策略；职业变化接纳方法、积极心理体验获取途径及 CASVE 科学决策模型。
- **能力目标**：形成独立分析就业压力源并有效应对策略的能力，具备个人职业生涯规划的制定与执行能力；能够运用 CASVE 科学模型进行职业决策，并在职业发展中保持适应与创新。
- **素质目标**：培养大学生积极的心理调适与抗压能力，增强自我认知能力与成长意识；建立职业责任感与使命感，塑造适应职业变革的创新素质。

重点和难点

(1) 识别就业压力的主要来源，掌握有效的压力化解与心理调适方法。
(2) 识别并调整职业选择和求职过程中的非理性信念，树立积极的生涯信念。
(3) 接受并拥抱职业变化与不确定性，学会在变化中寻找机遇。
(4) 熟练运用 CASVE 科学决策模型进行决策。

知识结构逻辑图

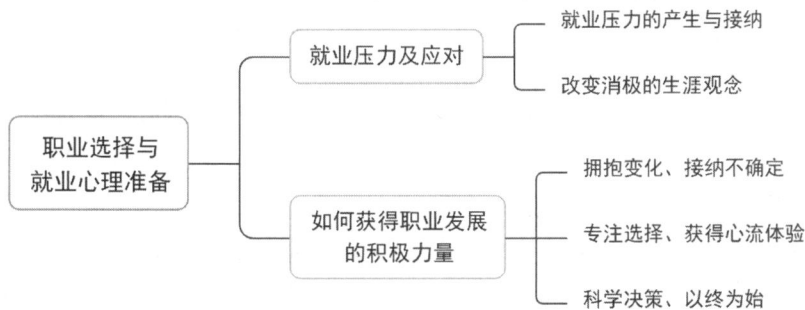

情景导入

在一个春意盎然的季节里，大学校园内弥漫着毕业季的特有氛围，既有对美好未来的无限憧憬，也有对未知挑战的隐隐担忧。李明，一个即将从计算机科学与技术专业毕业的学子，正站在人生的十字路口，面临着职业选择的重要抉择。

随着毕业日期的临近，李明和室友们开始频繁地讨论着未来的去向。他们围坐在宿舍的阳台上，手中紧握着几份招聘简章，眼神中透露出迷茫与不安。"你们说，我们真的准备好了吗？"李明率先打破了沉默，声音中带着一丝不确定。室友小张和小赵也纷纷表达了自己的担忧，他们担心自己所学不足以应对企业的需求，更担心找到的工作是否真的适合自己。

面对内心的迷茫，李明决定采取行动。他开始积极参加各种职业生涯规划讲座和就业指导活动，尝试了解不同行业的发展趋势和岗位要求。在一次职业生涯规划的分享会上，他听到了一位人力资源资深顾问的演讲，她提到："职业选择不仅仅是对岗位的选择，更是对自己生活方式和价值观的选择。只有真正了解自己的需求和优势，才能找到最适合自己的职业道路。"

这句话深深触动了李明，他开始进行自我探索，通过实习和兼职的方式亲身体验职场生活，逐步明确了自己的职业兴趣和优势。在这个过程中，他还遇到了许多志同道合的朋友，他们一起分享职业生涯规划心得，相互鼓励和支持。

为了更好地适应职场，李明在寻找工作的过程中做了充分的准备。他首先对自己的专业技能进行了系统的复习和提升，确保自己在面试中能够展现出扎实的基础知识和实践能力。同时，他还通过参加各种培训课程并考取相关证书，增强了自己的竞争力。

除了专业技能的准备，李明还非常注重个人形象的塑造。他了解到，在职场中，第一印象往往非常重要。因此，他特意去学习了商务礼仪和着装搭配，确保自己在面试中能够给面试官留下良好的印象。

在求职过程中，李明逐渐树立了坚定的信念。他相信，只要自己付出足够的努力，就一定能够找到一份适合自己的工作。他坚信，自己的专业技能和个人能力能够胜任未来的工作挑战。同时，他也明白，求职是一个双向选择的过程，自己不仅要选择适合自己的工作，也要让用人单位看到自己的价值和潜力。

在决策思路上，李明采取了全面考虑的策略。他首先分析了自己的专业背景、兴趣爱好和职业生涯规划，然后结合市场需求和行业发展趋势，筛选出了一些适合自己的岗位。接着，他通过查阅公司资料、了解企业文化和工作环境等方式，进一步缩小了选择范围。最后，他根据自己的实际情况和未来发展前景，作出了一个明智的决策。

终于，在一次模拟面试中，李明凭借充分的准备和积极的心态，成功地展示了自己的专业技能和职业素养，赢得了面试官的好评。这次经历让他更加坚定了自己的信心，也让他意识到，心理准备是通往成功的重要一步。

最终，李明选择了一家与自己专业相符、企业文化契合的科技公司，开始了自己的职场生涯。他在这家公司中得到了充分的锻炼和成长机会，逐渐成为团队中的佼佼者。虽然前路未知，但他知道，只要保持积极的心态，不断学习和成长，就一定能够在职场上闯出一片属于自己的天地。

李明的故事，是每一位高校毕业生在职业选择和就业心理准备过程中都会遇到的缩影。它告诉我们，面向未来的不确定性，我们需要勇敢地迈出第一步，通过自我探索、心理调整和不断学习，最终找到属于自己的职业道路，扬帆起航，迎接更加美好的明天。

(资料来源：本书作者整理编写)

第一节　就业压力与应对

就业压力与应对.mp4

在当今社会，随着高等教育的普及和就业市场的竞争加剧，高校毕业生正面临着前所未有的就业压力。一方面，随着每年毕业生人数的不断增加，求职市场的竞争愈发激烈，找到一份理想的工作变得越来越困难。另一方面，随着科技的发展和行业的变革，用人单位对求职者的要求也越来越高，不仅需要具备扎实的专业技能，还需要有良好的综合素质和适应能力。

面对这样的就业压力，高校毕业生们往往感到迷茫和焦虑。他们担心自己的所学无法适应市场需求，担心找不到满意的工作，甚至担心自己的未来前景。然而，正是在这样的背景下，高校毕业生们更需要展现出勇气和智慧，积极应对就业压力，为自己的未来打下坚实的基础。

勇气，在于敢于面对现实，敢于挑战自我。高校毕业生们需要勇敢地走出舒适区，积极参与实习、兼职等实践活动，了解职场需求，提升自己的竞争力。同时，他们也需要敢于接受挑战，勇于尝试不同的工作机会，不断拓宽自己的职业道路。

智慧，则在于合理规划和科学决策。高校毕业生们需要对自己的职业兴趣和优势进行深入了解，结合市场需求和行业发展趋势，制定出切实可行的职业生涯规划。在求职过程中，他们需要学会分析招聘信息，了解用人单位的需求和文化，选择适合自己的工作机会。同时，他们也需要学会管理自己的情绪和压力，保持积极的心态和稳定的情绪状态。

本章内容旨在探讨高校毕业生如何面对就业压力，通过自我探索、心理调整、技能提升和职业生涯规划等方面的努力，找到适合自己的职业道路，实现个人价值和社会价值的双重提升。希望每一位即将踏入职场的高校毕业生都能以勇气和智慧为伴，迎接未来的挑战和机遇。

一、就业压力的产生与接纳

(一)压力源的分析

就业压力，作为当代社会普遍存在的心理现象，对个体的心理状态和职业发展产生着深远影响。为了深入理解这一现象，我们首先需要剖析就业压力的来源。

1. 市场竞争的加剧

随着人口红利的逐渐消失，劳动力市场的竞争日益激烈。高校毕业生数量的逐年增加，使得求职市场的供需关系失衡，供大于求的局面加剧了就业压力。此外，随着全球化进程的加速，国际就业竞争也日趋激烈，进一步推高了就业门槛。

2. 技能与需求的不匹配

技术的快速发展和产业结构的调整，使得许多传统行业的岗位逐渐被淘汰，而新兴行业则对求职者的技能要求更高。如果求职者的技能与市场需求不匹配，就会面临很大的就业压力。这种不匹配不仅体现在专业技能上，还体现在综合素质、沟通能力和团队协作能力等方面。

3. 学历门槛的提高

随着教育水平的提高，许多岗位的学历门槛也在不断提高。这使得一些学历较低的求职者很难找到工作，而高学历的求职者则面临更大的竞争压力。同时，一些用人单位在招聘时存在"学历歧视"现象，过分强调学历而忽视实际能力，进一步加剧了学历门槛对就业压力的影响。

4. 经济波动和政策调整

经济波动和政策调整也会对就业市场产生很大的影响。例如，在经济衰退时期，企业为了减少成本可能会裁员，导致大量人员失业。此外，政策调整也可能会对一些行业产生冲击，如环保政策的加强可能导致部分高污染行业的就业岗位减少。这些经济和政策因素都会增加就业压力。

5. 个人因素

个人因素也是影响就业压力的重要因素之一。年龄、性别、工作经验、职业生涯规划不明确、就业期望过高以及缺乏自我认知等都会对就业产生影响。例如，年龄较大的求职者可能面临更大的就业压力，而缺乏工作经验的求职者则可能难以找到合适的工作。同时，一些求职者对工作的薪资福利、工作环境等期望过高，难以接受与预期不符的工作，从而增加了就业难度。

综上所述，就业压力的来源是多方面的，包括市场竞争的加剧、技能与需求的不匹配、学历门槛的提高、经济波动和政策调整以及个人因素等。这些因素相互作用，共同形成了当前就业市场的复杂局面。因此，在面对就业压力时，我们需要全面分析其原因，并采取相应的措施来应对和缓解压力。

(二)化解压力的措施

化解就业压力需要高校毕业生求职者从多个方面入手，如提升自我竞争力、了解市场需求、培养综合素质、关注政策动态、明确职业生涯规划以及增强心理韧性等。通过这些措施的实施，可以有效地缓解就业压力，提高就业成功率。

1. 针对市场竞争的加剧

(1) 提升自我竞争力。通过持续学习、参加培训、考取相关证书等方式，提升自己的专业技能和综合素质，增强在求职市场中的竞争力。

🎧 **案例 10-1**

张晨，一名计算机科学与技术专业的毕业生，面对日益激烈的就业市场，深感压力山大。在一次校园招聘会上，他发现自己心仪的互联网公司对应聘者的编程技能要求极高，而自己的水平似乎还不足以脱颖而出。于是，张晨决定利用课余时间，参加了一个高级编程培训班，专攻算法和数据结构。每天，他除了完成学校的作业，还会抽出几个小时学习新的编程知识，解决复杂的编程问题。经过几个月的努力，张晨的编程能力有了质的飞跃。在一次编程竞赛中，他凭借出色的表现获得了优胜奖，并成功吸引了那家互联网公司的注意，最终顺利入职。

(资料来源：本书作者整理编写)

(2) 拓宽求职渠道。利用互联网、社交媒体、招聘会等多种渠道寻找工作机会，同时关注新兴行业和发展迅速的领域，寻找适合自己的职业发展方向。

(3) 建立人脉关系。积极参加行业活动、校友会等，结识志同道合的朋友和行业前辈，通过人脉关系获取更多的职业机会和信息。

📖 情景导入

李薇，一名市场营销专业的毕业生，在求职初期遭遇了诸多挫折。她发现传统的招聘会和人才市场并没有提供太多适合她的工作机会。于是，李薇开始尝试利用社交媒体寻找工作。她注册了多个职业社交平台，如 LinkedIn、脉脉等，并积极参与其中的行业讨论和线下活动。在一次由行业大咖组织的线上分享会上，李薇积极提问，展现了自己的专业素养和热情。会后，她收到了来自一家知名广告公司的私信，邀请她参加面试。经过几轮面试，李薇凭借出色的表现成功获得了录取通知。

(资料来源：本书作者整理编写)

2. 针对技能与需求的不匹配

(1) 了解市场需求。通过市场调研、行业分析等方式，了解当前就业市场的需求和趋势，以便调整自己的职业生涯规划和学习方向。

(2) 提升实践能力。通过实习、兼职、志愿服务等方式，积累实际工作经验，提升自己的实践能力和解决问题的能力。

(3) 培养综合素质。注重培养自己的沟通能力、团队协作能力、创新思维等综合素质，以适应不断变化的职场需求。

🏮 案例 10-2

王浩是一名环境科学专业的毕业生。在求职过程中，他发现由于国家对环保的重视，环保行业正迎来前所未有的发展机遇。然而，许多传统的环保企业并不重视技术创新和人才培养，这让王浩感到有些失望。于是，他决定自己创业，成立一家专注于环保技术研发的公司。他通过市场调研，了解到当前市场上对高效废水处理技术和空气净化技术的需求非常迫切。于是，王浩带领团队研发出了一系列具有自主知识产权的环保技术，并成功获得了多轮融资。如今，他的公司已经发展成为行业内的佼佼者。

(资料来源：本书作者整理编写)

3. 针对学历门槛的提高

(1) 继续深造。通过考研、留学等方式提升自己的学历水平，以满足一些岗位的学历门槛要求。

(2) 展现实际能力。在求职过程中，通过展示自己的作品、项目经验等方式，向用人单位证明自己的实际能力和价值。

📖 情景导入

赵琳是一名英语专业的毕业生。在求职过程中，她发现，许多高薪职位对学历有较高的要求。而她所在的学校并非 985、211 名校，这让她在求职过程中屡屡受挫。于是，赵琳决定继续深造，提升自己的学历水平。她制定了详细的考研计划，每天除了复习专业知识外，还积极参加各种模拟考试和辅导班。经过一年的努力，赵琳成功考入了心仪的 985 高校英语专业研究生班。在研究生期间，她不仅深化了自己的专业知识，还参与了多个科研项目和学术活动，为未来的职业发展奠定了坚实的基础。

(资料来源：本书作者整理编写)

4. 针对经济波动和政策调整

(1) 关注政策动态。及时关注国家和地方政府的就业政策、创业扶持政策等，了解政策变化和趋势，以便及时调整自己的职业生涯规划。

(2) 灵活应对市场变化。根据市场变化及时调整自己的求职策略，如转向新兴行业、创业等。

📕 案例 10-3

李明和小张是同一所大学的毕业生，李明专攻金融学，而小张则主攻市场营销。在即将走出校门的那一刻，两人都遭遇了全球经济波动的冲击，传统行业的就业形势变得异常严峻。面对这样的挑战，两人都选择了不同的道路来应对。

李明，作为金融学的佼佼者，原本计划进入一家大型银行工作。然而，在经济波动的影响下，银行的招聘计划大幅缩减，他连续几次面试都未能成功。面对这样的困境，李明并没有放弃，而是开始密切关注国家和地方政府的就业政策。在一次偶然的机会下，他了解到政府正在大力推动数字经济和金融科技的发展，并出台了一系列扶持政策。于是，李明决定调整自己的职业生涯规划，将求职目标转向金融科技行业。他利用自己的金融学背景，结合对新兴行业的学习和研究，成功获得了一家金融科技公司的数据分析岗位。在工作中，李明不仅发挥了自己的专业优势，还不断学习和提升，逐渐成为团队中的核心成员。

与此同时，小张也面临着同样的就业压力。他注意到，随着消费者需求的不断变化和市场竞争的加剧，传统行业的商业模式正在发生深刻变革。小张决定不再盲目追求传统企业的就业机会，而是选择自己创业。他结合市场趋势和自己的专业背景，创办了一家专注于社交电商的创业公司。在创业初期，小张遇到了诸多困难，如资金短缺、市场竞争激烈等。然而，他并没有放弃，而是积极寻求政府的帮助和支持。幸运的是，他了解到国家和地方政府正在鼓励大学生创新创业，并提供了一系列扶持政策。于是，小张成功申请到了政府的创业基金和税收优惠，为自己的公司注入了新的活力。通过不断努力和创新，小张的公司在市场上逐渐站稳了脚跟，吸引了众多消费者的关注和喜爱。

(资料来源：本书作者整理编写)

5. 针对个人因素

(1) 明确职业生涯规划。通过自我探索、职业咨询等方式，明确自己的职业兴趣和发展方向，制定合理的职业生涯规划。

(2) 调整就业期望。根据自身的实际情况和市场需求，调整对工作的薪资福利、工作环境等期望，以更加务实的态度面对就业市场。

(3) 增强心理韧性。通过心理咨询、参加心理辅导课程等方式，增强自己的心理韧性，学会面对挫折和失败，保持积极的心态。

案例 10-4

赵晴，一个充满梦想与激情的艺术设计专业大学生，在即将踏入社会的门槛时，却陷入了前所未有的迷茫。大学四年，她涉猎了平面设计、UI 设计、插画等多个领域，每一项都让她兴奋不已，但这也让她在求职时如同迷失在茫茫大海中的一叶扁舟，不知该驶向何方。

步入就业季，赵晴参加了多场招聘会，投递了无数简历，却鲜有回应。面对就业市场的激烈竞争，她开始反思自己的职业定位。在一次偶然的机会下，赵晴参加了学校组织的职业生涯规划讲座，这次讲座如同一束光，照亮了她前行的道路。通过自我探索、职业性格测试和兴趣评估，赵晴发现自己对 UI 设计有着浓厚的兴趣和天赋。于是，她决定咨询学校专业的职业生涯规划师，为自己量身定制了一份职业生涯规划。老师建议她先从实习开始，积累实践经验，同时参加相关培训和认证，提升自己的专业技能。

带着新的职业生涯规划，赵晴开始积极寻找 UI 设计相关的实习机会。经过数轮面试，她最终获得了一家知名互联网公司的 UI 设计实习机会。然而，实习生活并不像她想象中那么美好。工作压力大、项目紧急、加班频繁……这些挑战让赵晴一度感到焦虑和压力。更重要的是，她发现自己对薪资福利和工作环境的期望过高，与实际情况存在较大的差距。在一次与导师的谈话中，赵晴坦诚了自己的困惑和期望。导师耐心地告诉她，作为一名应届毕业生，最重要的是积累经验、提升技能，而不是过分追求薪资福利。导师的话如同一剂良药，让赵晴开始调整自己的期望，以更加务实的态度面对工作。

在实习期间，赵晴遇到了不少挫折和困难。有时，她的设计方案会被客户否定，有时，她会因为工作压力而失眠。面对这些挑战，赵晴开始寻求心理调适的方法。她参加了学校的心理辅导课程，学习了如何管理压力和情绪。同时，她还加入了学校的心理社团，与志同道合的同学分享彼此的经历和感受。在这个过程中，赵晴逐渐学会了如何面对挫折和失败，保持积极的心态。她意识到，每一次的挑战都是成长的机会，只要保持积极的心态和不断学习的精神，就一定能够克服困难，实现自己的职业目标。

经过数月的实习，赵晴不仅积累了丰富的实践经验，还提升了自己的专业技能。她的设计方案逐渐得到了客户和同事的认可，她的工作能力和态度也得到了领导的赞赏。实习结束后，赵晴顺利转正，成为一名正式的 UI 设计师。她深知，这只是职业生涯的开始，未来还有更多的挑战和机遇等待着她。但此时的她，已经不再是那个迷茫的毕业生，而是一个有着明确职业生涯规划、务实的工作期望和强大心理韧性的职场新人。

(资料来源：本书作者整理编写)

二、改变消极的生涯观念(改善生涯元认知)

改变消极的生涯观念，实质上是对个人生涯元认知的深刻改善与提升，它要求个体在认知、规划、反思、心态及元认知等多方面进行综合努力。①通过认知重构，识别并挑战消极思维，建立积极信念，为生涯发展奠定坚实的心理基础；②明确生涯目标，制定具体可行的行动计划，并保持规划的灵活性，以应对生涯中的不确定性；③定期进行自我反思，寻求外部反馈，根据实际情况调整生涯策略，确保生涯规划的持续性和有效性；④在此过程中，培养积极心态，学会情绪管理，保持乐观自信，以应对生涯中的挑战和压力；⑤提升生涯元认知能力，增强自我觉察，提升决策能力，保持持续学习与成长的态度，不断提升自己的生涯竞争力。这一系列努力不仅有助于个体摆脱消极的生涯观念，更能激发其内在潜能，使其在生涯发展中更加自信、从容地面对各种挑战和机遇，实现个人价值和社会价值的最大化。总之，改变消极的生涯观念是一个系统工程，需要个体在多方面进行持续努力，以实现生涯的全面发展与成功。

(一)职业选择和求职过程中常见的非理性信念

在职业选择和求职过程中，个体往往会受到一系列非理性信念的影响，这些信念可能源于过去的经验、社会的刻板印象、个人的恐惧或误解，它们不仅限制了我们的视野，还可能阻碍我们做出最适合自己的职业决策。以下是一些常见的非理性信念及其详细表述。

1. 我必须找到一份完美的工作

这种信念认为，只有完全符合个人所有期望和要求的工作才是理想的。然而，现实是很少有工作能完全满足一个人的所有需求，包括薪资、工作内容、工作环境、公司文化等。这种追求完美的态度可能导致个体错过许多实际上很适合的机会。

2. 只有大公司或热门行业才有前途

这种信念忽视了小公司或新兴行业的潜力。大公司或热门行业固然有其优势，但小公司或新兴行业往往能提供更多的成长机会和快速晋升的通道。此外，个人的兴趣和价值观在职业选择中同样重要，不应仅仅基于公司的规模或行业的热度来做决定。

3. 我的第一份工作将决定我的整个职业生涯

这种信念过于强调了第一份工作的重要性，导致个体在选择时过于谨慎，甚至产生恐惧心理。实际上，职业生涯是一个长期的过程，第一份工作只是其中的一步，它可能会为未来的职业发展奠定基础，但并不会完全决定一个人的职业轨迹。

4. 我无法胜任这份工作，因为我缺乏相关经验

这种信念源于对自我能力的低估。许多人在求职时，会因为缺乏直接相关的经验而自我设限。然而，许多雇主更看重的是求职者的学习能力、适应能力和潜力。通过不断学习和实践，个体完全有能力胜任新的工作角色。

5. 我必须立即找到一份工作，否则我就是失败者

这种信念将求职过程与个人的自我价值紧密相连，导致个体在求职过程中感到巨大的压力。然而，求职是一个双向选择的过程，需要时间和耐心去寻找最适合自己的机会。将求职失败等同于个人失败，只会增加不必要的焦虑和压力。

这些非理性信念不仅限制了我们的职业选择，还可能影响我们的心理健康和职业发展。因此，在职业选择和求职过程中，我们需要保持开放的心态，理性地评估自己的能力和需求，同时积极寻求外部支持和反馈，以做出最适合自己的职业决策。

(二)应树立理性生涯信念

树立理性生涯信念对于个人的职业发展和心理健康至关重要。以下是一些建议，帮助个体在职业选择和求职过程中树立理性的生涯信念。

1. 接受不完美

认识到没有绝对完美的工作或职业路径。每个工作都有其优点和缺点，关键在于找到最适合自己当前阶段和需求的那个平衡点。接受工作中的不完美，并愿意在工作中不断学习和成长。

2. 多元化价值观

不仅仅关注薪资和职位晋升，还要重视个人的兴趣、价值观、工作生活平衡等因素。每个人的价值观都是独特的，因此，在选择职业时，要基于自己的价值观做出决策，而不是盲目追求社会认可的标准。

3. 持续学习与成长

树立终身学习的理念，相信通过不断学习和实践，自己能够胜任任何工作。将每一次职业挑战视为成长的机会，不断提升自己的技能和知识。

4. 灵活性与适应性

保持对职业变化的开放心态，愿意适应新的工作环境、挑战和机遇。职业生涯是一个动态的过程，需要个体具备灵活性和适应性，以应对不断变化的市场需求和个人发展需求。

5. 自信与自我肯定

相信自己有能力做出正确的职业决策，并对自己的选择负责。即使遇到挫折和失败，也要保持积极的心态，从中汲取教训，继续前进。

6. 寻求外部支持

在职业选择和求职过程中，不要孤军奋战。积极寻求导师、同事、朋友或家人的支持和建议，他们的经验和观点可能会为你提供新的视角和启发。

7. 关注个人成长与满足

将职业选择视为实现个人成长和满足感的途径，而不是仅仅为了谋生。找到那些能够

激发你热情、满足你成就感的工作，这样你才能在职业生涯中保持持久的动力和幸福感。

8. 保持耐心与毅力

求职过程可能需要时间和耐心，但请相信，只要你坚持努力，一定会找到最适合自己的工作。在遇到挫折时，不要轻易放弃，而是要坚持下去，直到找到那个让你心动的机会。

通过树立这些理性的生涯信念，个体可以更加自信、从容地面对职业选择和求职过程中的挑战和机遇。这些信念将成为你职业生涯中的指南针，引导你走向更加成功和满足的未来。

🔗 **拓展阅读 10-1**

李明，一个即将从大学毕业的年轻人，怀揣着对未来的憧憬和不安，踏上了职业探索的旅程。在求职初期，他发现自己陷入了许多非理性生涯信念中，例如认为只有大公司才能提供稳定的职业发展，或者担心自己的第一份工作会决定整个职业生涯的走向。

起初，李明将目标锁定在几家知名的大企业上，他相信只有在那里才能找到理想的职业起点。然而，经过几轮面试后，他发现自己并没有得到任何录用通知。这让他开始质疑自己的能力，甚至产生了自我怀疑。

在经历了一次又一次的失败和反思后，李明开始意识到，自己或许过于执着于那些看似完美的职业选择。每个人的职业生涯都是独一无二的，不应该被社会的刻板印象所束缚。于是，他决定放下那些非理性信念，重新审视自己的职业目标和价值观。

在朋友的建议下，李明开始尝试参加一些行业内的交流活动，结识了许多来自不同公司和背景的专业人士。通过这些交流，他逐渐了解到，小公司或初创企业同样能提供丰富的成长机会和快速晋升的通道。更重要的是，自己的兴趣和价值观在职业选择中同样重要。

于是，李明开始将目光投向那些更符合自己兴趣和价值观的工作机会。他不再仅仅关注公司的规模和知名度，而是更加注重工作内容、团队氛围和职业发展前景。在一次偶然的机会中，他了解到一家初创企业正在招聘他感兴趣领域的职位，于是他毫不犹豫地投了简历。

经过几轮面试和深入了解后，李明发现自己与这家企业的文化和价值观非常契合。虽然这是一家小企业，但他相信，在这里他能够充分发挥自己的才能，实现自己的职业目标。最终，他成功获得了这份工作，并开始了全新的职业生涯。

在新的工作岗位上，李明遇到了许多挑战，但他始终保持着积极的心态和学习的热情。他不断吸收新知识，提升自己的专业技能，并与团队成员紧密合作，共同解决问题。随着时间的推移，他逐渐成为团队中的核心成员，为公司的发展作出了重要贡献。

几年后，李明不仅在职业上取得了显著的成就，还收获了宝贵的经验和人脉资源。他深刻意识到，自己的职业生涯是一个不断学习和成长的过程，每一次挑战都是成长的机会。他感激自己当初能够勇敢地走出舒适区，尝试新的可能，也感谢那些在他职业道路上给予支持和帮助的人。

如今，李明已经成为一名备受尊敬的行业专家，他的职业生涯依然充满了无限的可能性和机遇。他相信，只要保持开放的心态和持续的努力，自己一定能够在未来取得更大的成就和满足。

(资料来源：本书作者整理编写)

第二节　如何获得职业发展的积极力量

如何获得职业发展
的积极力量.mp4

在职业发展过程中，获得积极力量是推动个人持续成长的关键。这种力量主要体现在三个方面：适应变化的能力、专注投入的状态以及科学决策的方法。首先，拥抱变化、接纳不确定性是适应快速变化环境、培养韧性并发现新机遇的必要条件。通过积极面对变化，个人能够在挑战中不断成长，把握时代脉搏。其次，专注选择、获得心流体验对于提升工作效率、增强满足感和明确职业方向至关重要。当个人全身心投入工作时，不仅能够提高产出质量，还能在职业道路上找到真正的热爱和成就感。最后，科学决策、以终为始(CASVE 科学模型)能够帮助个人避免盲目行动，提高决策效率，并确保职业发展目标与长期规划的一致性。通过系统化、结构化的决策过程，个人能够更加稳健地实现职业目标，迈向成功的彼岸。

一、拥抱变化、接纳不确定性

对于即将步入社会或正在校园内为未来职业生涯做准备的大学生而言，拥抱变化、接纳不确定性不仅是个人成长的重要课题，更是未来职业道路上不可或缺的竞争力。在这个日新月异的时代，新技术、新观念、新行业层出不穷，只有那些能够灵活适应变化、勇于探索未知领域的人，才能在激烈的职场竞争中脱颖而出。

(一)适应快速变化的环境：大学生面临的挑战

全球化和信息化的浪潮以前所未有的速度推动着社会的发展。对于即将步入社会的大学生而言，他们面临着前所未有的挑战，其中最核心的就是如何适应快速变化的环境。

1. 技术迭代加速

随着科技的飞速发展，新技术层出不穷，迭代速度之快令人咋舌。人工智能、大数据、区块链、物联网等新兴技术正在深刻改变着社会的每一个角落。对于大学生来说，不仅要掌握扎实的专业知识，还要紧跟技术前沿，不断学习新技术，以适应未来职场的需要。然而，技术的快速迭代往往让大学生感到应接不暇，他们需要在有限的时间内，选择性地学习那些对未来职业发展最有帮助的技术。

2. 行业变革频繁

随着技术的发展和市场的变化，行业格局也在不断调整。一些传统行业如制造业、零售业等正在经历深刻的变革，而新兴行业如互联网、金融科技、新能源等则蓬勃发展。这种行业变革对大学生的职业生涯规划产生了深远的影响。他们需要密切关注行业动态，了解行业的发展趋势和就业前景，以便为自己的未来做好规划。然而，行业的频繁变革往往使得大学生的职业生涯规划变得扑朔迷离，他们需要在不确定性中寻找确定性，为自己的职业发展找到一条清晰的路径。

3. 全球化竞争加剧

全球化的发展使得国际的交流和竞争日益频繁。对于大学生来说，他们不仅要面对国内同行的竞争，还要面对来自全球性挑战。这就要求他们不仅要具备扎实的专业技能，还要具备跨文化交流的能力和国际视野。然而，对于大多数大学生来说，他们的国际经验有限，对全球化竞争的认识也不够深入。因此，他们需要在大学期间积极参加国际交流活动，提升自己的国际竞争力。

4. 职场需求变化

随着社会的进步和人们观念的转变，职场需求也在不断变化。对于大学生来说，他们不仅要关注专业技能的提升，还要注重综合素质的培养。例如，沟通能力、团队协作能力、创新能力等在职场中越来越重要。然而，这些能力的培养往往不是一蹴而就的，需要大学生在大学期间通过参加各种实践活动来不断锻炼和提升。

5. 信息过载与选择困难

在信息化时代，大学生面临着海量的信息。这些信息既包括专业知识、行业动态，也包括各种职业生涯规划和求职信息。然而，信息过载往往导致大学生在选择时感到困惑和迷茫。他们需要在海量的信息中筛选出对自己有用的部分，并做出明智的选择。这不仅需要他们具备强大的信息筛选和处理能力，还需要他们具备清晰的职业生涯规划和目标。

(二)培养韧性：面对不确定性的心态调整

在快速变化的现代社会，不确定性如影随形，对于即将步入社会的大学生而言，如何在这种环境中培养韧性，调整心态，显得尤为重要。韧性不仅关乎个人在逆境中的生存能力，更是实现职业发展和人生目标的关键要素。以下是对培养韧性、面对不确定性心态调整的详细探讨。

1. 认知重构：从恐惧到接纳

(1) 认识不确定性。首先要认识到，不确定性是生活的常态，无论是技术进步、行业变革还是个人职业发展，都充满了未知。理解这一点，有助于减少因未知而产生的恐惧感。

(2) 接纳而非逃避。面对不确定性，逃避不是长久之计。学会接纳它的存在，将其视为成长的机会，而非障碍。这种态度的转变，能够帮助大学生更加积极地面对挑战。

2. 自我反思与定位

(1) 明确个人优势。通过自我反思，了解自己的长处和短处，明确个人优势和核心竞争力。有助于在不确定性中找到自己的定位，增强自信。

(2) 设定灵活目标。在不确定性的环境中，设定过于刚性的目标可能会带来不必要的压力。相反，设定一些灵活、可调整的目标，能够让自己在面对变化时更加从容。

3. 持续学习与适应

(1) 终身学习。技术迭代和行业变革要求大学生保持持续学习的态度，不断更新知识和技能。这不仅能够提升个人竞争力，还能增强面对不确定性的适应能力。

(2) 灵活调整策略。面对行业变革或市场需求的变化，大学生需要灵活调整自己的职业生涯规划和学习路径，确保自己的发展方向与市场需求保持同步。

4. 情绪管理与压力释放

(1) 积极情绪培养。保持乐观、积极的心态，通过冥想、运动等方式，培养正面的情绪状态，有助于更好地应对不确定性带来的压力。

(2) 建立支持系统。与家人、朋友、导师或同学建立良好的沟通关系，分享自己的感受和困惑，寻求支持和建议，共同面对不确定性带来的挑战。

5. 实践与创新

(1) 勇于尝试。通过参与实习、社会实践、创新创业等活动，将理论知识转化为实践能力，同时在实践中学习和适应不确定性。

(2) 培养创新思维。鼓励自己提出新想法、新方法，勇于尝试和实验，即使失败也能从中汲取经验，不断提升自己的创新能力。

6. 长期规划与短期行动

(1) 制定长期规划。虽然未来充满不确定性，但制定一个大致的长期规划，可以帮助大学生明确自己的发展方向，保持前进的动力。

(2) 落实短期行动。将长期规划分解为具体的短期行动步骤，每完成一个小目标，都是对不确定性的一次胜利，同时也是对自己韧性的锻炼。

(三)发现新机遇：勇于探索未知领域

在快速变化的社会环境中，变化不仅带来了挑战，更孕育着无限的机遇。对于大学生而言，勇于拥抱变化、积极接纳不确定性，意味着要敢于踏入未知领域，去探索和发现新的职业发展机会。

1. 紧跟新兴行业趋势

随着科技的飞速发展，一些新兴行业如人工智能、大数据、云计算、物联网、区块链等，正在成为推动社会进步的重要力量，同时也为大学生提供了广阔的就业前景。这些行业不仅薪资待遇优厚，而且发展前景广阔，是大学生职业生涯规划中的理想选择。

大学生可以通过参加相关课程、实习、项目或研讨会，深入了解这些新兴行业的发展趋势、技术应用和市场需求。通过实践经验的积累，大学生可以逐步掌握行业所需的专业技能，为未来的职业发展打下坚实的基础。

2. 关注社会热点与行业需求

社会热点和行业需求是大学生发现新机遇的重要窗口。随着社会的不断进步和人们需求的不断变化，新的职业岗位和就业机会不断涌现。大学生可以通过关注社会热点新闻、行业报告、市场调研等信息，了解当前社会的需求和未来的发展趋势。

同时，大学生还可以结合自己的兴趣和专长，寻找适合自己的职业发展道路。例如，随着环保意识的提高，绿色经济和可持续发展成了社会关注的焦点。大学生可以关注环保、新能源、绿色建筑等领域的职业发展机会，将自己的专业知识和技能应用于这些领域，为社会作出贡献的同时，也实现个人价值的提升。

3. 勇于尝试与创新

勇于尝试和创新是大学生发现新机遇的关键。在面对未知领域时，大学生需要保持开放的心态，勇于尝试新事物，不断探索新的可能性。通过实践和创新，大学生可以发现新的市场需求和商业模式，从而为自己的职业发展创造更多的机会。

同时，大学生还可以利用自己的创新思维和创业精神，积极投身于创新创业活动。通过创办自己的企业、参与创业项目或加入创业团队，大学生可以将自己的创意和想法转化为现实，实现个人职业发展的飞跃。

案例 10-5

小明，一个对未来充满憧憬的计算机科学专业大学生，自踏入大学校园的那一刻起，就怀揣着探索科技奥秘的梦想。一次偶然的机会，他在学校图书馆翻阅资料时，被一本关于人工智能的书籍深深吸引。书中描述的智能机器、自动化决策和数据分析等前沿技术，让他仿佛看到了一个全新的世界。

"这就是我要追求的职业方向！"小明心中暗自决定。于是，他开始利用课余时间自学人工智能相关知识，参加各种讲座和研讨会，渴望深入了解这个领域。

机会总是留给有准备的人。大二下学期，小明得知学校将与一家知名科技公司合作，开展人工智能实习项目。他毫不犹豫地报了名，并凭借扎实的专业基础和出色的表现，成功获得了实习机会。

然而，实习生活并非他想象中的那样轻松。面对复杂的算法、繁重的任务以及陌生的工作环境，小明遭遇了前所未有的挑战。他常常需要花费数小时甚至数天的时间来调试一个程序，而结果往往不尽如人意。有时，一个看似简单的 bug，却会让他陷入长时间的困惑和迷茫。

"我真的能行吗？"小明开始怀疑自己的能力。每当夜深人静，他独自坐在电脑前，面对着满屏的代码和错误信息，心中充满了挫败感。但每当这个时候，他都会想起自己最初的梦想，以及那些为梦想付出努力的日夜。他知道，放弃不是他的选择。

于是，小明开始调整自己的心态和策略。他主动与团队成员沟通，寻求他们的帮助和建议。同时，他也开始更加系统地学习人工智能的相关知识，尝试从不同的角度和层面去理解和解决问题。

在一次项目讨论会上，小明提出了一个创新的解决方案，成功解决了困扰团队已久的难题。这个方案不仅得到了领导的认可，还为公司带来了可观的收益。那一刻，小明深刻体会到了努力的价值和创新的魅力。

实习结束后，小明凭借出色的表现和丰富的经验，成功获得了公司人工智能研发岗位的工作。他深知，这只是一个开始，未来的路还很长。但他相信，只要保持好奇心和学习的欲望，勇于尝试和探索，就一定能够在人工智能领域取得更大的成就。

(资料来源：本书作者整理编写)

二、专注选择，获得心流体验

心流体验是一种积极的心理学概念，由匈牙利裔美国心理学家米哈里·齐克森米哈里 (Mihaly Csikszentmihalyi)于 1960 年提出，描述的是个体在从事某项活动时完全沉浸其中，忘却时间流逝，感到充实和满足的状态。在这种状态下，人们会全神贯注于任务本身，忽略外界干扰，甚至达到一种"忘我"的境界。

心流体验的特点包括：

● 专注：高度集中于当前任务。
● 挑战与技能的平衡：任务难度与个人能力相匹配。
● 明确的目标：清晰的任务导向。
● 即时反馈：能够快速评估进展。
● 深度投入：完全沉浸在活动中。
● 时间感的消失：忘记时间的流逝。

当人们处于心流状态时，不仅会感到兴奋和充实，还会因活动的内在乐趣而持续参与。这种内在动机比外在奖励更能持久地推动学习或工作，因此心流体验被视为一种"最优体验"，有助于提升学习效率、工作质量和心理健康水平。

(一)明确目标与选择

对于大学生而言，明确职业目标和兴趣所在是职业发展的第一步，这不仅为未来的学习和工作指明方向，还能帮助他们在职业生涯中保持持续的动力和热情。

1. 深入了解自我

大学生可以通过自我评估、职业性格测试、技能盘点等方式，了解自己的专业背景、技能优势、个人价值观和兴趣所在。参加职业规划课程、与行业专家交流或进行职业咨询也是获取自我认知的有效途径。

2. 探索职业领域

在明确兴趣和能力后，大学生需通过查阅行业报告、参加行业研讨会、实习或志愿服务等方式，了解不同职业的工作内容、发展前景、所需技能和薪资水平等信息。

3. 设定职业目标

结合自我认知和职业领域信息，设定具有挑战性且可实现的职业目标，包括短期目标(如完成某门课程、考取证书)、中期目标(如获得实习机会、参与项目)和长期目标(如进入目标行业、晋升至理想职位)。确保目标符合个人价值观，并将其分解为可操作的计划。

4. 专注于目标相关课程、实习和项目

一旦设定了职业目标，大学生应集中精力于与目标紧密相关的课程、实习和项目。这不仅能帮助他们提升关键技能，还能积累宝贵的实践经验，并逐步构建与职业目标相符的人脉网络。在选择课程时，应优先考虑那些能够显著增强职业竞争力的课程；而在选择实

习和项目时，则应寻找那些能提供丰富实践机会且与职业目标高度契合的经验。

5. 避免分散精力

在职业发展的过程中，大学生很容易受到多种因素的影响而在不相关的领域分散精力。这种分散可能源于对多个职业领域的兴趣，或是受到同学、朋友和家人的影响。然而，精力的分散会削弱对职业目标的专注度，进而影响职业发展的效率和效果。因此，大学生需要学会抵制各种诱惑，保持对职业目标的坚定专注，避免在无关领域浪费时间和精力。

(二)培养专注力

明确职业目标后，培养专注力变得尤为重要。专注力是大学生在学习和工作中保持高效、减少干扰的关键。以下是对培养专注力的详细拓展讲解。

1. 设定时间限制

设定时间限制是培养专注力的有效方法。大学生可以为自己设定一个时间段，专注于完成某项任务或学习某个主题。在这个时间段内，他们应该避免被其他事情打扰，全神贯注当前任务。设定时间限制有助于大学生更好地管理时间，提高学习和工作效率。

2. 使用专属工具

随着科技的发展，越来越多的专注工具应运而生。这些工具可以帮助大学生屏蔽干扰、提高专注力。例如，Forest 是一款受欢迎的专注工具，它通过将用户种植的虚拟树木与专注时间挂钩来激励用户保持专注。当用户离开应用去浏览社交媒体或其他干扰源时，他们的树木就会枯萎。此外，还有一些专注工具提供白噪声、冥想音乐等功能，帮助用户放松心情，提高专注力。

3. 寻找安静的学习环境

学习环境对专注力有很大影响。在嘈杂的环境中，大学生很难保持专注。因此，他们应该寻找一个安静、舒适的学习环境，如图书馆、自习室或安静的咖啡馆。在这个环境中，他们可以更好地集中注意力，提高学习和工作效率。

4. 保持规律作息

规律的作息有助于大学生保持精力充沛和注意力集中。他们应该每天保持固定的睡眠时间，避免熬夜和赖床。此外，他们还应该合理安排饮食和锻炼时间，保持身体健康和心理健康。

5. 练习冥想和放松技巧

冥想和放松技巧是培养专注力的有效方法。冥想可以帮助大学生放松身心，提高注意力集中度。他们可以通过练习冥想技巧来减轻压力、提高情绪稳定性和专注力。此外，深呼吸、瑜伽等放松技巧也有助于大学生保持专注和放松。

(三)获得心流体验

1. 选择具有挑战性的任务

为了获得心流体验，大学生需要选择具有挑战性的任务。这些任务应该既不过于简单也不过于困难，以保持挑战与技能的平衡。当任务过于简单时，大学生很容易感到无聊和乏味；当任务过于困难时，他们又会感到焦虑和沮丧。因此，选择具有挑战性的任务有助于大学生保持兴趣和动力，进入心流状态。

2. 设定明确的目标和步骤

设定明确的目标和步骤是获得心流体验的关键。大学生应该将任务分解为具体的小目标，并为每个小目标设定清晰的步骤。这样做有助于他们更好地追踪进度和保持专注。同时，明确的目标和步骤还能让大学生在完成任务时获得成就感，从而更容易进入心流状态。

3. 及时反馈和调整

在完成任务的过程中，大学生需要及时获取反馈并进行调整。反馈可以帮助他们了解自己的表现，发现不足并进行改进。同时，及时的反馈还能让大学生保持对任务的热情和动力。在调整过程中，大学生应该根据自己的实际情况和反馈结果来优化任务目标和步骤，以提高效率和效果。

4. 寻找激励和奖励

为了保持对任务的热情和动力，大学生需要为自己设定激励和奖励机制。这些激励和奖励可以是物质上的，如购买一件心仪的物品或享受一顿美食；也可以是精神上的，如获得他人的认可和赞赏。设定激励和奖励机制有助于大学生保持对任务的积极态度，更容易进入心流状态。

5. 保持兴趣和好奇心

兴趣和好奇心是获得心流体验的重要因素。当大学生对某项任务感兴趣时，他们更容易全身心地投入其中，忘记时间的流逝。因此，大学生应该保持对事物的兴趣和好奇心，不断探索新的领域和主题。同时，他们还可以尝试将兴趣与职业发展相结合，让学习和工作变得更加有趣和有意义。

(四)实践与应用

将专注选择和获得心流体验的理念应用于职业发展中，大学生可以更加高效地学习和成长。

1. 选择与目标相关的任务

大学生应该选择与职业目标紧密相关的任务。这些任务不仅有助于他们提升相关技能，还能积累实践经验，为未来的职业发展打下基础。在选择任务时，大学生要优先考虑那些能够锻炼自己核心技能和提升职业竞争力的任务。

2. 专注于提升相关技能

大学生需要不断提升自己的相关技能。这些技能可以是专业领域的技能，如编程、设计或市场营销；也可以是软技能，如沟通、协作和领导力。通过专注于提升相关技能，大学生可以增强自己的竞争力，为未来的职业发展做好准备。

3. 寻找心流体验

大学生应该积极寻找心流体验。这可以通过选择具有挑战性的任务、设定明确的目标和步骤、及时反馈和调整以及寻找激励和奖励等方式来实现。

4. 积累经验和建立网络

大学生需要积累经验和建立网络。通过参与实习、项目、社团活动等，他们可以积累实践经验，了解行业动态和职业发展趋势。同时，他们还可以与同行、导师和业界专家建立联系，拓展人脉资源。这些经验和网络将成为他们未来职业发展的重要支撑。

5. 持续学习和成长

职业发展是一个持续学习和成长的过程。大学生应该保持对新技术、新知识和新方法的关注和学习。通过参加培训、研讨会、在线课程等方式，他们可以不断提升自己的专业素养和综合能力。同时，他们还应该保持对行业的敏锐洞察力和创新精神，以适应不断变化的市场需求。

三、科学决策，以终为始(CASVE 模型)

CASVE 模型，即沟通(Communication)、分析(Analysis)、综合(Synthesis)、评估(Valuation)与执行(Execution)的决策模型(见图 10-1)，是一种经典的决策制定方法。它能够帮助人们在复杂环境中做出明智的决策。这个模型不仅适用于职业生涯决策，也可以应用到日常的工作和生活决策中。

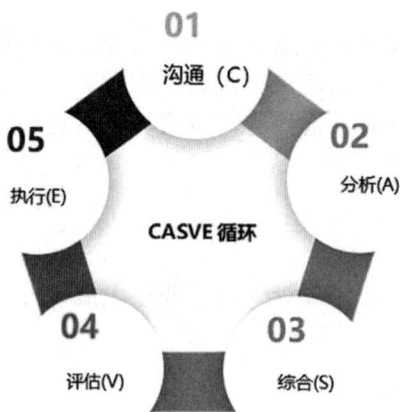

图 10-1　CASVE 循环图

(一)沟通(Communication)：明确需求与目标

1. 定义与重要性

沟通是 CASVE 模型的第一步，也是整个决策过程的起点。它要求个体识别自己当前面临的问题、需求和目标，明确自己想要达到的状态。对于大学生而言，沟通意味着要深入了解自己的兴趣、能力、价值观以及职业发展的期望，同时也要关注外部环境的变化，如行业动态、市场需求等。这一过程是决策的基础，只有明确了需求和目标，才能为后续的分析、综合、评估和执行提供方向。

2. 操作步骤

(1) 自我认知。通过自我评估工具(如性格测试、兴趣测试、技能评估等)了解自己的优势和劣势，明确自己的职业倾向和兴趣领域。

(2) 信息收集：利用图书馆、网络资源、行业报告、校友网络等渠道，收集与职业发展相关的信息，如行业趋势、职位需求、薪资待遇等。

(3) 目标设定：根据自我认知和信息收集的结果，设定短期和长期的职业发展目标，确保这些目标既符合自己的兴趣和价值观，又具有可行性和挑战性。

(4) 反馈与调整：与导师、家人、朋友或职业生涯规划师进行交流，获取他们的意见和建议，对设定的目标进行反馈和调整，确保目标的合理性和有效性。

3. 注意事项

(1) 保持开放心态。在沟通阶段，要保持开放的心态，勇于面对自己的不足和挑战，同时也要积极寻求外部支持和帮助。

(2) 避免盲目跟风。不要盲目追求热门行业或高薪职位，而要根据自己的兴趣和优势进行决策。

(3) 定期回顾：随着个人成长和外部环境的变化，定期回顾和调整自己的目标和计划，确保决策的持续性和有效性。

(二)分析(Analysis)：理解现状与目标之间的差距

1. 定义与重要性

分析是 CASVE 模型的第二步，它要求个体对现状和目标之间的差距进行深入的思考和研究。对于大学生而言，分析意味着要评估自己的能力与目标职位之间的匹配程度，识别出需要提升的技能和素质，以及可能面临的困难和挑战。这一过程是决策的关键，它能够帮助个体更加清晰地认识自己的优势和劣势，为后续的综合、评估和执行提供有力的支持。

2. 操作步骤

(1) SWOT 分析。对自己的优势(Strengths)、劣势(Weaknesses)、机会(Opportunities)和威胁(T 用人单位 eats)进行全面分析，明确自己的竞争力和潜在风险。

(2) 技能评估。根据目标职位的要求，评估自己的技能水平，识别出需要提升的技能和素质。

(3) 资源盘点。盘点自己现有的资源，如时间、金钱、人脉等，为后续的行动计划提供物质和精神支持。

(4) 问题识别。识别出可能阻碍自己实现目标的问题和挑战，如技能不足、缺乏实践经验、竞争激烈等。

3. 注意事项

(1) 客观分析。在分析阶段，要保持客观和冷静，避免过度乐观或悲观。

(2) 全面考虑。不仅要考虑自己的内部因素(如能力、兴趣等)，还要关注外部环境的变化(如行业趋势、市场需求等)。

(3) 制定行动计划。针对识别出的问题和挑战，制定具体的行动计划，为后续的综合评估提供基础。

(三)综合(Synthesis)：制定消除差距的行动方案

1. 定义与重要性

综合是 CASVE 模型的第三步，它要求个体根据分析阶段的结果，制定消除现状与目标之间差距的行动方案。对于大学生而言，综合意味着要将自己的兴趣、能力与目标职位的要求相结合，设计出符合自己实际情况的职业发展路径。这一过程是决策的核心，它能够帮助个体将抽象的目标转化为具体的行动计划，为后续的执行提供明确的指导。

2. 操作步骤

(1) 头脑风暴。通过头脑风暴的方式，列出所有可能的解决方案和行动计划，不要拘泥于传统的思维模式，勇于尝试新的想法和方法。

(2) 方案筛选。根据可行性和有效性对列出的方案进行筛选和排序，确保最终选择的方案既符合自己的实际情况，又能够最大程度地消除现状与目标之间的差距。

(3) 制定行动计划。针对最终选择的方案，制定详细的行动计划，包括具体的步骤、时间表和资源需求等。

(4) 风险评估。对行动计划进行风险评估，识别出可能面临的风险和挑战，并制定相应的应对措施。

3. 注意事项

(1) 创新思维。在综合阶段，要勇于尝试新的想法和方法，不要局限于传统的思维模式。

(2) 可行性评估。在筛选方案时，要注重方案的可行性和有效性，确保最终选择的方案能够切实解决问题。

(3) 灵活调整。随着外部环境和个人情况的变化，灵活调整行动计划，确保决策的适应性和灵活性。

(四)评估(Valuation)：权衡利弊，确定最优选择

1. 定义与重要性

评估是 CASVE 模型的第四步，它要求个体对综合阶段制定的行动方案进行权衡和比较，确定最优的选择。对于大学生而言，评估意味着要综合考虑各种因素(如成本、收益、风险、可行性等)，对不同的行动方案进行排序和选择。这一过程是决策的关键环节，它能够帮助个体在多个选项中做出明智的选择，为后续的执行提供有力的保障。

2. 操作步骤

(1) 建立评估标准。根据自己的价值观和职业目标，建立评估标准，如成本效益、风险收益比、可行性等。

(2) 收集数据：通过调查、访谈、咨询等方式，收集与评估标准相关的数据和信息。

(3) 量化分析：对收集到的数据进行量化分析，如计算成本效益比、评估风险等级等。

(4) 权衡利弊：根据量化分析的结果，权衡不同行动方案的利弊，确定最优的选择。

(5) 撰写评估报告：将评估过程和结果撰写成报告，为后续的执行提供详细的参考依据。

3. 注意事项

(1) 客观评估。在评估阶段，要保持客观和公正的态度，避免主观偏见和情绪干扰。

(2) 全面考虑。不仅要考虑直接的成本和收益，还要关注间接的影响和长期效益。

(3) 及时调整。随着外部环境和个人情况的变化，及时调整评估标准和结果，确保决策的准确性和有效性。

(五)执行(Execution)：将决策结果付诸实践

1. 定义与重要性

执行是 CASVE 模型的最后一步，也是决策过程的终点。它要求个体将前面阶段制定的行动方案付诸实践，通过实际行动来实现自己的目标和愿景。对于大学生而言，执行意味着要克服各种困难和挑战，坚持不懈地追求自己的职业发展目标。这一过程是决策的最终体现，它能够将抽象的决策转化为具体的成果和效益。

2. 操作步骤

(1) 制定详细计划。根据评估阶段确定的最优选择，制定详细的行动计划，包括具体的步骤、时间表和资源需求等。

(2) 组建团队。如果行动方案需要团队合作，要组建一个高效、协作的团队，明确各成员的职责和分工。

(3) 资源调配。根据行动计划的要求，调配所需的资源(如时间、金钱、人脉等)，确保行动的顺利进行。

(4) 执行监控。在执行过程中，要密切关注进度和效果，及时发现问题并采取相应的解决措施。

(5) 总结反馈。执行结束后，对执行过程和结果进行总结和反馈，评估决策的有效性和可行性，为后续的决策提供参考依据。

3. 注意事项

(1) 坚持不懈。在执行阶段，要克服各种困难和挑战，坚持不懈地追求自己的目标。

(2) 灵活应变。在执行过程中，要根据实际情况灵活调整行动计划，确保决策的适应性和灵活性。

(3) 团队合作。如果行动方案需要团队合作，要注重团队建设和协作精神，确保团队成员之间的沟通和协作顺畅。

(4) 总结反思：执行结束后，要及时总结和反思执行过程和结果，提炼经验教训，为后续的行动提供借鉴和参考。

本 章 小 结

在职业选择与就业心理准备的过程中，我们深刻体会到就业压力是不可避免的现实，它源于多方面的不确定性，如市场需求的波动、个人能力的评估以及家庭与社会的期望等。然而，面对这些压力，我们不能选择逃避，而应积极寻求化解之道。通过深入分析压力源，我们可以制定个性化的应对策略，如提升专业技能、明确职业生涯规划、保持健康的生活习惯以及积极寻求社会支持等。

同时，我们也意识到，改变消极的生涯观念对于职业发展至关重要。在职业选择和求职过程中，我们常会受到一些非理性信念的影响，如追求完美的工作、过分看重物质利益等。这些信念往往会束缚我们的思维，阻碍我们的职业发展。因此，我们需要树立合理的生涯信念，如将工作视为实现个人价值和社会贡献的途径，而非仅仅追求物质回报。

此外，我们还学会了如何获得职业发展的积极力量。拥抱变化、接纳不确定，使我们能够保持开放的心态，不断适应新的职业环境。专注选择、获得心流体验，则让我们能够在热爱的工作中体验到成就感与满足感。而科学决策、以终为始的 CASVE 模型，更是为我们提供了一个系统性的决策框架，帮助我们更加理性地思考职业选择问题，制定切实可行的职业发展计划。

总之，职业选择与就业心理准备是一个持续的过程，需要我们不断学习、调整和优化。只有这样，我们才能在职业生涯中不断成长和进步，实现个人价值和社会贡献。

复习与思考

(1) 你在成长过程中遇到过哪些压力？你是如何应对这些压力的？

(2) 你认为还有哪些方法可以更有效地应对压力？

(3) 你在职业选择过程中是否存在非理性信念？这些信念是如何影响你的决策的？

(4) 你打算如何调整自己的生涯观念，以更加理性和积极的心态面对职业发展？

(5) 你是否明确自己的职业目标和价值观？你的职业发展计划是什么？

第十一章　职业适应与发展

课程目标

- **知识目标**：通过本章的学习，大学生了解职业适应的因素，明确大学生在职业角色转换中容易出现的问题及职业适应的主要内容，分析如何塑造良好职业形象的因素和方法，了解职业生涯发展的理论和如何提高职场沟通能力。
- **能力目标**：帮助大学生提高职场适应能力，学会从大学生向职场人角色转换，学会提升良好的职业形象的方法，学会制定自身有效的职业发展规划和职场沟通技巧。
- **素质目标**：培养大学生积极乐观的心态，顺利走入职场并适应职场，引导大学生将个人的职业生涯发展与国家的前途命运相结合。

重点和难点

(1) 了解职业化精神和能力发展的因素。

(2) 实现从大学生到职业角色的转变。

(3) 掌握塑造良好职业形象的因素和方法。

(4) 有效管理自己的职业生涯。

(5) 提高职场沟通能力。

知识结构逻辑图

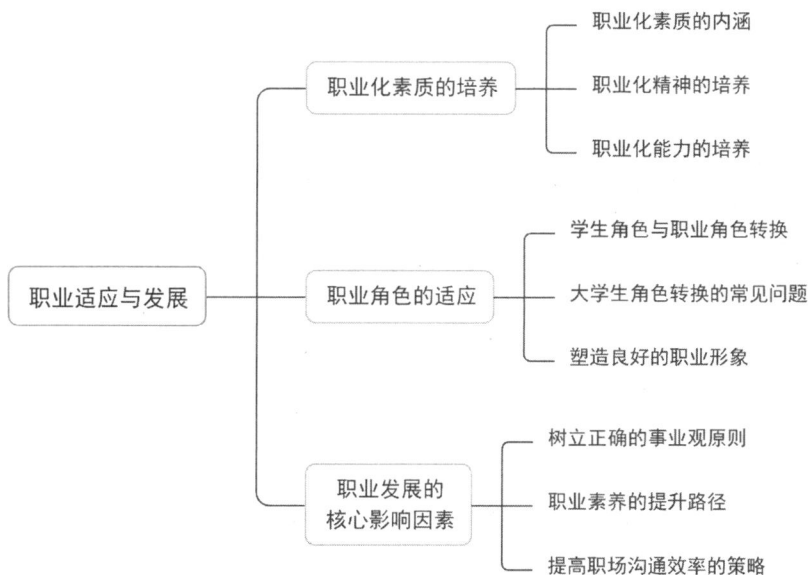

```
                                         ┌─── 职业化素质的内涵
                        ┌─ 职业化素质的培养 ├─── 职业化精神的培养
                        │                 └─── 职业化能力的培养
                        │
                        │                 ┌─── 学生角色与职业角色转换
职业适应与发展 ─────────── ├─ 职业角色的适应  ├─── 大学生角色转换的常见问题
                        │                 └─── 塑造良好的职业形象
                        │
                        │                 ┌─── 树立正确的事业观原则
                        └─ 职业发展的      ├─── 职业素养的提升路径
                           核心影响因素     └─── 提高职场沟通效率的策略
```

情景导入

　　浙江某高校计算机专业大四大学生小王，在校期间学习认真，连续三年获校奖学金。他十分关注学习成绩，学习刻苦努力。大三时他决定参加研究生考试，希望考入更好的学校，提升自己的平台。然而，经过一年的努力，在研究生考试中因准备不足而失利，于是他决定去找工作。很快，小王获得了一个工作的机会，在一家互联网公司做项目助理。进入公司后，小王总觉得项目经理不重视他，没给安排重要的工作，同事排挤他，处处防备他，在工作岗位上有很多的不适，最终选择辞职。经过与小王的深入交流，发现他进入公司后对公司的工作内容、性质和企业的文化了解甚少，且在角色转换的准备上也是显得不足，导致后期的适应中都是采用被动应对，缺少主动沟通，从而导致了多种不适应。

　　当代大学生意气风发，张扬个性，对社会的理解往往简单化、理想化，初涉职场表现得欲望强烈，急于表现、升迁和加薪，锋芒毕露。一旦愿望受挫，又会怨天尤人、灰心丧气、满腹牢骚。这些心态对初涉职场的大学生很不利的，难怪人们常常感叹："世上本无事，庸人自扰之"。平常心也是人生的一种修养。平静地对待生活，为了理想可以不断地去追求，但奋斗的路上充满艰辛和荆棘，只有时刻保持平常心态去面对，才能走出荆棘，走向成功。

(资料来源：本书作者整理编写)

第一节　职业化素质的培养

职业化素质的培养.mp4

　　研究人力资源开发与管理的专业学者认为，"职业化"是通过一段时间的专门训练，将员工培养成具有业务知识技能、先进服务理念和高尚职业道德的人才，在为企业创造价值的同时，员工的自身价值及潜能也得以不断实现和挖掘，这是一个塑造的过程。

一、职业化素质的内涵

　　职业化素质涵盖三方面内容：一是职业技能，指具备技术技能的应用型人才；二是职业行为，包括职业道德和工作行为；三是职业意识，主要包括职业态度、团队意识、职业价值观与职业形象等。职业化素质是职业化的具体表征和标尺，其中应用型的职业技能则是职业化素质的首要关键要素。

　　大学生职业化是在已有理论分析的基础上，基于支撑地域经济结构的调整和产业升级的现实背景，为破解大学生就业难题，根据工作岗位的实际需求，从专业教育、实践实训、就业指导等方面着手培养的过程。通过培养，使大学生具备先进服务理念、良好职业道德和精湛专业能力等职业化素养，能够充分适应职场要求，实现校园与职场的无缝衔接，并顺利向职业人角色转变，真正提高大学生的就业能力。

二、职业化精神的培养

　　所谓"职业化精神"，是指与人们的职业活动紧密联系、具有自身职业特征的精神。

也可以这样说，职业化精神是在一定社会环境(或企业文化)影响下，基于一定的专业和技能水平所反映出的员工(或群体)特有的价值观和精神面貌。如何培养和强化大学生的职业化精神已成为高校迫在眉睫的研究课题。目前的相关研究虽然很多，但大多局限于某一方面或某一角度，可以从以下几个方面着手培养大学生职业化精神。

(一)规划好职业生涯是职业化精神培养的前提

俗话说"志不立，天下无可成之事"，确定目标可以成为追求成功的驱动力。在校期间，大学生应该在学好专业知识、熟练专业技能的同时，学会规划好自己的职业生涯，自觉加深对职业化精神的认识。只有做好了对自我、对行业、对环境的分析，合理、科学地规划好自己的大学生活和职业生涯，才能向着目标的方向努力，增添自己的竞争力，以便更加适应社会的选择和职场的发展。

(二)德育教育是职业化精神培养的重要环节

德育教育的质量直接关系到我们培养的人才能否成为社会的有用人才。通过加强对大学生的德育教育，使他们认识到所学专业的社会价值，明确自己在职业生涯中的地位、权利和义务，帮助他们树立社会责任感，养成职业化精神的意识。德育教育应先从课堂理论教学入手，逐步向养成教育和实践教学过渡，确保高校德育教育的系统性和完整性。从而使大学生自觉提高职业道德素质，完成职业道德的教育和自我职业道德的养成，激励他们对职业精神的追求。

(三)校园文化是职业化精神培养的基本阵地

高校的校园文化作为一种隐性的德育资源，是实施思想教育的重要途径。无论是物质层面的校园基础设施，还是精神层面的校园文化氛围，都会对大学生的培养产生积极影响。当前高校的校园文化以丰富多彩的平台，极大地丰富了大学生的业余文化生活，拓展了大学生的知识面，培养大学生的人文素质，磨炼了大学生的实践能力，对大学生职业精神的教育起着至关重要的作用。

(四)构建合理知识结构是职业化精神培养的基础

随着社会经济和科技的高速发展，社会对未来人才知识结构的综合性提出了更高的要求。大学生既要很好地适应社会需要，又能充分体现个人特色；既要满足专业要求，又能具备良好人文修养；既要激发群体优势，又能展现个人专长。为帮助大学生构建合理的知识结构，高校要积极探索适合大学生特点的教学方法和手段，特别要围绕他们在职业化精神方面存在的问题和困惑，采用课堂讲授、专题讨论、热点答疑、情景再现等形式，增强教学的针对性和实效性。同时，利用网络、多媒体等现代教育手段，增加教学的趣味性和吸引力。

(五)勤于实践是职业化精神培养的主要途径

职业生涯规划能否实现，很大程度上取决于能否立即行动。职业化精神是高度角色化和实践化的品德。职业道德和职业精神的形成只有在日常生活和实践中才能得到实现。例如，高校组织开展大学生志愿者暑期文化科技卫生"三下乡"社会实践活动，按照先调研、后立项、再组队的模式，将专业学习与服务社会、勤工助学、择业就业、创新创业相结合，让大学生在实践中去领悟、体会和感受，从而培养良好的职业道德和职业精神。

三、职业化能力的培养

当前高校对大学生职业化能力的培养还存在诸多问题，具体表现在：部分高校缺乏对职业化能力培养的共识，"双师型"教师队伍建设不足，难以为大学生提供高质量的职业化能力教育。与此同时，部分高校在推进校企合作办学上工作不力，导致校内实训室和校外就业实习基地建设不足，所采用的教学方法刻板、守旧，不利于培养大学生的职业化能力。

(一)提升职业化能力教育的思想认识

学校应对全校师生进行统一的提升职业化能力教育的思想教育，把大学生培养成工程型、技术型和技能型的专门人才的思想深植在师生的心里。这有利于教师在课堂教学中深入实施职业化能力教育，最终把大学生培养成理论素养高、口头表达能力强、实践动手能力过硬的实用型人才。应用型院校就是为社会培养实用型人才，与市场接轨，多开设些符合市场需求的实用性课程，提高大学生职业化能力教育水平。

(二)强化"双师型"师资队伍建设

高校应大力开展"双师型"师资队伍建设，鼓励教师以挂职的形式深入企业一线，在完成具体工作的过程中提升自身专业技术素质。具体而言，教师的专业能力要求包括"会""熟""精""专"四个层次：其中，"会"是指掌握基本的专业技能，能独立或合作完成自身工作；"熟"是指熟练掌握相应的知识和技能，能够简化工作流程、高效完成工作；"精"是指精通本专业理论知识和实践技能，达到一线技术人员的技能水平；"专"是指拥有一项及以上高水平专业技能，具备成为领域内专家的专业水准，除了教师挂职锻炼外，高校还应面向专职教师开展系统性培训，邀请企业管理者和一线技术人员担任培训教师，提升教师的专业技术和岗位实践能力，进而为增强大学生的职业化能力奠定基础。

(三)积极拓展校企产学研合作

高校要从合作企业聘请高管定期或者不定期到大学课堂开展职业化能力教育，从企业一线职工中选拔能工巧匠、技术骨干担任兼职教师，帮助其提高教育教学理论水平和实践能力，使其成为稳定的校外兼职教师。应用型高校还要根据专业要求，灵活地从生产第一线、公司等单位，聘请既具有一定的理论知识、又具有丰富实践经验的教师进行教学。这不仅满足了学校职业化能力教育教学需要，还能让大学生在掌握理论知识的同时，学习到来自现场的实践经验，拉近课堂与社会的距离，实实在在提高其实践能力。高校应积极拓展校外就业实习基地，与地方企业保持良好的沟通和合作，利用企业资源积极开展校外就业实习基地建设，为大四大学生提供实践教学场所。校外就业实习基地有助于提升大学生的实践技能水平，凸显应用型高校的实践育人宗旨，是大学生职业化能力培养的最后环节，对提升职业化能力人才培养质量具有重要意义。

第二节　职业角色的适应

职业角色的适应.mp4

大学毕业生告别校园，步入全新的、与校园截然不同的职场环境，这无疑是其人生的一大转折。大学毕业生的角色转变成功与否，直接影响着他们事业的成功与失败。如不能及时进行角色转变，他们在工作中就会遇到诸多困难，甚至会影响自己的成长与发展。帮助大学生掌握角色转换的相关知识和技能，寻找有效途径和方法尽快帮助毕业生适应新的角色，是高校毕业生教育的重要内容。

一、大学生角色与职业角色转换

角色是指个体在特定的社会关系中处于一定位置时所执行的职能。社会角色是指与人们的某种社会地位、身份相一致的一整套权利、义务的规范与行为模式。它是人们对具有特定身份的人的行为期望，构成了社会群体或组织的基础。角色转换是指个体因社会任务和职业生涯的变迁，从一个角色进入另一个角色的过程，其根本变化是社会权利和义务的变化。大学生完成学业，获得相应的能力，走向社会，开始自己的职场生活，意味着大学生角色的终结和职业角色的开始。由于每个单位、每个工作岗位都有体现工作性质和特点的规章制度、操作程序和行为规范，因此，对新上岗的人员都有一定的业务和能力的考察，也有一定的适应期。大学毕业生完成角色转换，意味着大学生时代的结束，工作生涯的开始。大学生在角色转换时，应对自己投入的角色有比较清晰的认识，明确其合理的定位，有助于他们走上岗位时克服可能产生的情绪波动和心理障碍，从而更好地掌握自己，为职业发展奠定良好的基础。

(一)大学生角色与职业角色的区别

1. 角色要求的不同

从大学生到职业角色的转换，对大学生提出了个人独立到团队合作的更高要求。在学校时代，大学生基本是独自完成各类作业、试卷、设计，即使需要完成团队作业，大学生也可以通过自己的努力单独搞定。教师有传道授业解惑的义务，所以当大学生遇到难题寻求老师的帮助时，老师会为之解答。一般情况下，只要大学生最后完成任务，不管用什么方式都可以。同时大学生可以张扬个性，充分展示自己的才能，没有人会当面指责。

但当我们离开学校步入职场后，工作任务完成的形式会发生巨大变化。要完成工作任务，更多地需要团队合作的力量。我们不再可能永远单独完成任务，因为几乎所有的任务都需要通过团队协作来完成。由于职场上的种种规则和惯例，员工可能会被强制要求用特定的方式去完成任务。当我们遇到难题想找领导寻求帮助时，不仅可能得不到领导的答复，还会给领导留下不好的印象，影响今后的发展。在大多数的职场中，个性往往受到限制。因此，作为职场人士，如果想要脱颖而出，就要想雇主所想，把工作业绩看成表现自我的机会，时刻准备竞争更高一级的职位，承担更多的任务和责任，从而实现自己的价值。

2. 学习目的不同

学校是教育者有计划、有组织地对受教育者进行系统教育的机构，其重要任务是让大学生掌握知识，并通过考试来检验知识的掌握程度。学校教育的目的是帮助大学生学会更好地融入社会，而学校主要传授理论知识。当我们离开学校步入职场的时候，理论知识需要转换为实践知识。在校所学的知识可能派不上用场，更多情况下需要我们自己在职场中去摸索，同时履行义务并获取报酬以及其他相应的社会福利待遇。

3. 社会规范不同

对于不同的社会角色有不同的行为规范和要求。大学生在学校接受教育，学校首先看重的是个人的学习成绩，其次是道德品质。在学校，逃课或者迟到都不会受到太严重的处罚。此外，即使在学校犯错，后果再严重关乎的也是我们自己的利益，对学校往往并不会造成太大的影响。

但是，职场的侧重点与学校完全不同。首先，单位看重的是个人业绩，公司里有严格的考勤制度，按规章办事，制度必须履行；其次，我们不能在工作中开小差。如果在工作中偷懒被领导发现，可能面临利益的损失，甚至被开除；最后，员工在职场上的失误不仅会影响个人发展，还可能会给公司造成重大损失，甚至需要我们承担法律责任。

4. 社会活动范围不同

毕业生在大学期间，同学之间朝夕相处，一起上课、吃饭，甚至作息时间也基本一致，这种关系就像家人一样。同学之间的关系一般很密切，大家相互关心、团结友爱，社会活动范围比较单一，关系也比较单纯，没有利益纠葛。虽然也有冲突，但能很快化解。

但是，职场上的情况则不然，同事不是同学，领导不是老师，大家都在各自岗位上扮演各自的角色，处理好同事关系非常重要。相处得好，自然开心；相处不好，就很糟心。同事关系与同学关系有很大区别，相处时必须摆正态度、区分场合。有些职业要与各种人打交道，社会活动范围显著扩大，要处理各种复杂的关系，有些人即使不想交往也得来往。

🅰 **案例 11-1**

一个刚大学毕业的大学生，由于经验不足，能力欠缺，在工作中出现了失误，受到上级的严厉批评，他很不开心，没心思工作。有人问他："你为什么不开心？"他说："经理骂我了"又问："你是不是工作没做好？"答："即便工作没做好，他也不应该对我这样态度恶劣。我长这么大，我爸、我妈都没对我大声喊过！"问："那你希望怎么样？"答："我希望下次再犯错时，他的态度能好点儿！"

这位大学生说的话意味着：我出错是难免的，我以后可能还会出错，但我再出错时，要改的是经理，不是我，他应该提高管理艺术。试问：如果这位大学生有这样的想法，下次再做同样的工作、重复同样的错误，上级对他的态度会好一些，还是会更严厉一些呢？

作为职场人，在犯错误时，正确的说法应该是："我今天工作出错了，上级严厉地批评了我，我很不开心。下次我一定把事情做好，争取不再被批评。"

(资料来源：本书作者整理编写)

总之，大学生角色与职业角色的不同点在于：大学生处于受教育阶段，通过学习现代

科学知识掌握本领，逐步完善自己，为将来服务社会做准备；而职业角色则是用已掌握的本领，通过具体工作为社会付出，具有一定的权利和义务，以自己的行为承担社会责任。正因为学校和职场这两个环境有如此多的不同之处，对于刚刚走上工作岗位的大学生来说，最重要的是努力提高自己的职业化素质，尽快实现从大学生到职业人的转变。

二、大学生角色转换的常见问题

大学毕业生从大学生角色到职业角色的转换，是一种社会必然。只有正确认识和对待这种转变，才能很快地融入社会。但是有些大学生由于受各种主观因素的影响，还不能科学地、正确地认识这种角色转换。

(一)角色转换时存在的问题

1. 原有群体的依恋心理

在职业生涯之初，同学这个群体共同学习和生活，构成了大学生的主要"社会关系"，生活和思维方式上都养成了一种相对固定的习惯，每一个将要毕业的大学生，都或多或少地表现出对这个群体的依赖和留恋。许多人会自觉或者不自觉地把自己置身于大学生角色，以大学生角色的社会义务和规范来要求自己，很难适应职场中业绩竞争带来的压力和较为复杂的人际关系，甚至对全新的职业特色充满了畏惧。因此，大学毕业生容易产生对校园生活的怀念和对大学生角色的依恋，大学毕业生应尽量缩短这一过渡期，用一种释然的心态对待过去，把已往的成绩化作一种积淀，这是对未来展望的基础。

2. 角色转换意识淡薄

由于对大学生角色的依赖和对职业角色的恐惧，刚走上工作岗位的毕业生会习惯性地以大学生身份来要求自己，以大学生的视角待人接物、观察和分析事物。在工作中畏首畏尾、害怕承担责任、怕因个人失误造成不良影响，缺乏年轻人的朝气和锐气，缺乏创新意识。这种角色意识淡薄会让他们陷入缺乏归属感的境地，进而对所从事的职业缺乏情感认同，最终导致工作业绩差的恶性循环。因而，大学生要调整心态，尽快适应职业角色，克服对职业的畏惧。

3. 对社会现实的失望感

现实生活中，一些大学毕业生往往把毕业后的生活过于理想化，对职业角色的期望值过高。一旦接触现实，未能妥善处理好角色转换中出现的问题，就容易产生失落感，进而情绪低落。如果不能及时地从这种失望的情绪中摆脱出来，将难以尽快融入新的角色。大学生可以在大学生阶段时多做社会调查，尽可能多地熟悉和了解社会，缩短理想与现实之间的差距，让自己尽快摆脱这种失望，重新摆正心态，毕业后才能更快地投入工作中。

4. 眼高手低的高傲心理

部分当代大学生由于毕业于名校或热门专业，自我意识里常带有优越感，进而轻视实践，只想从事高层次、高待遇的工作，看不起基础工作和基层工作，甚至认为从事基层工作是大材小用，表现出不踏实的浮躁作风和不稳定的情绪。这类大学生往往缺乏敬业精神,不能深入了解本职工作的性质和职责范围,在实际工作中表现出难以合作的态度,这往往也会阻碍他们的个人发展。

事实上,作为刚步入工作岗位的大学毕业生,仅有文化知识是远远不够的。更重要的是要有脚踏实地、谦虚谨慎、乐于奉献的实干精神,不断提高自己的组织纪律性。若一个大学毕业生不能摆正自己的位置,总是眼高手低,不能用自己的所学积极为社会和集体做贡献,而是顶着大学生的"光环",不踏实工作,就会阻碍自己顺利地进入新的角色。

案例 11-2

有一个医学院的校花,长期担任班长、团支部书记,学习成绩优秀。毕业后到市重点医院做内科医生,受到领导的关注,同事的青睐,上门求医的患者更是对她毕恭毕敬。然而,这位美女医生却厌烦了在诊室工作。当看到医药代表工作时间自由,工作方法灵活,挣钱更多时,她决定下海。当了一段时间医药代表后的某一天,一回到医药公司办公室,她就开始伏桌哭泣。经理关切地问:"怎么了?"她非常委屈地说:"那些药剂科的人,他们,他们,他们竟然……"经理开始担心,着急地问:"他们怎么样了?是不是欺负你了?"美女泪流满面,非常痛心地说:"他们竟然不理我!"经理舒了一口气,想引导她战胜困难:"他们不理你,你打算怎么办?"美女坚定地说:"他们不理我,我就再也不理他们!"经理心里凉了:"你不再理他们了,可这药谁卖呢?要不你还是别难为自己了,回到医院当医生吧!"美女号啕大哭,经理吓了一跳,关切地问:"还有谁惹你生气了?"美女凤目圆睁:"你!"经理不解:"我劝你别干了,是为你好呀。"美女愤怒地说:"要是不干,也得我先说!凭什么你先说出来?"经理连忙说:"好,好,我收回刚才的话,请你先说",美女大声说:"我不干了,我立刻辞职!"经理点头表示同意,心里说:"你快走吧,我的姑奶奶!"

这位美女医生没有意识到自己集喜欢、怜爱、恭维于一身,是因为她是父母疼爱的女儿、是社会重视的大学生、常人喜欢的漂亮女人、患者求助的医生。而从医生到药品推销员,是职业上的转变,从"人求于我"到"我求于人",从坐在屋里等客户到登门拜访客户,工作性质完全不同,最需要提升的是情绪智力和商务谈判技能。这位医生在参加工作以及职业改变之后,心灵并没有成长,还是一个小孩子的心态,抱怨别人、抱怨环境,如果不及时调整心态,将会在职业、婚姻上受到更大挫折。心灵成长的标志是不再抱怨环境、父母、领导、同事、客户,也不抱怨自己,对自己的职业生涯、情感生涯和健康生涯负起责任,为自己、家庭、企业、社会创造物质财富和精神财富。

(资料来源:本书作者整理编写)

从大学生到职业人是一种社会角色的重要转变。进入社会以后,必须迅速培养"给"的心态。做了 20 多年社会财富和家庭财富的消费者、享用者,要尽快成为社会财富的创造者和供给者。

一个人从三岁上幼儿园,到六七岁上小学,直到二十一二岁大学毕业、参加工作。将近 20 年的大学生身份形成了"要"的心态,向父母要、向老师要、向学校要、向社会要。一切都是"要",想要一切。学习生涯一路走来,到大学毕业时已是全家人的骄傲,社会的骄子。但大学毕业证书并不等于职业能力证书,20 年来所学到的知识并不能直接转化为创造财富的能力。实际上,大学毕业证书只等于社会大学的入门证。

当把这种"要"的心态带到求职时，就会"要"工作、职位、环境、轻松的事、各种福利待遇，要不到就宁可先不工作，继续由父母供养。有的人因为要不到而选择逃避，去考研，继续保持"要"的心态，加强"要"的资本。

20 世纪 90 年代后出生的人，大多数是独生子女，即便不是独生子女，也很少有人经历过生活的磨炼。社会为他们创造了优越的条件，家庭几乎倾尽所能供其上学，使其成为家庭宠爱和照顾的中心。在家里，家人大多会照顾其情绪。

在大学里，大学生是社会的骄子，是全社会培养的对象，享受着各种免费或优惠的待遇。所有的学习都是按照教学大纲安排的，而教学大纲又是学校和老师拟定的，大学生不需要操心，只需要按时上课、完成作业、考好成绩，每年还可以享受两次长长的假期。如果考试成绩优秀就可能获得奖学金；考不好也不会给班级和学校造成经济损失，还会有补考机会；如果和同学不能相处融洽，仍然可以当一个不合群的"小鸭"，保持自己的个性，孤芳自赏。老师往往是大学生尊敬和崇拜的对象。如果不喜欢一个老师，可以选择不去听他的课，期盼着下学期换一个老师。如果迟到或旷课，耽误的只是自己的学习。

然而，进入职场后，不仅没人在意你的情绪，还要求你必须拿出良好的工作结果。你必须成为创造价值的贡献者，只有在为单位作出贡献、单位觉得你是值得培养的人后，才会把你当作培养对象。你必须创造价值才能获得报酬，而且只有创造超额价值，才能获得奖金。你的上级也许不是你尊敬和崇拜的对象，但你必须服从他的领导和管理。你必须适应上级的管理风格，学习上级的优点，因为上级是没有任期期限的。如果你迟到、旷工，耽误的是整个团队的业绩。如果你不能和同事搞好关系，一旦被组织认为不能进行团队合作时，就必然成为出局的人。如果做不好工作，可能会造成重大损失，甚至没有挽回的机会。

(二)如何实现角色转换，适应社会

所谓适应社会，就是使自己与社会融为一体，被社会所接纳，成为其中和谐的一员。这样才能心情愉悦，从而为社会作出应有的贡献。而只有对社会作出贡献的人才能被社会认可，被社会肯定，也才能实现个人的理想与目标。大学生角色向职业角色的转换，是一个相对漫长的过程。所谓"冰冻三尺，非一日之寒"，因此，毕业生应有充分的思想准备。在行动中，需要以积极的态度、坚持不懈地努力来实现职业角色的转变。

要实现角色的转变，需要大学生做到以下几点。

(1) 了解企业文化氛围。每个企业都有各自的文化氛围：有的崇尚张扬，有的崇尚沉稳踏实，有的要求员工按部就班，有的需要员工更加活跃等。大学毕业生初入职场时要先了解企业的"生存法则"，尽快熟悉企业文化、融入企业文化，找到自己的闪光点。

(2) 从小事做起。年轻人容易好高骛远，不屑于处理日常的琐碎杂事。然而，领导对新人的考察，往往是从小事开始。所以不管领导交给你的工作有多么琐碎，甚至不是你的分内事，你都要及时、充满热情地去处理好，即使领导不再追问，也要事情有结果。只有逐渐得到领导的信任和肯定，才有可能得到晋升。

(3) 适时表现自己。领导在时，不要缩头缩脑，退到别人后面，而要适度表现，敢于说话。开始时可以离领导近一点，尤其是当领导让大家发言时，提出合理化的建议可以让领导对你刮目相看。同时，行为举止应稳重，不要随便打断领导的发言，更不可夸夸其谈，喧宾夺主。

(4) 正确对待批评。在刚开始工作时犯的错误并不会葬送你的前途，但要抢先道歉或主动检讨，并虚心接受批评。总想着掩盖错误或满口辩解之词，不是强调客观原因，就是推诿于他人，这种表现比错误本身更糟糕。

(5) 正确处理同事关系。刚参加工作的毕业生缺乏处事经验，有时一上班会发现办公室里分成几个小帮派，这种情况下千万别急着给自己找归属。有时某些同事会对你讲某人怎么好或某人怎么坏，这往往都是道听途说、添油加醋，千万别轻易被误导。最好保持沉默，对同事都笑脸相迎，学会独立观察和思考，看清形势再发表意见。千万不可与同事讲领导坏话，这些话多半会很快传入领导耳朵，会让自己不好立足。

(6) 善于向别人学习。毕业生缺乏实践经验，要想快速成长，必须善于向同事学习，虚心请教，不要自以为是。企业注重团队合作，不可过于以自我为中心，要善于与他人合作，善于倾听，学会换位思考，不说没有建设性、无意义的话。例如，领导要求你组织一次会议，从落实会议地点、下发会议通知、准备会议材料，到接待、报到、安排食宿等，每一个环节都要落实到位。其中有些环节可能不熟悉，那就应该挑最棘手的几个问题进行请教。这既不会被看成能力差，又可以确保工作不出差错，也显示出对老员工的尊重。领导能够从中看出你的各方面能力与素质，对你留下良好的印象。

(7) 注重工作细节。工作要手勤脚快，不仅要将自己的办公室整理得井井有条，还要主动为同事或领导做些体力活，如打扫办公室等。穿着干净利落，会让同事觉得你精神百倍，干劲十足，必要时可以把工作带回家做，切不可对领导说"这事我明天再干行不行"这类话。大学在校期间，应尽可能地去单位实习，或在假期打工，或接受专门的职业培训，这可以帮助我们日后进入工作岗位时少犯错，争取一个良好的开端。

人力资源资深顾问给职场新人一些建议："对自己进行时间管理，将每日要做的事分门别类，做好时间规划，对当日日程心中有数。上班早来十分钟，不要随便请假，保持办公桌整洁，把电脑书、业务书和文件夹整齐地摆放在桌上，做到井井有条。"勤微笑，鼓舞团体工作士气。没有人会喜欢"牢骚族"与"抱怨族"，遇到学习、培训的机会要主动争取，多接受各种训练，提高自己的工作能力，遇到工作问题要勤思考。在向上司征询难题时，最好也提供多种解决方式供其决策，不要把所有事都推给上司，否则会给人留下"工作能力差"的印象。

案例 11-3

进了生平第一家公司，小陆心态不错。对于制作 PPT、打印之类的基础性工作，他毫无怨言，很快也开始跟着主管做一些具体的咨询项目。尽管总体工作表现不错，但小陆却经常因为一些他自认为"小节"的问题被主管批评。主管对他的评价是"大病没有，小病不断"。每天上班，总是险些迟到，开会总是最后一个来，第一个走；办公室里，他的桌子总是最乱最脏。不管是给客户还是给主管打电话，第一声总是"喂"，尽管小陆自己觉得男生大大咧咧很正常，但主管却对这些"小节"，很较真儿，不仅因为开会迟到扣了他当月的奖金，有一次竟然还叫清洁阿姨把小陆桌上的杂物统统当作垃圾扔掉。

(资料来源：本书作者整理编写)

某些刚毕业进公司的新人工作习惯确实挺差，常常需要领导管到非常具体的事情，包括每天办公桌的整理、上厕所的文明礼貌等。在有些公司，前三年对工作能力的要求并不高，主要是看个人的责任心怎么样，包括一些个人习惯问题。例如，会计师的工作很多时间要跟客户打交道。新人出去代表公司形象，在客户那里做审计时，客户提供了一张办公桌给你，而你没整理好就下班，这就破坏了公司的形象。所以，新人进公司不能再像在家里或者学校里那样自由散漫，必须学会基本的职场礼仪。

三、塑造良好的职业形象

在职场中，职业化员工往往能给人留下非常好的印象，这种好印象来自他们所展示出的良好职业形象。

良好的职业形象对于促进员工的职业发展具有重要作用。首先，它有利于赢得他人的尊重、支持和帮助；其次，它有利于打造个人职业品牌；最后，它有利于提高员工的综合素质。塑造良好的职业形象，不仅要注重外表，更要提升内在修养，如品德、知识、情商等。一般来说，要塑造良好的职业形象，需从讲究着装规范、注重礼仪修养和培养独特气质三个方面着手。

(一)讲究着装规范

讲究着装规范是指员工在工作的时候，应按照企业的要求着职业装。如公安民警、银行职员等职业都有其特定的职业装。穿着职业装不仅能展现职业化员工的外在形象，还有利于工作的展开。例如，公安民警身着便装执行公务，是很难得到市民的信任、配合和支持的。

在现代社会的交往中，仪表和着装会影响别人对你专业能力的认知。在求职的时候，也要特别注重礼仪。进入职场之后，个人形象更多代表地是企业的形象。现如今，职场的竞争不仅仅是实力的比拼，也是礼仪和职业形象的竞争。对于尚未走向社会、走向职场的大学生来说，了解一些基本的求职礼仪和着装规范，对成功求职大有帮助。

在职场上，除了工作能力和实力外，认识、管理及发挥恰当的职场形象也非常重要。这是职场人的责任，也是职场规则之一。形象是你真正的职场名片。俗话说："人靠衣裳马靠鞍。"一位社会学家做过一个实验，将一名实验者安排进入一家大企业的总部。第一次，他穿着一双黑色皮鞋(但是白色鞋扣，鞋跟有些磨损)，搭配一件艳俗的绿色上衣和印花棉布领带。进入总部后，他让 50 名下属把他的公文包取回，但只有 12 人听从了吩咐。第二次，实验者换上华贵的蓝色西装、白衬衫，系上圆点丝质领带，穿上高档皮鞋，发型齐整，再次进入总部后，50 名下属中有 42 人听从了吩咐。

由此可见，要在职场中获得别人的尊重和认可，首先要注重自己的形象。例如，保持牙齿、皮肤、头发和指甲的干净整洁；保持衣饰的整洁得体；重视自己的职场形象，购置两套合适的职业服装。这样才能让自己在职场中脱颖而出，也能让社交对象感受到被重视和尊敬。

(二)注重礼仪修养

员工职业化需要良好的礼仪修养作为后盾。

1. 加强道德修养

道德是礼仪的基础，礼仪是道德的表现形式。良好的礼仪行为能体现一个人高尚的道德修养，使他获得人们的尊敬和好感。个人道德修养的内容比较广泛，主要包括道德意识修养和道德行为修养。

(1) 道德意识修养。道德意识修养主要是通过学习道德知识来形成正确的道德观念，可从以下四个方面进行。

① 自觉践行社会主义道德建设的"五爱"要求，即爱祖国、爱人民、爱劳动、爱科学、爱社会主义，把"五爱"在社会生活的各个方面体现出来，形成爱国爱民、勤劳勇敢、公而忘私、积极进取的道德品质。

② 加强职业道德修养，认真履行职业责任。职业道德是与人的职业角色和职业行为相联系的一种高度社会化的道德。各行有各行的道德要求，如行医有医德等。

③ 加强社会公德修养。社会公德是每个社会成员在公共生活中必须遵守的基本行为准则，包括文明礼貌、助人为乐、爱护公物、保护环境、遵纪守法、遵守秩序、见义勇为等。只有加强社会公德修养，才能成为讲文明、重礼仪、受欢迎的人。

④ 加强伦理道德修养。伦理道德是调节社会成员家庭生活的最好手段，尊老爱幼、男女平等、夫妻和睦、勤俭持家、邻里团结是伦理道德的重要内容。在社会交往中，伦理道德修养不好的人，是难以受人尊敬的。

(2) 道德行为修养。道德行为修养就是要把自己的道德意识转化为具体行为。道德行为既是构成道德品质的重要因素，也是衡量一个人道德水平高低、道德品质好坏的客观标志。一个人是否具有高尚的品德，不在于他的言论是否动听，而在于他的行为是否高尚，言行是否一致，是否始终如一地把道德原则和规范贯穿在实际行动中。道德行为最大的特点就是自觉性和习惯性，形式主义和违心的道德行为是不会有好结果的，即使眼前有效，也不会持久。大学生必须加强道德行为修养，使自己的仪表、仪态、言谈举止等都具有高度的道德自觉性和习惯性。

2. 提高掌握和运用礼仪的能力

(1) 刻苦学习，努力实践。作为大学生，不仅要掌握专业理论知识和专业技能，还要懂得相应的礼仪规范。这需要大学生刻苦学习、积极实践，做到在学习中丰富礼仪知识，在实践中修炼礼仪行为，不断提高自己的礼仪水平。

(2) 博采众长，多头并进。礼仪是一门综合性的行为科学，涉及多方面的知识，包括美学、心理学、公共关系学、管理学、组织行为学、企业文化、营销学。因此，学习礼仪时，应与其他有关学科知识相结合，全面提高个人素质，更好地掌握和运用礼仪。

(3) 根据情况，灵活运用。运用礼仪应该根据时间、地点、对象的不同而灵活调整，坚持灵活的原则。灵活不仅表现在是否运用"礼"，还包括在什么情况下运用什么"礼"。不同国家、民族、地区有着不同的礼仪规范，应予以尊重。

(4) 自我监督，持之以恒。学习礼仪需要进行自我监督，在交际中既要对自己的礼仪运用提出要求，又要对照礼仪标准进行自我检查。只有这样，才能发现缺点，找出不足，将学习和运用礼仪真正变为个人的自觉行动和习惯做法。学习礼仪是一个循序渐进的过程，只有反复运用、反复体验、持之以恒，才能真正掌握和领悟礼仪的内涵和要领。

(三)培养独特气质

良好的职业形象需要外在着装和礼仪修养来诠释，更需要借助内在独特的气质来彰显。相比较而言，讲究外在着装和注重礼仪修养比较容易做到，而独特气质的培养则需要更长时间，难度也更大一些。例如，一个军人要培养军人的气质，比着军装、行军礼要难得多。因此，培养独特气质是员工建立良好职业形象的关键环节。

案例 11-4

小李是某高校软件专业毕业生，在一家科技公司负责游戏项目。他是一个追赶时尚、跟随潮流的城市大男孩，一会儿扎着花色头巾，穿着肥大宽松的韩装；一会儿又是街舞男孩的超酷打扮，戴耳环，戴粗大的手链，把好端端的牛仔裤剪好几个破洞。总之，什么流行穿什么，什么时尚跟随什么。幸好科技公司的工作环境比较宽松，同事大多是年轻人，小李也认为这是自己的个性、自己的风格，没什么不妥。

一天，公司董事长忽然而至，看到小李这一身打扮，脸色十分难看，说道："我还当我们公司来了夜总会歌手，或是街头艺术家呢。"小李尴尬得恨不得马上换掉这身行头。

(资料来源：本书作者整理编写)

如何着装是个人的自由，但在工作场合还是应该穿得正式一些，那些新潮时尚的衣服还是留在休闲时间穿比较好。

(四)树立责任意识

在社会生活中，人们在享受权利的同时，还必须承担相应的社会责任，履行相应的义务。责任既是维护社会规则的保障，又是实现个人成就的可靠基础，是为人处世所必备的基本要素。同时，良好的责任意识是职场人做好本职工作的前提。

(1) 要培养自省意识。自省是建立一切良知与自我约束的基本要素。人要有自省意识，随时随地反省自己，才能少犯错，不断地发展完善自己，才能认真履行职责，有所成就。

(2) 要培养正确的自主意识。在社会生活中，人们要正确认识自己，正确履行自己的职责，光自省是不够的，还要摆正自己的位置。如果不能摆正自己的位置，遇事没有主见，人云亦云，随波逐流，就无法正确指导自己的言行，也无法承担任何责任。因此，大学生要注意培养自主意识。

(3) 要培养纪律意识。强烈的责任感在日常生活中常表现为具有严明的纪律性。一个人在社会生活中既享受着他应有的权利，又必须承担应尽的义务和责任，这是保证他本人和他人能够充分享受权利的必要条件。要使人们主动履行责任，承担义务，就需要靠纪律来维持，严明的纪律性是许多高尚行为和英雄举动产生的基本条件。从个人角度来讲，每个人都有私欲，面对危险与恐惧都有逃避的欲望、面对诱惑也常常会有非分之想。但有责任感的人，能够严守纪律，约束自己的欲望及行为、使自己不犯错误，正确履行职责。一个人若把纪律性作为行动的准则，就会以纪律约束自己，坚定不移地履行职责，遵守规则，并在一定情况下做出高尚的举动，表现出英雄行为。

(4) 要培养敬业精神。敬业精神的本质是在工作中表现出强烈的责任意识。所谓"在其位，谋其政"，既然承担了某项工作任务，就要尽心尽力地做好。养成敬业精神须从日常生活做起，学会承担责任，履行应尽的职责。

> **案例 11-5**
>
> 某文化传播公司人力资源部经理肖先生称，单位对今年新招聘的几名大学生很不满意。这几名大学生性格活泼开朗，工作能力不错，沟通能力也强，与同事相处得都十分融洽，但这些大学生对布置的工作没有时间概念，经常拖拉。有次被经理训斥，几个女孩子当场就委屈得掉眼泪，怎么劝也劝不住。现在经理再给她们布置工作，只能这样说："小李，你辛苦一点，今天 5 点下班前一定要完成任务，这样可以早点下班。""小徐，你不要再和小李说话啦，让她快点做。"简直就是部门经理在哄着新来的员工工作。
>
> （资料来源：本书作者整理编写）

现在的一些大学生虽然能力不错，但由于家庭环境优越，家长过分娇宠，往往心理承受能力比较差，对待工作的责任心也不强。这是现在很多偏远地区单位都不愿意聘用城市家庭大学生的重要原因之一，因此大学生必须提高自己的职业适应能力，尽快适应职场工作。

第三节　职业发展的核心影响因素

职业发展的核心
影响因素.mp4

大学毕业生从大学生角色到职业角色的转换，必然伴随着角色冲突、角色学习和角色协调等一系列过程。因此，大学生在开始自己的职业生涯之前，应该学习一些相关的知识，对自我、对社会、对即将从事的职业进行深入细致的了解和调查分析，找出自身的不足，提高心理承受力，加强角色认知，做好上岗前的各项准备，制订合理的专业学习计划，注重能力的提升和身心素养的自我培养，顺利地实现角色转换，树立起正确的发展观和事业观。

一、树立正确的事业观原则

(一)热爱本职工作，培养职业兴趣

热爱本职工作，安心工作是大学生树立正确事业观的基础。如果"身在曹营心在汉"，经过几个月甚至一年的适应还静不下心来，不仅对角色转换不利，而且会影响职业兴趣和工作表现。甘于吃苦是角色转换的重要条件。只有甘于吃苦，才能实事求是地分析和对待角色转换中遇到的种种困难，并自觉地加以克服。

(二)虚心学习知识，提高工作能力

虚心学习知识，提高工作能力是树立正确事业观的重要手段。一个人在校期间学到的东西毕竟是有限的，尤其是随着科学的发展和技术的进步，新的知识和技能不断地出现，很多能力需要在工作实践中锻炼和提高。大学毕业生在校期间虽然学到了不少知识和技能，但面对全新的职业，还需要像小大学生那样从头学起，虚心向有经验的技术人员、领导、师傅和同事请教，学习他们观察问题、分析问题和解决问题的方法，不断丰富专业知识，提高专业技能，实现自我完善。

(三)勤于观察思考，善于发现问题

勤于观察思考，善于发现问题是树立正确事业观的有力保障。大学毕业生只有发现问题、并运用自身掌握的知识去努力解决问题，才能掌握大量的一手资料；只有分析研究职业对象的内部规律，才能培养独立见解。

(四)勇挑工作重担，乐于无私奉献

勇挑重担、乐于奉献是树立正确事业观的重要标志。大学毕业生走上工作岗位以后，应当从一开始就严格要求自己，树立主人翁意识，增强社会责任感，培养无私奉献的精神，任劳任怨，不计较个人的得失，努力承担岗位责任，主动适应工作环境，从而树立正确的事业观。

二、职业素养的提升路径

(一)制订合理的专业学习计划

专业学习计划通常包括以下三方面的内容。

(1) 明确专业学习目标。就是大学生通过专业学习所要达到的预期结果，包括在专业基本理论、基本知识和基本技能方面要达到的水平，以及在专业能力方面和实际应用方面要达到的目标等。

(2) 学习进程表。即学习时间和学习进度安排表。包括三个层次：一是总体学习进程表，即大学四年对专业学习进程的安排。一般地，大学专业学习进程指导原则是第一年打基础，即学习从事多种职业所需的通用课程和继续学习必需的课程；二是学期进程表。通常把一个学期的全部时间分成三个部分：学习时间、复习时间和考试时间，分别在这三个时间段内制订不同的学习计划；三是课程进度表，是大学生在每门课程中投入的时间和精力的体现。

(3) 完成计划的方法和措施。完成计划的方法和措施主要指学习方式。学习方式的选择需要考虑许多因素：如学习基础、学习能力、学习习惯、学科性质、学校提供的支持服务、大学生可利用的学习时间等，同时还要遵循大学生心理活动特点、学习规律以及个人的生理规律等。

(二)科学合理的专业学习安排

科学合理的专业学习安排需满足以下条件。

(1) 全面合理。计划中除了有专业学习时间外，还应有学习其他知识的时间和进行社会工作、为集体服务的时间，并保证足够的休息、娱乐、睡眠时间。

(2) 长短结合。在较长的时间段内，应当有个大致的学习计划。例如，一个学期、一个学年都应有相应的长期计划。

(3) 重点突出。学习的时间是有限的，而学习的内容是无限的。所以必须有重点，要保证重点，兼顾一般。

(4) 脚踏实地。主要包括四个方面：一是知识能力。明确每个阶段计划中要掌握的知识

量和需培养的能力；二是时间安排。合理安排常规学习时间与自由学习时间；三是学习"债务"。对自己在学习上的"欠债"情况做到心中有数；四是教学进度。掌握教师的教学进度，就可以妥善安排时间，不至于使自己的计划受到冲击。

(5) 适时调整。每一个计划执行结束或执行到一个阶段，就应当检查一下效果如何。如果效果不好，就要找找原因，进行必要的调整。检查的内容应包括：计划中规定的任务是否完成，是否按计划去做了，学习效果如何，没有完成计划的原因是什么。检查后，再修订专业学习计划，修正不科学、不合理的地方。

(6) 一定的灵活性。计划的实施需要经过一段时间，在这个过程中会遇到许多新问题、新情况，所以计划不要太满、太死、太紧。要留出机动时间，保持一定的灵活性。

(三)能力的自我培养

大学生在大学期间就应当基本具备工作岗位所要求的能力。要具备这些能力，就应当注重能力的自我培养。大学生自我培养能力的途径主要有以下几个方面。

(1) 积累知识。知识是能力的基础，勤奋是成功的钥匙。离开知识的积累，能力就成了"无源之水"，而知识的积累要靠勤奋学习来实现。大学生在校期间，既要掌握已学书本上的知识和技能，也要掌握学习方法，学会学习，养成自学习惯，树立终身学习的意识。

(2) 勤于实践。善于实践是培养能力的基础。实践是培养和提高能力的重要途径，是检验大学生是否学到知识的标准。因此，大学生在校期间，既要主动积极参加各种校园文化活动，又要勇于参与社会实践活动；既要认真参加社会调查活动，又要热心参与各种公益活动；既要积极参与校内外相结合的科学研究、科技协作、科技服务活动，又要参加以校内建设或社会生产建设为主要内容的生产劳动，以及教育实习活动；还可以参加学校举办的各种类型的学习班、讲学班，担任家庭教师等。

(3) 发展兴趣。兴趣包括直接兴趣和间接兴趣。直接兴趣是事物本身引起的兴趣，而间接兴趣是对能给个体带来愉快或益处的活动结果发生的兴趣，人的意志在其中起着积极的促进作用。大学生应该重点培养对学习的间接兴趣，以提高自身能力为目标鼓励自己学习。

(4) 超越自我。作为一名大学生，应当注重发展自己的优势能力，并将其不断进行拓展，这是实现自身可持续发展的需要。

(四)身心素质培养

身体素质和心理素质合称为身心素质。身心素质对大学生成才有着重大影响，因此不断提升身心素质是非常重要的。大学生心理素质提升的主要途径包含以下三种。

1. 科学用脑、勤于用脑

大脑用得越勤快，脑功能越发达。研究发现，人的最佳用脑时间存在着很大的差异性，就一天而言，有人是早晨学习效率最高的"百灵鸟型"，有人是黑夜学习效率最高的"猫头鹰型"，还有最佳学习时间不明显的"混合型"。科学用脑需要做到以下几点：

(1) 劳逸结合。从事脑力劳动的时候，大脑皮层兴奋区的代谢过程会逐步加强，血流量和耗氧量也会增加，从而使大脑的工作能力逐步提高。如果长时间用大脑，消耗的过程逐步超过恢复过程，就会产生疲劳。疲劳如果持续下去，不仅会使学习和工作效率降低，还会引起神经衰弱等疾病。

(2) 多种活动交替进行。人的脑细胞有专门的分工，各司其职。经常轮换脑细胞的兴奋与抑制，可以减轻疲劳，提高效率。

(3) 培养良好的生活习惯。节奏性是人脑的基本规律之一，大脑皮层的兴奋与抑制有节奏地交替进行，大脑才能发挥较大效能。要使大脑兴奋与抑制有节奏，就要养成良好的生活习惯。

2. 正确认识并评价自己

良好的自我意识要求做到自知、自爱，其具体内涵是自尊、自信、自强、自制。自信、自强的人对自己的动机和目的有明确的了解，对自己的能力能做出比较客观的评价。许多情绪疾病都与情绪有关，长期的思虑忧郁、过度的气愤、苦闷等都可能导致疾病的发生。希望拥有健康的身心，就必须经常保持乐观的情绪，在学习、生活和工作中有效地驾驭自己的情绪，自觉地控制和调节情绪。

3. 提高克服挫折的能力

要正视挫折、战胜或适应挫折。遇到挫折要冷静地分析原因，找出问题的症结，充分发挥主观能动性，想办法战胜它。如果主客观差距太大，即使经过努力也无法战胜，那就接受它、适应它，或者另辟蹊径，以便再战。

(五)可持续学习能力的培养

1. 可持续学习能力

学习是人类生存的需要，也是人类谋求发展的保证。就学习本身而言，学习是一个接受知识、增长学识、提高能力的活动过程，是人类不断认识自然、认识社会，掌握和提高改造自然、改造社会的本领和能力的活动过程。它是一个由浅入深、不断积累、不断超越的过程。可持续学习是指在不断变化的社会环境下，结合自身的成长进步需要，不断自主进行学习的活动。可持续学习能力，指的是对不断变化的世界进行及时反应的能力，是对新知识的及时吸收、分析和加工的能力以及对知识的迅速更新能力。可持续学习能力是贯穿于人生各个历程，涵盖个人发展各个方面的一种积极、主动、自觉的自我完善的能力。当今社会，科学技术高速发展，新知识、新技术、新学科不断涌现，因此可持续学习能力的培养至关重要。大学生必须不断拓宽自己的视野，接受新的信息，不断更新知识、观念、方法，调整知识结构。

2. 如何提高可持续学习能力

对于每个人来讲，学习都应该是终身的、无止境的。大学生应从以下几个方面努力提高自己的可持续学习能力。

(1) 树立终身学习的意识。学习动机是学习行为的内在驱动力。人类已进入知识经济时代，终身持续不断地学习，将成为一种重要的生存方式和生活方式。当今时代，就业结构已发生显著变化，职业和岗位的变动也愈加频繁，因此，大学生应主动树立终身学习的意识。

终身学习，是指人通过终身学习活动以求得意识和行为的变化。这种变化通常是持续不断的，伴随而来的是质与量的升华和增长，旨在提高人的文化教养、社会经验和职业能力。在科学技术迅猛发展，新知识急速膨胀的今天，大学生必须提高可持续学习的能力。据统计，近 30 年来，人类获得的知识要比过去 2000 年的总和还要多。现代社会中，试图通过一次性学校教育而一劳永逸的想法是不现实的。当今社会是学习型社会，"一次性教育"已无法适应当今社会的发展，大学毕业不是学习的终点，而是一个新的开端，尤其是步入职场进行全面学习的开端。大学生要牢固树立不断进行自我学习、自我教育，更新知识结构的终身学习意识。

(2) 养成自主学习的习惯。可持续学习的价值就在于培养终身自主学习的习惯，使得人生的各个阶段都能获得相应的学习机会，不断提升自身能力和素质，应对知识经济和信息时代的挑战，实现高质量就业。

自主学习的内涵包括三个方面：一是自己是学习的主人；二是主动地参与学习过程；三是自觉地组织学习内容。自主性学习的关键在于自觉的能动性和自我负责的态度。自主学习要有主动的精神，大学生应该认识到自己就是学习的主人。每一个人都有自己的兴趣爱好、性格气质等，这是任何一个教学计划和教师都无法包办代替的；每一个人的学习都是按照自己的特点在头脑中进行的活动，这也是任何人都无法干预的，能代替、能干预的，唯有自己。因此，大学生应主动地参与学习，有主见地参与学习，并在学习的过程中形成自己的见解，开发自己的智力，锻炼自己的能力。著名数学家华罗庚曾说过"一个青年即使读到了大学毕业，甚至出过洋、拜过名师、得到博士学位，如果他们没有学会自主学习、自己钻研，则一定还是在老师划定的圈子里团团转，不能扩大知识领域，更不用说科学研究上有所发明创造了。相反，一个青年即使他没有大学毕业或是中专毕业，但是如果他有了自主学习的习惯，他将来在工作上的成就就不会比大学毕业的差。"自主学习能力是个性的重要体现，能够给人才发展以更大的空间，更广阔的选择，能够使人的潜力与创造力得到充分发挥。因此，大学生应自觉地培养自主学习能力，积极有效地学习。

(3) 培养创造性学习的能力。我们不仅要能像海绵一样吸收知识，像书橱一样积累知识，像蜘蛛一样构建知识，更要像蜜蜂一样酿造知识，产生新的知识。学习的过程就是发挥主观能动性，积极进行变通性、发散性、创造性思维，将书本知识有机地融入自己的思维体系和生活实践中的过程。它的目的不在于学习，而在于创造。在学习过程中，要能够提出自己的概念、观点和构思。因此，大学生应打破常规，突破原有的思维习惯和研究界限，想前人未想，见前人未见，创前人未创。在学习中能够带着问题去思考、研究，并运用创造性思维发现其中的不足之处甚至是错误之处，从而提出自己的新见解、新构思。俄国作家列夫·托尔斯泰曾经说过"如果大学生在学校里学习的结果是自己什么也不去创造，那他的一生将永远是模仿和抄袭。"大学生的任务是学习，而学习的目的是创造，因此，在大学期间，大学生应当把学习和创造结合起来，自觉地进行创造性学习的实践和训练，为终身学习打下坚实的基础。

总之，可持续学习能力是一种持续的、主动的自我完善能力。除了上面所讲的三个方面，大学生还要培养独立学习的能力，不断扩展学习的领域，提高学习效率，并在学习和工作的实践中体验可持续学习对自身可持续发展的重大意义，努力成为一名全面发展的优秀职业人。

  拓展阅读 11-1：有效的职业生涯管理(扫描右侧二维码)

三、提高职场沟通效率的策略

职场人际关系，是一种基本的社会关系，也是一种复杂的关系。大学生如果能正确处理好自己与上级、同事的关系，就能尽早适应职场环境，实现角色的转变。良好的人际关系，可以成就一个人的事业，使其更有信心和力量。职场的基本沟通技巧包括以下几个方面。

1. 自信的态度

自信是取得良好沟通效果的前提。在职场沟通过程中，不要随波逐流或唯唯诺诺。有自己的想法与作风，才能赢得他人的尊重与信赖，从而充分调动交际对象的沟通积极性。

2. 体谅他人的行为

所谓体谅他人，是指设身处地为他人着想，并且体会对方的感受与需要。在人际交往中，要想有效地对他人表示关心，就要设身处地为对方着想。如此一来，对方也会理解我们的立场与好意，从而做出积极而合适的回应。

3. 有效地直接表达

一位知名的谈判专家在分享他成功的谈判经验时说道："我在各个国际商谈场合中时常会以'我觉得'(说出自己的感受)、'我希望'(说出自己的要求或期望)为开端，结果常会令人极为满意。"由此可见，若能有效地直接表达自己的想法，将更有利于沟通的进行，并且能够提高沟通的效率。但是，在沟通时要善于控制自我表达。"强势的建议，是一种攻击"，即使出发点是好的、但如果讲话的语气太强势，对方听起来也会很不舒服，从而影响沟通的顺利进行。因此，在与人沟通时，要尽量做到"异中求同，圆融沟通"，即有话直说，但语气要委婉。

4. 善于询问与倾听

当对方行为退缩，默不作声或欲言又止的时候，可通过询问引出对方真正的想法，了解对方的立场及对方的需求、愿望、意见与感受，并且运用积极倾听的方式来诱导对方发表意见。这不仅能帮助对方表达自己，还能促进对方对自己产生好感，从而推动沟通的顺利进行。一位优秀的沟通好手，绝对善于询问及积极倾听他人的意见与感受。

🔗 拓展阅读 11-2：正确处理好与领导、同事和下属的关系(扫描右侧二维码)

本 章 小 结

社会就好比一个大舞台，每个人都有自己的角色和位置。既然已经走向工作岗位，就应该学会面对现实，建立积极的心态，认清自己所处的环境，明确所在岗位的职责范围，弄清自己的职权和义务。大学生只有及时转变思想观念，按照新的职业规范要求自己，提升职业素养，加强职场沟通能力，运用自己所掌握的知识开展工作，虚心进取，有效地完成角色转换，实现角色适应，进行有效的职业生涯管理，才能真正地迈入社会。

复习与思考

(1) 对大学生自身来说，如何认识职业角色和大学生角色的转变？

(2) 大学生树立正确的事业观的原则有哪些？

(3) 大学生如何提高职场沟通能力？

(4) 大学生应从哪几个方面提升职业化素养？

第十二章　就业权益保护

课程目标

- **知识目标**：通过本章的学习，大学生了解求职过程中的基本权益与常见的侵权行为，掌握常见的求职陷阱，明确就业协议与合同的区别，并理解两者对于大学生维权的积极作用。
- **能力目标**：学会用法律的手段维护自己在求职中的合法权益，掌握求职陷阱的预防与应对策略，能够识别就业协议和劳动合同书中的不合理条款。
- **素质目标**：培养大学生在求职的过程中不断提升法律素养，并学会用法律手段维护自己的合法权益。

重点和难点

(1) 识别并规避就业陷阱。
(2) 大学生维权的途径和方法。
(3) 就业协议的签订流程和注意事项。
(4) 就业协议与劳动合同的区别。

知识结构逻辑图

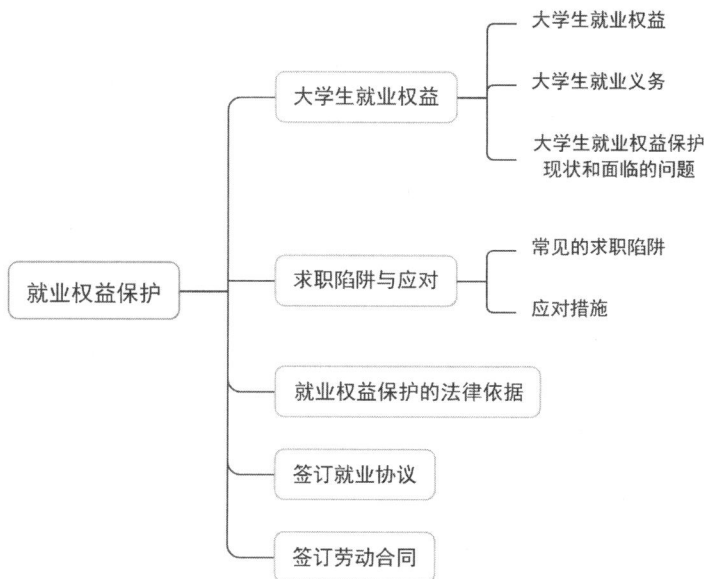

```
                                        ┌─ 大学生就业权益
                        ┌─ 大学生就业权益 ┼─ 大学生就业义务
                        │                └─ 大学生就业权益保护
                        │                   现状和面临的问题
                        │
                        │                ┌─ 常见的求职陷阱
            就业权益保护 ┼─ 求职陷阱与应对 ┤
                        │                └─ 应对措施
                        │
                        ├─ 就业权益保护的法律依据
                        │
                        ├─ 签订就业协议
                        │
                        └─ 签订劳动合同
```

情景导入

　　2021 年国庆节前，一家旅行社招用了 10 名应届高校毕业生。他们入职时，公司负责人发话："三个月试用期，做得好才签合同。"为保住"饭碗"，这些员工经常加班加点。

谁料仅仅过了两个多月，公司负责人就以"试用期考核不合格"为由拒绝签订劳动合同并将他们全部解聘。

实践中，劳动者在找工作时可能会遇到这种情况：在与用人单位签订合同之前，先要经历一个"试用期"，而在"试用期"即将结束时，他们却被用人单位辞退。对此，劳动者应引起警惕。

《中华人民共和国劳动合同法》第七条规定，用人单位自用工之日起即与劳动者建立劳动关系。该法第十九条第四款规定："试用期包含在劳动合同期限内。劳动合同仅约定试用期的，试用期不成立，该期限为劳动合同期限。"

从这些规定可以看出，不论劳动合同的期限如何约定，用人单位均应在劳动者开始为其工作时就签订劳动合同，并根据劳动合同期限约定试用期。也就是说，不存在单独的试用期。同时，《中华人民共和国劳动合同法》还规定，劳动者在试用期的工资不得低于本单位相同岗位最低档工资或者劳动合同约定工资的 80%，并不得低于用人单位所在地的最低工资标准。

(资料来源：本书作者整理编写)

第一节　大学生就业权益

大学生就业权益.mp4

高校毕业生的就业问题，向来就是万众瞩目的热点。随着近几年毕业人数的增多和就业形势的日益严峻，毕业生自身就业权益的维护更引人关注。近几年来，与大学生就业相关的试用期权益、工伤维权、就业歧视、违约金纠纷等重要权益保障事件受到社会各界的持续关注。大学生因为在就业前和社会接触有限、自身法律意识淡薄，加之在求职过程中存在各种各样的欺诈行为，大学生在就业中处于弱势地位，合法权益很容易受到侵害。因此，准备求职的毕业生都应提高警惕，加强自我保护的意识，熟悉毕业流程，了解就业相关政策法规，知晓如何签约，以维护自身权益。

大学生就业权益，是指高校大学生在劳动就业过程中依法享有的一系列权力和利益的总称。从本质上说，大学生就业权益属于劳动就业权的范畴，即法律保障下的劳动者获得劳动就业机会并在劳动过程中得到基本保障的权利。由此可见，大学生就业权益是作为劳动者的大学生基于生存需要而享有的基本权利，也是人权的一项基本内容。

一、大学生就业权益

虽然高校毕业生就业制度改革逐步走向市场化、法治化，但在毕业生择业过程中仍然存在信息独占、不公平录用等侵犯毕业生权利的情况。毕业生在其整个择业过程中应掌握一定的法律知识，尤其是就业权益保护方面的知识，自觉遵守市场规则，这将有助于毕业生运用法律武器来保护自己的正当权益。

(一)平等就业权

首先，《中华人民共和国宪法》以国家根本大法的形式确定了公民的平等权。大学生在就业过程中应享有平等的权利，不应因年龄、户籍、性别、身体健康状况等因素而受到歧视。用人单位招录毕业生，应坚持公开、公平、公正的原则，任何凭关系、走后门以及性别歧视等都是对毕业生平等待遇权的侵犯。《中华人民共和国劳动法》也对平等就业权作了明确规定，第十二条规定："劳动者就业；不因民族、种族、性别、宗教信仰不同而受歧视。"第十三条规定："妇女享有与男子平等的就业权利。在录用职工时，除国家规定的不适合妇女的工种或者岗位外，不得以性别为由拒绝录用妇女或者提高对妇女的录用标准。"

当前，高校毕业生在求职择业中仍遭到五花八门的就业歧视，毕业生的公平待遇权受到很大冲击，用人单位在录用毕业生时仍然存在不同程度的不公平、不公正的现象，如女生就业难仍然是困扰女毕业生的一大问题，这不仅违反了社会公平原则，也产生了许多社会不稳定因素。消除就业歧视，维护公平就业权是毕业生最为迫切需要得到保障的权益。

(二)接受就业指导权

就业指导工作对毕业生来说意义重大，它会直接影响毕业生的职业生涯规划、就业意识、就业方向及求职择业的技巧。接受来自国家、社会和学校的及时、有效的就业指导与服务，是大学毕业生的一项重要权益。学校在毕业生就业指导中占据重要位置。《中华人民共和国高等教育法》规定："高等学校应当为毕业生、结业生提供就业指导和服务。"为做好毕业生就业指导工作，学校应当设立专门机构、开设专门课程、安排专门人员，对毕业生进行全方位的就业指导与服务。具体包括：向毕业生宣传国家关于毕业生就业的方针、政策；帮助毕业生做好职业生涯规划；对毕业生进行择业技巧的指导；引导毕业生准确定位，合理择业。除了学校，毕业生还可以从社会上合法的就业指导机构获得帮助。

(三)获取就业信息权

就业信息是大学毕业生择业成功的关键，毕业生有权了解用人单位的主体资格、工作岗位、工作条件、工作环境和工作待遇等真实情况。《中华人民共和国宪法》和相关行政法规规定了各级国家机关的设置及工作职权。然而，现实中有一些用人单位夸大自身资本、规模以及待遇，回避某些职业危害，严重侵犯了毕业生的就业信息知情权。大学毕业生享有以下四方面的权利：①信息公开，所有用人信息须向全体毕业生公开，任何单位和个人不得隐瞒、截留用人需求信息；②信息真实，向毕业生公开的用人单位信息和需求信息必须是真实的，用人单位有义务向毕业生和学校如实介绍本单位的实际情况，并提供相关资料，以供毕业生做出判断和选择；③信息全面，毕业生获取的信息应该是全面、完整和准确的，以便其对用人单位的全面了解和准确判断，从而做出合理的职业选择；④信息适时，毕业生获取的信息必须是及时的，而不是过期的，以确保有实际利用价值。

(四)接受就业推荐权

向用人单位推荐毕业生是高等学校在就业工作中的重要职责，学校的推荐对用人单位选择毕业生有着重要影响。毕业生享有被推荐权，具体包含以下几方面内容：①如实推荐，即高校在对毕业生进行推荐时，应实事求是，根据毕业生本人的实际情况向用人单位进行介绍、推荐。不能故意贬低或随意捧高对毕业生的在校表现；②公正推荐，学校对毕业生进行推荐应做到公平、公正，应给每一位毕业生平等的就业推荐机会，不能厚此薄彼。公正推荐是学校的基本责任，也是毕业生享有的基本权益；③择优推荐，在公正、公开的基础上，学校应根据毕业生的在校表现择优推荐，用人单位录用毕业生也应坚持择优标准，真正体现优生优用、人尽其才。这不仅能调动广大毕业生和在校生的学习积极性，还能引导大学毕业生在就业过程中发挥自身综合素质，公开、公正地合理竞争。

(五)择业自主权

择业自主权是指在国家就业方针、政策的指导下，高校毕业生有权按照自己的意愿选择职业的权利。根据规定，毕业生可以在国家就业方针、政策的指导下"双向选择，自主择业"，即毕业生有权决定自己是否就业、何时就业、何地就业、从事何种职业等，学校、其他单位和个人均不得干涉。任何强制干预毕业生就业的行为都是侵犯毕业生就业自主权的行为。

(六)违约求偿权

用人单位、毕业生和学校的三方协议一经签订，任何一方不得擅自毁约和违约。如果用人单位无故解除协议，或不按照协议内容履行，毕业生有权要求用人单位承担违约责任，包括支付违约金。在现实就业过程中，毕业生出于谋求更好的就业机会等原因，向用人单位主动提出解除协议的情况较多，毕业生大多也都承担了自己的违约责任。但用人单位一方出于单位改制、经营情况不好等原因，也有主动向毕业生提出解除协议的情况，甚至个别单位在招聘时提供了虚假信息，导致毕业生到单位就业后，不能履行对毕业生的承诺。对于这些情况，毕业生有权向用人单位提出赔偿要求。

1. 解除协议权

当履行协议后，毕业生的权益或人身自由、人身安全受到用人单位严重侵害时，毕业生可以主动提出解除协议。《中华人民共和国劳动合同法》第三十七条规定劳动者在试用期内提前三日通知用人单位，可以解除劳动合同；对于用人单位以暴力、威胁或者非法限制人身自由的手段强迫劳动等情形，《中华人民共和国劳动合同法》第三十八条规定，出现相应情形时劳动者可以解除劳动合同，且无需事先告知用人单位。

2. 申诉权

《中华人民共和国劳动法》第七十七条规定："用人单位与劳动者发生劳动争议，当事人可以依法申请调解、仲裁、提起诉讼，也可以协商解决。"第七十九条规定："劳动争议发生后，当事人可以向本单位劳动争议调解委员会申请调解；调解不成，当事人一方要求仲裁的，可以向劳动争议仲裁委员会申请仲裁。当事人一方也可以直接向劳动争议仲裁委员会申请仲裁。对仲裁裁决不服的，可以向人民法院提起诉讼。"第八十三条规定："劳动争议当事人对仲裁裁决不服的，可以自收到仲裁裁决书之日起十五日内向人民法院提起诉讼。一方当事人在法定期限内不起诉又不履行仲裁裁决的，另一方当事人可以申请人民法院强制执行。"此外，《中华人民共和国民法典》合同编相关规定，当事人可以通过和解或者调解解决合同争议。当事人不愿和解、调解或者和解、调解不成的，可以根据仲裁协议向仲裁机构申请仲裁；当事人没有订立仲裁协议或者仲裁协议无效的，可以向人民法院起诉。当事人应当履行发生法律效力的判决、仲裁裁决、调解书；拒不履行的，对方可以请求人民法院执行。

3. 求偿权

求偿权，即向违约方要求承担违约责任、获得赔偿的权利。《中华人民共和国民法典》第五百八十三条规定："当事人一方不履行合同义务或者履行合同义务不符合约定的，在履行义务或者采取补救措施后，对方还有其他损失的，应当赔偿损失。"第一百八十六条规定："因当事人一方的违约行为，损害对方人身权益、财产权益的，受损害方有权选择请求其承担违约责任或者侵权责任。"

案例 12-1

大学生如何使用求偿权

2016 年 5 月，辽宁某大学二级学院与某市某企业签订了实习协议，双方约定：该学院向这家企业提供实习大学生 15 名，企业对实习大学生进行实习教学，实习期限为 2016 年 5 月 10 日至 11 月 9 日。2016 年 5 月陈某等 4 人被该学院委派到该企业实习，从事平面设计工作。6 月 28 日，陈某等 4 位大学生在学校正常领取了大学毕业证书。随后，4 人提出，他们已经属于毕业生，不再是学校委派的实习生，企业应当给予他们劳动者的待遇，但此要求遭到企业拒绝。企业认为只有实习期满才能获得正式员工的待遇。9 月 24 日，陈某等 4 位毕业生决定离开该企业，但该企业坚持不向 4 人发放 9 月份工资，双方为工资给付等问题产生了劳动争议。此后，4 位毕业生向该市劳动争议仲裁委员会申请仲裁，但该委员会认为此案不属于其受理范围，于 10 月 23 日发出不予受理通知书。10 月 26 日，4 人向该市人民法院提起诉讼。法院受理案件后，办案法官最终使双方达成调解协议。12 月 27 日，陈某等 4 位毕业生拿到了应得的工资。

(资料来源：本书作者整理编写)

作为一位在校大学生，实习期是大学生学习工作能力和适应社会环境的关键时期。然而在这个关键时期，很多大学生都受到不同程度的"侵权"。不少企业看中大学生的实习期，把大学生当作廉价劳工，在实习期内以种种理由辞退大学生。由于很多大学生的法律意识不强，法律知识不够，往往不能主动维护自己的权利。根据《中华人民共和国劳动法》，大学生就业后作为普通劳动者，在就业时享有劳动者的基本权利，如平等就业和选择职业的权利、取得劳动报酬的权利、休息休假的权利、获得劳动安全卫生保护的权利、接受职业技能培训的权利、享受社会保险和福利的权利、提请劳动争议处理的权利等。

(七)户口档案保存权

如果毕业生在毕业当年没有找到合适的工作单位，也没有和用人单位签订就业协议，且未因回生源地自主择业、出国等情况办理人事代理手续，自毕业之日起至学制期限内有权将档案和户口保存在学校。学校应当妥善保管毕业生的学籍档案和户口关系，不能向毕业生收取费用。择业期满后，学校不再承担保留户档的义务。

二、大学生就业义务

大学生在毕业求职过程中享有的权利与义务是统一的，毕业生在维护自己合法权益的同时，也必须履行相应的义务。

(一)如实提供自身信息

随着求职竞争压力越来越大，每个毕业生都会绞尽脑汁地包装自己的简历以尽可能地展示自己的才能，但在简历包装过程中切记要真实，严禁弄虚作假。用人单位一旦发现应聘者的求职资料有虚假、夸大的内容，可不需作任何偿将其辞退，还会对个人信用造成负面影响。

(二)履行就业协议

毕业生与用人单位之间签署的就业协议属于我国民事法律调整的范畴，要求民事主体在履行合约时讲究诚实守信的原则，任何一方不得无故违约。协议双方应该严格按照协议商定的有关程序操作履行相应的义务，只有当约定的解除条件成立或出现不可抗力时，毕业生方可单方解除协议，放弃履行就业的义务。

(三)恪守职业道德

我国是法治与德治并重的国家，当法律调整滞后于不断变化的社会新秩序时，尤其要发挥道德的辅助力量。所以，在职业生涯中恪守职业道德应成为每一个社会公民的基本义务。大学毕业生在走向社会、服务社会的过程中，尤其要重视职业道德修养的养成和提高。

三、大学生就业权益保护现状和面临的问题

大学生怀着梦想迈出校门、踏入社会，本应该受到社会各界力量的扶持与帮助。然而，在充满挑战及竞争激烈的职场上，大学生的就业权益屡受各种侵犯。为了更好地引起重视并解决这一问题，我们应结合实际情况、深入了解，系统分析大学生就业权益保护的现状和面临的主要问题。

(一)大学生就业权益保护现状

(1) 就业招聘市场的不规范。在就业过程中，相对于用人单位大学生处于弱势地位。用人单位拥有更多的选择权和市场就业信息，而毕业生无论在获取就业信息上还是经济地位上，都与用人单位悬殊。此外大学生缺乏社会阅历，很多用人单位利用大学生的这一弱点，在招聘时给予优厚的薪金待遇承诺，但签约后却通过各种形式克扣薪资，致使大学生的权益受损。另外，一些虚假的用人单位或者中介公司以介绍工作等名义来骗取大学生的钱财，许多急于求职的大学生往往会上当受骗。

(2) 求职中的不公正对待。用人单位强势的地位会导致与毕业生的劳动关系产生不公正现象。大学生在择业过程中，往往对用人单位心存敬畏，这使得用人单位在签订合同时处于主导地位，很多用人单位使用早先拟定好的合同文本，而大学生由于就业困难，一旦得到就业机会，很少会去详细地阅读合同内容，这就给用人单位设置霸王条款提供了机会，进而损害大学生的权益。

(3) 求职中的就业歧视。常见的就业歧视有性别歧视、学历歧视、健康歧视、经验歧视、户籍歧视等。在实际就业过程中，就业歧视屡见不鲜，严重侵害了大学生的平等就业权益。性别歧视是女大学生最常遭遇的一种就业歧视。有些用人单位为了节约成本，利益最大化，考虑到女职工存在将来生育等特殊情况，故意提高应聘条件和入职门槛，严重侵害了女性的平等就业权。此外有些用人单位为了提高公司知名度，故意将招聘条件限定为985、211 院校或双一流院校毕业生，或者通过行业资格证书限制应聘者范围。户籍制度也是较为常见的就业歧视。有些地方为了保护本地户籍政策，提高入户条件，限制外来人口的流入，从而限制了劳动者平等择业的权利。就业歧视的现象普遍存在，大部分毕业生只能面对现实，并没有获得公平竞争和平等就业的机会，这不仅增加了大学生的就业难度，也是一种侵害大学生平等就业权利的行为。

(二)大学生就业权益保护面临的问题

(1) 职能机构管理乏力，政策法规不完善。当前，大学生就业市场乱象依旧存在，监管力度不够，仍需加强。虽然立法部门制定了相关就业政策法规和地方性人才管理法规，明确了保护劳动者权益的原则，但在具体实施过程中，救济配套措施不完善，缺乏操作性和人性化服务，致使大学生个人的正当权益无法得到及时和充分的保障。同时，各级地方人社部门很少为当地大学生开通专门的维权服务法律援助窗口，再加上大学生法律知识薄弱，维权意识低，烦琐的诉讼程序使大学生不得不放弃维权行动。

(2) 用人单位缺乏社会责任感。随着高校教育的普及，每年毕业生人数都在大幅增长。近年来，受国际经济贸易的影响，社会整体经济效益有所下滑，企业在人员招聘方面更加谨慎，就业市场呈现出供过于求的买方市场特点。用人单位根据公司的业务发展需求，严格挑选适合公司发展的人才。在招聘过程中，许多用人单位不断地提高应聘条件，以严格甚至苛刻的要求来挑选毕业生，忽视了对毕业生合法权益的尊重和维护。一些不法企业为了节约成本开支，追求利益最大化，不但没有提高应届生的福利待遇，反而利用大学生涉世未深的弱点和急于上岗的心理，进行敲诈、欺骗、廉价雇佣，严重侵犯了劳动者权益，也降低了企业诚信，损害了企业形象。

(3) 社会保障机制不健全。我国大学生就业权益受损现象较为严重的一个主要原因在于权益保护方式滞后，对大学生就业权益的救济不到位。首先，大学生就业权益受损往往得不到有效救济，主要原因是我国劳动争议的受案范围比较狭窄，仅限于已经与用人单位签订劳动合同或者虽未签订合同但存在事实劳动关系的范围之内。因此，就业歧视、就业陷阱等就业争议被排除在外。大学生就业权受损案件通常都发生在就业前，即大学生尚未与用人单位正式签订劳动合同之时，这就使得大学生就业权益在受到损害的时候不能通过最有效的途径找到救济方式。其次，在劳动争议解决机制无法适用的前提下，我国现阶段缺乏专门解决就业纠纷问题的政府部门。现有的劳动行政部门、工会、法院和劳动仲裁机构中，都没有专门的解决就业纠纷的组织与机构，导致大学生就业权益受损后找不到有效的救济途径。

(4) 学校法治教育缺乏。法治教育作为高校思想政治教育的基础性教育，对提高大学生综合素质和内在发展有着重要意义，也是我国现阶段培养大学生成为社会主义建设事业合格人才、践行社会主义核心价值观、落实依法治国的重要任务。然而目前各高校在开展大学生法治教育的实践过程中方式较为单一、缺乏科学性、系统性与实践性，教育路径笼统且抽象，导致大学生的就业权益意识薄弱，法律素养不高。

各高校对大学生法治教育重视度有待加强。虽普遍开设了"思想道德修养与法律基础""职业发展与就业指导"等课程，但法律知识内容涉及面较少，加上传统方式的理论知识传授，学习效果不尽如人意。很多老师缺少法律专业素养，在上课时简要略过，大学生学习关注度不高，影响了法治教育的效果。高校应在专业设置与人才培养模式设计中紧跟社会的发展需求，课程内容设置应涵盖大学生相关法律知识，通过多元化的教学模式，加深大学生对法律知识的理解与认识，从而提高大学生法律素质。

(5) 大学生维权意识薄弱。在学习过程中，法律知识无处不在，但许多大学生关注度和学习积极性不高，往往为了应试而学，只追求课程的分数，未能把所学的知识与实际案例相结合，加深认识与理解。课程结束后便不再过多关注，对法律意识和法治观念的培养起不到实质性的作用。许多大学生由于法律知识的认知度低，就业法律维权意识薄弱，再加上社会经验不足，求职心切，往往忽视了对自身合法权益的保护，当个人权益受侵害遇到不公平待遇时，他们常常不知所措，只能默默接受，导致这类问题时有发生。

第二节　求职陷阱与应对

求职陷阱与应对.mp4

随着近几年高校毕业生数量的增多，就业市场日趋饱和，高校毕业生就业压力不断增大。在供需矛盾的影响下，各种就业陷阱也出现在就业市场上，很多大学生对就业陷阱的认识不够清楚，在求职就业时往往会误入其中，使自己不能成功就业，甚至损害自身利益。因此，指导大学生警惕并防范就业陷阱、提高就业成功率、提升就业质量，成为高校就业工作的一项重要课题。

一、常见的求职陷阱

(一)虚假招聘陷阱

在现实招聘中，虚饰岗位是求职者遭遇的虚假广告中的一种，即用好听的新名字、新包装来描述岗位，并称薪资福利都很好，实际上就是让人去推销产品或从事公关工作，夸大或隐瞒真实情况。例如，某公司发布高薪招聘广告策划的招聘启事，小李应聘成功后，公司先让他做了 3 个月的销售，然后告诉他如果留下只能做市场业务员，因为公司现在不缺广告策划人员。还有一些用人单位为了制造轰动效应，虽然本身并无招聘需求，却在媒体上发布招聘消息，甚至大张旗鼓地举办招聘会，把招聘当成形象宣传。

案例 12-2

　　毕业生小张在人才招聘会上找工作时，一位中年男子向她介绍，他们单位正在招聘一批业务经理，请小张有空到他们单位去看一下，留给小张一份岗位要求及联系电话，同时索要小张的简历及联系电话。不久后小张的家长接到电话称："我是您小孩的辅导员，您的孩子受伤住院了，须立刻给某某账号汇钱。"着急的家长一时联系不上孩子，也不敢耽误就把钱寄了出去，后来联系上小张才知道上当受骗。

　　小张遇到的这类招聘单位需要引起毕业生注意和警惕，这些不法单位通过假招聘获取大学生个人信息，并蓄意诈骗，毕业生不要毫无防备地就把自己的简历等材料交给这样的单位。同时，毕业生在投递简历后，应把自己辅导员或同学的电话留给父母，并提醒家长，接到类似的电话一定搞清事实。另外，仅仅只有电话面试、面试地点过于偏远、面试时间过晚以及面试场所过于简单等情况，都有可能是虚假招聘，都需要提高警惕。

（资料来源：本书作者整理编写）

(二)利用招聘骗取财物

　　有些用人单位在招聘时告诉求职者要先培训，培训合格拿到证书后才能上岗，而求职者往往在交了培训费、考试费、证书费等种种费用，经过培训、参加考试后，就陷入了漫长的等待。求职者致电用人单位询问，电话要么打不通，要么被告知"很遗憾，考试未通过，不能上岗"，而此时用人单位已不知去向。还有一些求职者拿到了所谓的证书，却发现不但无岗位可上，而且证书是伪造的，或是早已废弃的。这类骗子单位通常会与一些培训机构联手，双方各取其利，不少大学生因求职心切会掉入此类陷阱。此外，还有的用人单位以工作岗位特殊为由，要求缴纳保证金等。例如，小王是汉语言文学专业的毕业生，不久前她回到家乡找工作。在一次大型招聘会上，她看到了某培训机构招聘中文教员的广告，试用期 3 个月，试用期间的工资为每月 2500 元，转正后每月底薪 4000 元，同时有代班提成。小王觉得能找到与专业对口的工作不容易，便毫不犹豫地投了简历，并参加了面试、笔试。然而，在签约时，公司却要求她缴纳 4000 元的保证金，声称是为了避免她在短期内跳槽，保证金会在两年后返还。对于这类陷阱很好识别，正规单位在招聘时是不会收取任何费用的，凡是在招聘时收取财物的都是陷阱。

(三)以招聘为名，窃取劳动成果

　　有些单位以招聘为名，在收集求职者资料和组织面试的过程中，要求求职者进行成果展示，并以此窃取求职者的劳动成果。由于应聘者维权意识不强，维权证据往往不足，此类无偿占有求职者劳动成果的情况时有发生。作为求职者，应聘时要有知识产权的保护意识，注意保护个人研究成果，向面试单位展示自己的工作成果固然重要，但也要学会有所保留，以免被用人单位利用而造成损失。例如，某些翻译公司要求应聘者在笔试时翻译文章，笔试完后，就没有了下文，原因并不是翻译者翻译得不合格，而是翻译公司窃取了劳动成果，他们让多名应聘者各翻译文章的一部分，最后拼凑成一整篇文章的翻译。类似的还有让多名应聘者编写程序，最后将每个人写的程序组成一个项目。

(四)非法传销

非法传销和变相传销违法活动不仅严重扰乱了正常的市场经济秩序,还给社会稳定带来巨大隐患。国家有关部门一直坚决打击,然而却屡禁不止。他们之所以能行骗成功,究其根源在于,一是传销往往有一些极具诱惑力的虚假承诺,如数年就可以赚几十万甚至是几百万,使急于发财的毕业生难辨真伪;二是传销常常利用同乡、同学、亲戚、朋友等熟悉的人来拉拢加入,甚至用帮忙找工作的名义,致使毕业生丧失了警惕。毕业生一旦陷入传销,便被限制人身自由,传销组织头目采取扣押身份证、控制通信工具、监视等手段,强迫他们联系亲友前来受骗,受骗的大学生付出了沉痛代价。

(五)非法职介

一些毕业生急于找到工作,又苦于没有机会,于是寻求中介的帮助。虽然有的职业中介确实能够为毕业生找到合适的工作,但也有个别的中介虽然有正规合法的营业执照,却从事欺骗行为。他们往往虚构一些职位引诱毕业生上钩,收取费用后,随意从网络、报纸、杂志上摘抄一些招聘信息提供给求职者,或者同一些小公司串谋让毕业生去面试,最终都以毕业生自身能力不足为由,推脱其不能找到合适工作岗位的责任。更有甚者勾结不法分子从事非法勾当,引诱或逼迫大学生干非法的事。例如,大学毕业生张某在一家职业中介所的信息栏上看见某公司招聘文员的启事,便前去咨询。该中介所"电话联系"了招聘公司后,告诉张某职位空缺,她可以前去面试,但要缴纳 200 元中介费,并承诺如果这家公司不合适,可另外推荐,直至张某找到工作为止。面试后,公司让张某回家等消息。两个星期后,张某被告知未被录取。她只好找到中介所要求重找一家公司。经过面试,又经过长达半个月的等待,仍然没有被录取。当张某第三次来到中介所时,中介所则告诉她没有新的空缺职位,让她继续等待。

> ### 🉑 案例 12-3
>
> 某大学广告专业毕业生小刘,半年前在招聘会上看中一家广告公司。这家广告公司要求应聘者每人写一份不同产品的广告策划文案,包括服装、饮料、小家电等。招聘负责人表示,公司将对所有上交的作品进行比较,最终选两个人。
>
> 小刘提交的是一种功能饮料在北京市场推广的策划方案,内容包括广告语、户外宣传画、电视广告创意及市场推广活动的详细计划。小刘用了一周时间交了自己的策划方案,但至今招聘方都没有宣布招聘结果。小刘表示:"尽管怀疑对方可能在骗取自己的点子,但如今工作不好找,要是策划案真被'白用'了,也只好自认倒霉。"
>
> (资料来源:本书作者整理编写)

在不能判断招聘单位真实意图,又想取得工作机会的情况下,需要对自己的劳动成果进行保护。具体措施包括:一是提交策划案等劳动成果时要准备两份,一份提交,一份自己留存,在留存那份上,要求招聘单位签字确认,以便将来能够证明劳动成果内容;二是提交策划方案时,附上《版权声明》,并要求招聘单位签收。版权声明应明确指出:"任何收存和保管本策划案各种版本的单位和个人,未经作者书面同意,不得使用本策划案也不得将本策划案转借他人,或以任何方式复制、抄录、拍照、传播。否则,由此引起的一切法律责任，将由侵权方承担。"

(六)薪酬待遇陷阱

大学毕业生按要求要与用人单位签订三方就业协议，任何一方违约都要承担违约责任。然而，三方协议只是一个初步的就业意向，并没有详细的工作岗位、待遇报酬等细节。有的用人单位便利用这一点，在签订协议前许诺各种好的条件、高的工资标准，等到毕业生去单位签订劳动合同时，发现根本达不到以前承诺的条件，毕业生若要离开的话可能又要承担违反就业协议的责任，只能陷入用人单位事先设好的圈套。对于这种情况，毕业生可以在签订就业协议的时候，把招聘方许诺的各种条件以附件的形式附在就业协议书上，这样在签订劳动合同的时候，如果详细内容与前面的不符，毕业生可以拒绝签约而不用承担违约责任。

二、应对措施

(一)增强法律意识

在当今市场经济体制下，国家提出高校毕业生在就业时要与用人单位"双向选择，自主择业"，所有劳动者，无论是初次入职的毕业生，还是跳槽的职业人，只要与用人单位建立劳动关系，都应当订立劳动合同(或聘用合同)。按现行规定，在校生不能建立劳动关系(即使签订也不受法律保护)，只有毕业后才有资格签订劳动合同。于是在从指令分配双向选择转变的过程中，教育部门制定了《全国普通高等学校毕业生就业协议书》，产生了"介于国家分配派遣和市场寻找之间的就业协议"，用以解决存在的时间差问题。就业协议书涉及毕业生、用人单位以及学校三方主体，俗称"三方协议"。因此，就业协议是高校就业制度下的特殊术语、是应届毕业生的"专利"。毕业生先与用人单位签协议，毕业报到后再和用人单位签合同，此时毕业生的身份由大学生变成劳动者。就业协议和劳动合同也分别归属于不同的部门法调整，前者适用《中华人民共和国民法典》等民事法律法规，后者受《中华人民共和国劳动法》《中华人民共和国劳动合同法》等相关法律法规的约束。

(二)毕业生自我保护

毕业生应了解目前国家关于毕业生就业的有关方针、政策和法规，熟悉自己的权利和义务，这是毕业生权益自我保护的前提。毕业生应自觉遵守就业规范，接受其制约，保证自己的就业行为不违反相关方针、政策和法规，不侵犯他人的合法权益。在用人单位接收毕业生的过程当中，毕业生也应维护自己的权益。

此外，毕业生在就业过程中可能会遇到用人单位要求交纳押金的情况。签订劳动合同时、要求劳动者提供押金的做法是法律明令禁止的，虽然法律对签订就业协议时是否可以收取押金没有明确规定，但参照劳动合同，一般认为签订就业协议收取押金也不合理。如果用人单位坚持收取押金，毕业生在协议书中注明，或让单位出具标明"押金"字样的收据，以备日后作为证据使用。

(三)申请维权的部门

无论是在试用期间还是试用期满之后，劳动者权益都是受法律保护的。如果权益受到损害，申请维权主要有两个途径：一是向劳动监察部门举报，每个区县劳动局都有监察大队，遇到侵权行为可以向他们举报；二是申请劳动仲裁，每个区县也设相应的劳动仲裁委员会来为劳动者提供维权服务。劳动监察部门是行政执法机构，而劳动仲裁委员会在法律上称为准司法机构，它不是正规的司法机构，它裁决完，双方如果不服就进入到法院诉讼程序。这两个部门各有侧重点，遇到用人单位没缴纳社保或未签订劳动合同的情况，可以向劳动监察部门举报。劳动监察部门的处罚只是行政处罚，而要求双倍工资赔偿的最好途径是申请劳动仲裁。在申请维权时，要提供相关的证据，因此平时相关证据要保存好。签订劳动合同是毕业生与用人单位存在劳动关系的重要证据，劳动仲裁委员会可以据此支持两倍工资的补偿。只要把这些相关证据保存好，维权还是比较容易的。

(四)寻求法律帮助

市场经济是法治经济。在就业过程中，毕业生必须了解与就业相关的法律法规和政策，熟悉劳动用工的相关规定，树立强烈的法律意识，做到懂法、守法、用法。要学会运用法律思维思考遇到的问题，运用法律手段维护自身的合法权益。与毕业生就业紧密相关的法律，主要包括《中华人民共和国劳动合同法》《中华人民共和国就业促进法》《中华人民共和国劳动法》。

在应届毕业生的就业中，最重要的材料是就业协议书，就业协议书是学校、毕业生、用人单位三者之间具有法律效力的就业契约，它明确和保护三方的利益。因此，一方面，毕业生必须充分重视和深刻理解就业协议的重要性，关注就业协议的内容，增强通过就业协议来保护自己合法权益的意识，谨慎签约；另一方面，就业协议一旦签约完成即具有法律效力，各方须具有严格遵守并履行就业协议内容，积极履约，任何一方不得毁约或违约，否则将受到经济和法律的制裁。

第三节 就业权益保护的法律依据

就业权益保护的
法律依据.mp4

一、大学生就业权益受《中华人民共和国劳动法》保护

《中华人民共和国劳动法》规定，劳动者享有平等就业和选择职业的权利、取得劳动报酬的权利、休息休假的权利、获得劳动安全卫生保护的权利、接受职业技能培训的权利、享受社会保险和福利的权利、提请劳动争议处理的权利及法律规定的其他劳动权利。劳动者有权依法参加和组织工会。工会代表和维护劳动者的合法权益，依法独立自主地开展活动。劳动者依法通过职工大会、职工代表大会或者其他形式，参与民主管理或者就保护劳动者合法权益与用人单位进行平等协商。"

(一)享有平等就业权利

《中华人民共和国劳动法》第二章第十二条规定："劳动者就业，不因民族、种族、性

別、宗教信仰不同而受歧视。"

《中华人民共和国劳动法》第二章第十三条规定："妇女享有与男子平等的就业权利。在录用职工时，除国家规定的不适合妇女的工种或者岗位外，不得以性别为由拒绝录用妇女或者提高对妇女的录用标准。"

(二)工资分配应当同工同酬

《中华人民共和国劳动法》第五章第四十六条、第四十八条规定："工资分配应当遵循按劳分配原则，实行同工同酬，国家实行最低工资保障制度，最低工资的具体标准由省级自治区、直辖市人民政府规定，报国务院备案。用人单位支付劳动者的工资不得低于当地工资最低工资标准。"

(三)工作时间应当按照国家法规执行

《中华人民共和国劳动法》第四章第三十六条规定："国家实行劳动者每日工作时间不超过八小时、平均每周工作时间不超过四十小时的工时制度。"

(四)休息休假及待遇应当按照国家法规执行

《中华人民共和国劳动法》第四章第三十八条、第四十条、第四十五条和第五章第五十一条规定："用人单位应当保证劳动者每周至少休息一日。用人单位在下列节日期间应当依法安排劳动者休假，包括元旦、春节、国际劳动节、国庆节，以及法律法规规定的其他休假节日。劳动者连续工作一年以上的，享受带薪休年假。劳动者在法定休假日和婚丧假期间以及依法参加社会活动期间，用人单位应当依法支付工资。"

(五)加班加薪计算应按照国家法规执行

《中华人民共和国劳动法》第四章第四十四条规定："①安排劳动者延长工作时间的，支付不低于工资的 150%的工资报酬；②休息日安排劳动者工作又不能安排补休的，支付不低于工资的 200%的工资报酬；③法定休假日安排劳动者工作的，支付不低于工资的 300%的工资报酬。"

《中华人民共和国劳动法》第四章第四十一条规定："用人单位由于生产经营需要，经与工会和劳动者协商后可以延长工作时间，一般每日不得超过一小时；因特殊原因需要延长工作时间的，在保障劳动者身体健康的条件下延长工作时间不得超过三小时，但是每月不得超过三十六小时。"

(六)可以随时通知用人单位解除劳动合同的情形

《中华人民共和国劳动法》第三章第三十二条规定："劳动者有以下情形之一的，可以随时通知用人单位解除劳动合同。
(1) 在试用期内的。
(2) 用人单位以暴力、威胁或者非法限制人身自由的手段强迫劳动的。
(3) 用人单位未按照劳动合同约定支付劳动报酬或者提供劳动条件的。"

(七)女性求职者被录用后享受国家法规的特殊保护

《中华人民共和国劳动法》第七章第五十九条至第六十三条规定："禁止安排女职工从事矿山井下、国家规定的第四级体力劳动强度的劳动和其他禁忌从事的劳动；不得安排女职工在经期从事高处、低温、冷水作业和国家规定的第三级体力劳动强度的劳动；不得安排女职工在怀孕期间从事国家规定的第三级体力劳动强度的劳动和孕期禁忌从事的劳动。对怀孕七个月以上的女职工，不得安排其延长工作时间和夜班劳动；女职工生育享受不少于九十天的产假；不得安排女职工在哺乳未满一周岁的婴儿期间从事国家规定的第三级体力劳动强度的劳动和哺乳期禁忌从事的其他劳动，不得安排其延长工作时间和夜班劳动。"

(八)应享受社会保险和福利

《中华人民共和国劳动法》第九章第七十条、第七十二条规定："国家发展社会保险事业，建立社会保险制度，设有社会保险基金，使劳动者在年老、患病、工伤、失业、生育等情况下获得帮助和补偿。社会保险基金按照保险类型确定资金来源，逐步实行社会统筹。用人单位和劳动者必须依法参加社会保险，缴纳社会保险费。"

二、大学生就业权益受《中华人民共和国劳动合同法》保护

(一)享有知情权

《中华人民共和国劳动合同法》第二章第八条规定："用人单位招用劳动者时，应当如实告知劳动者的工作内容、工作条件、工作地点、职业危害、安全生产状况、劳动报酬，以及劳动者要求了解的其他情况；用人单位有权了解劳动者与劳动合同直接相关的基本情况，劳动者应当如实说明。"

(二)可否承担与工作无关的附加条件

《中华人民共和国劳动合同法》第二章第九条规定："用人单位招用劳动者，不得扣押劳动者的居民身份证和其他证件，不得要求劳动者提供担保或者以其他名义向劳动者收取财物。"

(三)在被录用时有权要求签订劳动合同

《中华人民共和国劳动合同法》第二章第十条规定："建立劳动关系，应当订立书面劳动合同。已建立劳动关系，未同时订立书面劳动合同的，应当自用工之日起一个月内订立书面劳动合同。"

(四)试用期应当按照国家法规执行

《中华人民共和国劳动合同法》第二章第十九条规定："劳动合同期限三个月以上不满一年的，试用期不得超过一个月；劳动合同期限一年以上不满三年的，试用期不得超过二个月；三年以上固定期限和无固定期限的劳动合同，试用期不得超过六个月。同一用人单位与同一劳动者只能约定一次试用期。以完成一定工作任务为期限的劳动合同或者劳动合

同期限不满三个月的，不得约定试用期。试用期包含在劳动合同期限内。劳动合同仅约定试用期的，试用期不成立，该期限为劳动合同期限。"

(五)试用期的工资应当按照国家标准计算

《中华人民共和国劳动合同法》第二章第二十条规定："劳动者在试用期的工资不得低于本单位相同岗位最低档工资或者劳动合同约定工资的 80%，并不得低于用人单位所在地的最低工资标准。"

(六)在签订合同时，用人单位不得随意要求劳动者承担违约金

《中华人民共和国劳动合同法》第二章第二十五条规定："除本法第二十二条劳动者违反服务期约定的，应当按照约定向用人单位支付违约金和第二十三条规定劳动者违反竞业限制约定的，应当按照约定向用人单位支付违约金的情形外，用人单位不得与劳动者约定由劳动者承担违约金。"

(七)有选择是否加班的权利，并享受加班补偿

《中华人民共和国劳动合同法》第三章第三十一条规定："用人单位应当严格执行劳动定额标准，不得强迫或者变相强迫劳动者加班。用人单位安排加班的，应当按照国家有关规定向劳动者支付加班费。"

(八)有权拒绝用人单位的某些要求

《中华人民共和国劳动合同法》第三章第三十二条规定："劳动者拒绝用人单位管理人员违章指挥、强令冒险作业的，不视为违反劳动合同。劳动者对危害生命安全和身体健康的劳动条件，有权对用人单位提出批评、检举和控告。"

(九)不得被解除劳动合同的情形

《中华人民共和国劳动合同法》第四章第四十二条规定："劳动者有以下情形之一的。不得被解除劳动合同：

(1) 从事接触职业病危害作业的劳动者未进行离岗前职业健康检查，或者疑似职业病病人在诊断或者医学观察期间的。

(2) 在本单位患职业病或者因工负伤并被确认丧失或者部分丧失劳动能力的。

(3) 患病或者非因公负伤，在规定的医疗期内的。

(4) 女职工在孕期、产期、哺乳期的。

(5) 在本单位连续工作满十五年，且距法定退休年龄不足五年的。

(6) 法律、行政法规规定的其他情形。"

三、大学生就业权益受仲裁法保护

大学生毕业后进入职场成为劳动者，其就业权益受《中华人民共和国劳动争议调解仲

裁法》保护。当劳动者与用人单位发生劳动争议时，可以通过劳动仲裁的方式来维护自身合法权益。以下是劳动仲裁的具体程序。

(1) 申请与受理：劳动争议仲裁委员会收到仲裁申请书之日起五日内，认为符合受理条件的，应当受理，并通知申请人；认为不符合受理条件的，应当书面通知申请人不予受理，并说明理由。

(2) 送达材料：仲裁委员会受理仲裁申请后，应当在仲裁规则规定的期限内将仲裁规则和仲裁员名册送达申请人，并将仲裁申请书副本、仲裁规则和仲裁员名册送达被申请人。

(3) 提交答辩书：被申请人收到仲裁申请书副本后，应当在仲裁规则规定的期限内向仲裁委员会提交答辩书。仲裁委员会收到答辩书后，应当在仲裁规则规定的期限内将答辩书副本送达申请人。被申请人未提交答辩书的，不影响仲裁程序的进行。

(4) 开庭与调解：仲裁应当开庭进行。当事人协议不开庭的，仲裁庭可以根据仲裁申请书、答辩书及其他材料作出裁决。仲裁庭在做出裁决前，可以先行调解。当事人自愿调解的，仲裁庭应当调解。调解不成的，应当及时作出裁决。

(5) 法律效力：调解书经双方当事人签收后，即发生法律效力。裁决书自做出之日起发生法律效力。

(6) 裁决履行：当事人应当履行裁决。一方当事人不履行的，另一方当事人可以依照民事诉讼法的有关规定向人民法院申请执行。受申请的人民法院应当执行。

四、大学生就业权益受《中华人民共和国民法典》保护

《中华人民共和国民法典》所确立的平等、自愿、公平与诚实信用等原则，对毕业生维护自身就业权益意义重大。在求职过程中，不少毕业生往往将自己置于从属地位，未能充分认识到在法律层面，自己与用人单位是平等的主体。毕业生与用人单位签订的就业协议，以及就业后签订的劳动合同，均体现了《中华人民共和国民法典》所规定的平等法律关系。因此，在这一法律框架下，毕业生应充分发挥主观能动性，与用人单位签订公平合理的合同或协议。

(一)就业协议

《全国普通高等学校毕业生就业协议书》，通常简称为就业协议书，其实质为一种合同。它是毕业生与用人单位以平等身份签订的，用于明确双方权利和义务的协议。就业协议体现的是一种民事法律关系，签订协议的行为属于民事行为。若要使该民事行为具备法律效力，成为民事法律行为，就必须严格遵循《中华人民共和国民法典》的具体规定。

大学毕业生与用人单位签订就业协议书以及报到后签订劳动合同的行为，均属于双方法律行为、双务法律行为、有偿法律行为和诺成性法律行为。倘若协议中附带特殊条件，如住房待遇、科研经费待遇等，此类协议的签订便属于附加条件的法律行为。

就业协议及其附加条件必须由双方以书面形式共同签订。部分毕业生在签订主协议后，对于附加条款仅接受口头承诺，而未进行文字注明和双方签字，这种做法存在极大风险。当毕业生入职后，若用人单位不兑现口头承诺，毕业生的合法权益将难以得到有效保障。

(二)民事责任

民事责任是指民事违法行为人必须承担的法律后果，是《中华人民共和国民法典》规定的，以恢复被损害权利为目的，并与一定民事制裁措施相关联的国家强制形式。民事责任的构成要件主要包括以下几个方面。

(1) 用人单位的行为违反了相关法律法规或合同约定。

(2) 毕业生因用人单位的行为遭受了实际的损害。

(3) 用人单位的违法行为与毕业生的损害结果之间存在直接的因果联系。

(4) 用人单位在实施行为时存在故意或过失。

在毕业生就业过程中，若用人单位出现以下违约和侵权情形，需承担民事责任。

(1) 用人单位单方面取消已确定的录用行为。

(2) 毕业生按照约定到单位报到，单位却拒绝接收。

(3) 单位接收毕业生报到后，未按照约定给予相应的待遇。

(4) 用人单位将毕业生个人的知识产权据为己有。

(5) 对毕业生依法维护自身权益的行为进行人身攻击或威胁。

不过，在某些情况下，尽管对毕业生造成了损害事实，但用人单位可依法免除民事责任。

五、大学生就业权益保护的措施

(一)学好法律，培养意识

市场经济虽是依靠市场这只无形的手实现人才资源的合理配置，但它同时又是法治经济，依法办事也是市场经济必须遵循的原则。因此，在求职过程中，大学生应当事先了解国家、省、市劳动用工的法律法规，明确自身的合法权益。同时，在遇到自身合法权益被侵犯时能够运用相关法律法规保护自己，逐步养成用法律法规保护自身就业权益的意识。

(二)学会应对，谨慎签约

学会应对可能遭受的歧视，谨慎签约、积极履约。毕业生同企业签约时，一定要重视协议的具体内容，明确双方的权利与义务，并在签约前为自己争取到更多利益。签约成功后，必须把协议当法律条文来对待，努力遵守合同，认真履行就业协议内容，尽量不因自身原因而产生违约纠纷。

(三)执着应对，依法自卫

当毕业生意识到自己的合法就业权益受到了侵害时，一定要拿起法律武器，学会用法律手段来保护自己，依法解决问题。不要自轻自贱，不要轻言放弃，也许坚持一下，正义就会迎来曙光。只有养成了强烈的维权意识，毕业生才能够平等地与用人单位对话，切实保障自己的合法权益。

(四)搜集证据，依法维权

在依法维权的过程中，毕业生要有意识地要求对方出示或者提供相关的文件资料，避免自己的权益因不知情而受到伤害。如去一家小型企业应聘，可以要求公司出示营业执照、要求对方出示表明身份的证件等；当自己的权益受到挑战时，不要惊慌，要从容镇定地收集和保存现有证据。只有证据在手，才能在将来的仲裁或诉讼中实现维权诉求。

> **案例 12-4**
>
> 小邹进入一家网站工作，试用期已超过大半年，尽管平时做的工作与正式员工无异，但公司每月只发给他 1400 多元工资。本以为转正后工资会有所提高，但小邹得知，他还要经过 3 个月试用期才能转正，而且转正后公司才为其办理社会保险。
>
> 小邹的试用期已超过最长期限 6 个月，如果单位没有提出任何不能转正的理由，就明显违反试用期相关规定，小邹可向劳动保障监察部门举报投诉。
>
> 其实，劳动关系自用工之日起建立，在试用期间，用人单位和劳动者同样存在劳动关系，劳动者享有包括社会保险权在内的所有劳动权利，不能因为劳动者的试用期身份而加以限制或与其他劳动者区别对待。此外，社会保险是国家实施的一项强制性制度，体现国家意志和社会利益，不能因用人单位和劳动者协商一致免缴社会保险，用人单位给劳动者办理商业保险也不能取代社会保险，用人单位不能免除社会保险义务。
>
> (资料来源：本书作者整理编写)

为了防止用人单位滥用试用期制度，劳动者需要了解《中华人民共和国劳动法》和《中华人民共和国劳动合同法》关于试用期制度的规定。另外，还应了解用人单位是否真有用人意向，试用时应及时和用人单位签订劳动合同，在试用期间要注意保留相关证据，一旦发现自己的权益受损，如用人单位不支付工资、劳动报酬过低、工伤拒赔、不缴社会保险费、违规延长试用期等，要及时向劳动监察部门举报或提起劳动仲裁和诉讼，以便维护自己的合法权益。

(五)权益指导，一路护航

权益保障指导服务需进一步加强。高校就业指导应以《中华人民共和国劳动合同法》等法律法规为基础，及时了解用人单位的招聘计划和毕业生的职业意向，有效协调二者的关系。具体措施为：①通过开展诚信就业主题教育，引导毕业生在就业过程中，准确把握自身的职业意向以及就业市场和行业发展趋势，充分了解用人单位的相关情况，不盲目签约，不随意签约；②加强各院系就业工作队伍法律知识、就业权益、就业政策、就业流程及手续的讲解，进一步提高高校毕业生的法律意识，提升他们自身的就业权益保护能力。

第四节　签订就业协议

签订就业协议.mp4

一、就业协议书的定义及意义

(一)定义

《全国普通高等学校毕业生就业协议书》简称"就业协议书"或"三方协议"，是为明确毕业生、用人单位、毕业生所在学校三方在毕业生就业工作中的权利和义务、经协商签订的协议。协议书也是学校派遣毕业生的依据，在大学生毕业离校前，学校将根据协议的内容明确毕业生就业去向和单位相关信息，同时转递大学生档案。每位毕业生都拥有一份唯一编号协议书(一式四份)，实行编号管理。需毕业生签字、用人单位和学校盖章。就业协议书具有法律效力，是学校统计就业率的重要依据。

(二)就业协议书的重要意义

就业协议书是毕业生和用人单位在正式确立劳动人事关系前，经双向选择，在规定期限内就确立就业关系、明确双方权利和义务的书面协议；是用人单位确认毕业生相关信息真实可靠以及接收毕业生的重要凭据；是高校进行毕业生就业管理、编制就业方案以及毕业生办理就业落户手续等有关事项的重要依据。

《就业协议书》由教育部统一制表。作为学校列入派遣计划依据的《就业协议书》，由学校发放，毕业生签字、用人单位盖章，毕业生本人保存一份，毕业时作为办理报到、接转行政和户口关系的依据。

二、教育部关于《就业协议书》的要求

(1) 毕业生与用人单位达成一致意见后，均须签订《就业协议书》。

(2) 《就业协议书》由教育部高校大学生司制定，学校负责就业工作部门统一翻印，由各学院集体领取或者由毕业生持本人证件到学校就业工作部门领取。每位毕业生只有一套《就业协议书》，每套一式四份，分别由省毕业生就业主管部门、毕业学校、用人单位和毕业生各持一份。

(3) 任何单位或个人均不得复印、复制、翻印《就业协议书》；在签订《就业协议书》时，如果因破损等情况导致协议书不能使用时，可持原件到学校就业工作部门申请更换；协议书不得挪用、转借、涂改，否则视为无效。

(4) 毕业生在协议书上签署个人意见之后，用人单位签字盖章即视为协议生效。毕业生即不得单方面终止协议的签订工作。毕业生违约时，必须办理完毕与原签约单位的解约手续，将原协议书交还学校就业工作部门，并换取新的协议书。

(5) 毕业生如果不慎将协议书遗失或因特殊情况需要补发，必须以书面形式提出申请，由所在学院主管毕业生就业工作的负责人签署意见，经学校就业工作部门调查并研究之后酌情处理。

(6) 凡是通过地方或部委毕业生就业工作主管部门与用人单位签订《就业协议书》的毕业生，签约时可使用他们提供的《就业协议书》。但是毕业生回校后，必须与学校补签《就业协议书》。毕业生如果另有选择，则必须与原签约单位解除所签订的协议。

案例 12-5

毕业生小李，在家庭所在地人才就业市场与某企业签订《就业协议书》，当地人事部门也盖章进行签证，随后将协议书寄到学校，学校就业部门也盖章同意。后来小李又参加某通信企业单位组织的面试，该单位表示同意接收。她向学校就业部门索要就业协议，学

校就业部门的老师解释，因她已和某企业签协议，如要再和通信企业单位签协议，则应先承担违约责任，与原单位解约，小李对此表示很不理解。

本案例中小李就是因为对《就业协议书》的法律性质缺少真正的了解，所以不明确自己对所签协议的用人单位负有何种责任。这种情形在应届大学毕业生求职中屡见不鲜。的确，《就业协议书》和《劳动合同》并不是完全相同的。

(资料来源：本书作者整理编写)

三、《就业协议书》填写要求

(1) 签订《就业协议书》时，毕业生必须将《就业协议书》中"毕业生情况及应聘意见"栏所有项目填写完整，特别是毕业生签名和签约日期。

(2) "用人单位情况"栏信息尽量填写完整，"单位联系人""联系电话"和"毕业生档案、户口党团关系接收"为必填项。

(3) "用人单位意见""用人单位上级主管部门意见"和"用人单位所在地毕业生就业主管部门意见"栏均为签章栏，"用人单位意见"栏由用人单位盖章，"用人单位上级主管部门意见"栏由用人单位上级主管部门或人才交流服务中心盖章，用人单位所在地毕业生就业主管部门意见栏由就业单位所在地人事局(人力资源和社会保障局)或教育局盖章。

(4) "协议书的双方约定"，经甲乙双方(甲方为用人单位，乙方为毕业生)协商，达成的一些条款，主要包括工种岗位、工作期限、工资报酬、就业协议终止的条件、违反协议的责任和增补条款，最后是甲乙双方签章。

毕业生、用人单位、用人单位所在地毕业生就业主管部门三方签字后协议即生效，三方都应该严格履行协议，一方若违反协议，应承担相应的违约责任。条款增补栏中可补充其他约定，同样具有约束力。

案例 12-6

小张是某高校毕业生，与一家自己比较满意的公司签订了《就业协议书》。协议签订以后，小张就没有再找别的工作，开始撰写毕业论文并做一些其他的毕业准备工作。小张收到签约单位的通知，说由于该公司经营策略上的变化，原本计划招收的 20 名应届毕业生现缩招为 5 名。该公司打算与小张解除就业协议，并提出愿意按照三方协议的约定承担违约责任。小张认为自己因为和该单位签订了三方协议，失去了很多其他的就业机会，现在该公司给一笔违约金就可以和自己解除协议，自己再找工作时间上很仓促。请问小张可否可以通过诉讼或其他方式强制该单位履行三方协议？

该案例中，由于公司经营策略变化导致原就业协议履行存在困难，根据法律规定不得强制履行此类合同。因此小张不可以强制该单位履行三方协议，但可以根据协议约定要求用人单位承担违约责任。

(资料来源：本书作者整理编写)

四、《就业协议书》签订程序和注意事项

(一)《就业协议书》签订程序

毕业生与用人单位达成一致后，签约程序如下：

(1) 毕业生认真如实填写基本情况及应聘意见，并签名。

(2) 用人单位及上级主管部门或所属地人社局签署意见并加盖公章(具体需根据用人单位性质和当地就业政策确定是否需要上级主管部门或所属地人社局盖章)。

(3) 毕业生所在学院(系)签署意见并加盖公章。

(4) 学校就业指导中心签署意见并加盖公章。

需要说明的是：按程序最后到学校签章，由学校作最后把关，更有利于维护毕业生合法利益。有些毕业生图方便，要求学校先签章，再交用人单位，容易出现有损毕业生权益的条款，产生不利后果。学校把关意义还在于确认签约手续是否完备，否则由于手续不齐等原因，导致报方案时通不过，或派走后到用人单位无法报到，会加大毕业生心理负担。

(二)注意事项

1. 查明用人单位主体资格是否合格

毕业生在签订就业协议前，要确认用人单位主体资格是否合格。与毕业生签订就业协议的用人单位必须具有从事经营或管理的资格和能力，并具有录用毕业生就业的自主权。一般来说，招聘毕业生的各种所有制企业单位都应具有经过工商行政部门登记的独立法人资格，具备工商登记信息。按照《中华人民共和国劳动合同法》规定，中华人民共和国境内的企业、个体经济组织、民办非企业单位等组织(简称用人单位)等，都可以自主聘用劳动者为其员工。另外，国家机关、事业单位、社会团体也可以自主聘用一部分合同制员工。

除此之外，毕业生还应仔细了解用人单位的基本情况，包括单位的发展历史、规模、效益、管理制度、薪酬待遇及人才培养体系等，同时要对用人单位的企业文化与价值观有所了解。在充分了解企业的情况下，结合自身的兴趣、能力和需求，做出理性选择。

2. 有关协议条款明确合法

协议书的内容是整个协议书的关键部分，毕业生一定要认真审查。

(1) 审查协议内容是否合法，是否符合国家相关法律和政策。

(2) 审查双方权利和义务是否合理。

(3) 审查除协议本身外是否有附件及补充协议，并审查清楚其内容。

3. 签就业协议风险的规避

(1) 就业协议的期限。就业协议通常是毕业生与用人单位在正式建立劳动关系前达成的初步约定，其服务期限与后续的劳动合同期限并无必然的等同关系。由于大学生初次就业，职业生涯规划尚不明晰，就业协议期限不宜约定得过长，以便在发展不合适时能及时调整。

(2) 改派成本。就业协议强调的是"三方合约"，毕业生一旦违约必须承担违约责任，

在征得用人单位同意并缴纳违约金后才可重新签约。由于就业协议每个毕业生仅有一份，所以毕业生违约时，必须办理完毕与原签约单位的解约手续(需有原签约单位的书面解约函)，然后将原协议书交还学校就业工作部门，并换取新的协议书。

(3) 就业协议的违约金。违约金虽然是对双方的一个保障，也是一把双刃剑。一方面，双方的承诺需要通过违约金来保障，尤其对于企业来说，由于毕业生往往是先就业再择业，一遇到更好的工作就不惜毁约，极大地增加了企业的招聘成本。另一方面，也有一些单位利用毕业生急于就业的心理，漫天要价，趁机牟利。所以，毕业生在签订就业协议时要慎重考虑，量力而行，对于那些对违约金约定数额较高的企业，毕业生应该考量自己可能承受的风险及承受能力，避免盲目签约。

(4) 工作内容。大学生能否在实际工作中实现自己的价值是非常重要的，甚至超出了劳动报酬的重要性，因此对于日后的工作岗位以及工作内容等要有明确的约定。

(5) 劳动报酬。劳动报酬是劳动合同的必备条款，也是大学生毕业后作为劳动者的重要权益，因此对于劳动报酬应当明确约定。

案例 12-7

某毕业生参加了研究生入学考试，但成绩尚未公布，该同学觉得自己没有什么把握，于是积极到某单位应聘，该单位正式提出签约要求，且催得很急，否则将另选他人。该同学感觉该单位待遇不错，担心错过良机，便匆忙签约，且未与用人单位仔细推敲附加内容：即"服务期内不得以任何理由提出升学、出国、调动等要求。否则，缴违约金若干。"不久，考研分数公布，该同学经过复试，收到了某校的录取通知，他不想放弃升学机会，用人单位却不答应更改协议内容，该同学最终无奈，只好按协议内容交纳了违约金，签了违约解约函。

(资料来源：本书作者整理编写)

在签约过程中，有不少单位会附加一些协议条款，如"服务期多少年""必须取得学士学位""违约金多少""必须体检合格"等，对这些内容，毕业生应看仔细，并权衡利弊，尤其是服务期和违约金等要考虑自身的实际情况和承受能力。

4. 签订就业协议的程序

毕业生和用毁约。这种做法是不可取的，不仅会对毕业生本人、用人单位造成损失，也会给毕业生人单位在签约时要注意完整地履行手续。

(1) 毕业生要签名并写清签字时间。

(2) 用人单位及其上级主管部门必须加盖单位公章并注明时间，不能用个人签字代替单位公章。

(3) 毕业生和用人单位签字后，须将协议书交给学校毕业生分配主管部门履行相关手续，以便及时制订就业计划和顺利派遣。

(4) 写明违约责任。违约责任是指协议当事人因过错而不履行或不完全履行协议规定的义务应承担的法律责任，它是保证协议履行的有效手段。违反就业协议所导致的法律责任，一般限于违约责任。毕业生违约有两种情况，一种是毕业生在毕业前签订就业协议书后违约；另一种是毕业后与用人单位签订正式劳动合同后违约。对毕业生来说主要是前一种情况。在日益逼近的毕业期限和严峻的就业形势双重压力下，很多同学为了不至于"毕业就失业"，在不怎么满意、十分勉强的情况下随便签了个单位"保底"，大家都想以后找到更好的单位就毁约。这种做法是不可取的，不仅会对毕业生本人、用人单位造成损失，也会给毕业生所在学校的整体信誉带来负面影响。在与用人单位签订就业协议时，毕业生最好就解除条件作约定。当约定条件成立时，毕业生可依约定解除协议，而无需承担违约责任，避免产生经济损失或其他纠纷。

案例 12-8

大学生李某是外地在深就读的大学生，在校期间学习成绩优异，被深圳一家制造业上市公司相中并签订了就业协议，约定：企业为其办理大学生毕业入深圳手续，并提供生活便利，李某必须工作三年，违约金 6000 元。大学毕业后，李某很快在公司的帮助下办妥了户籍手续，并提供了相应的生活保障措施。待到公司要求签订劳动合同时，李某却不愿意签订为期三年的劳动合同，而只愿意签订一年，经过沟通协商，双方没有达成一致意见，李某一怒之下辞职离开了公司。公司随即将李某诉至法院，法院在审理后认为，李某不遵守就业协议的约定，无理拒绝签订劳动合同，构成违约行为，应当承担违约责任。

(资料来源：本书作者整理编写)

用人单位的要求应被支持。根据《就业协议书》，公司已经按照约定履行了提供工作岗位、办理户籍的义务。而双方依法建立劳动关系需要签订书面劳动合同，公司有权要求李某签订书面劳动合同，并且书面劳动合同的内容并未超出双方在就业协议中的约定，是有约定依据的。但李某拒签，其行为客观上造成了双方无法签订劳动合同，使得劳动关系处于不稳定状态，并且其离职行为也违反了协议约定，应支付违约金。

在现实中，毕业生求职时"骑驴找马"的现象并不少见。因此，如果在签订就业协议后再找到更好的发展机会，毕业生往往不惜以违反就业协议、支付违约金为代价，解除就业协议。不少用人企业为了留住毕业生，往往规定很高的违约金。对毕业生违约金金额的建议上限为不高于毕业生第一年的月收入。规定违约金上限不仅将大学生的违约风险降低到合理范围内，同时也可促使用人单位在签订就业协议书时更加负责地填写"工资"一栏。往常不少用人单位在就业协议书的"工资"一栏内随便填写一个数字，或者含糊写上"按国家规定"。当违约金与工资的数额挂钩之后，用人单位便不得不重视"工资"这一栏并认真填写，以免发生违约时不能明确违约金数额。

五、《就业协议书》的解除

就业协议的解除分为单方解除和双方解除。

单方解除，包括单方擅自解除和单方依法或依协议解除。单方擅自解除协议，属违约行为，解约方应向对方承担违约责任，单方依法或依协议解除，是指一方解除就业协议有法律上或协议上的依据，如大学生未取得毕业资格，用人单位有权单方解除就业协议，毕业生升学后，可解除就业协议，或依协议规定，毕业生未通过用人单位所在地组织的公务员考试，用人单位有权解除协议，此类单方解除，解除方无须向对方承担法律责任。

双方解除是指毕业生、用人单位经协商一致，取消已经订立的协议，使协议不再发生法律效力。此类解除因是双方当事人真实意思表示达成的一致意见，双方均不承担法律责任，双方解除应在就业计划上报主管部门之前进行，如就业派遣计划下达后双方解除，还须经主管部门批准办理调整改派。

案例 12-9

小王毕业前与一家单位签了就业协议，约定在该单位售后服务部工作。大学毕业后，小王来到这家单位上班。但是工作了不久，他就感觉自己的身体状况很难适应单位高强度的工作方式，而且现有工作也不适合其今后的发展定位。于是，在 8 月底他向单位提交了解除协议申请，虽然单位答应了他的离职要求，却以违约为由，要求其必须缴纳 5000 元人民币的违约金。

小王很委屈，身体不好无法胜任工作是客观原因，再说还处于试用期，没有签订劳动合同，自己在公司已经工作了一个多月，一分钱的工资都没有拿到，反而还要缴纳违约金。由于小王不肯交违约金，单位就拒绝帮助其办理离职手续，双方的僵持让小王感觉损失很大。

【点评】该单位要求不应得到支持。如前所述，就业协议是小王与公司签订的约定将来建立劳动关系的民事合同。毕业后，小王已按照约定与单位建立了劳动关系，原就业协议已经履行完毕，双方的劳动关系受劳动法律法规调整。如果小王仍处于试用期内，依据劳动法规定，他随时可以解除劳动关系；若双方没有签订劳动合同，那么属事实劳动关系，小王可以随时解除劳动关系而无须支付违约金。如果在报到后，毕业生因为发生疾病不能坚持正常工作的，用人单位则应该按照在职人员的有关规定处理，即使处于试用期，单位也不能随意将其辞退。

(资料来源：本书作者整理编写)

六、违约责任与后果

毕业生与用人单位签订的《就业协议书》具有法律效力，任何一方不得擅自解除，否则违约方将承担协议约定的违约责任。从实际情况来看，毕业生违约的比例要远高于用人单位。

(一)毕业生违约的后果

(1) 用人单位通过花费大量精力和招聘成本，做了大量工作，并考虑了录用人员的工作安排。毕业生一旦违约，用人单位的一切工作将付诸东流，还要重新招聘人员，导致工作被动。

(2) 用人单位往往将毕业生违约当成是学校管理不严的后果，毕业生违约后会影响学校和用人单位的长期合作关系。由于对学校有怀疑，以后可能不会再到学校挑选毕业生。在当前竞争激烈的就业市场中，没有需求就意味着毕业生失去就业机会。

(3) 用人单位不录用某位毕业生，完全可以录用其他人；但如果录用了这位毕业生，就不能再录用其他毕业生。如果该毕业生日后违约，当初想去的毕业生也不一定能补缺，造成机会浪费。高校大学生应是讲诚信、讲法治的践行者，因此学校再次强调毕业生在签约过程中要做到慎重选择，认真履约。

(二)对违约毕业生的处理规定

学校强调毕业生要讲诚信、讲法治、认真履约。毕业生一旦违约，必须承担违约责任，在征得用人单位同意并交纳违约金后才可重新签约。毕业生违约时，必须办理完毕与原签约单位的解约手续，然后将原协议书交还学校就业工作部门，并换取新的协议书。

> **案例 12-10**
>
> 大学生李某在 2021 年年初和一个单位签署了就业协议，当时他不知道自己能考上研究生。春节以后，他考上了研究生。于是面临一个问题：如果他去读研究生的话，算不算违约。如果算违约的话，他应该承担什么样的责任？
>
> 就业协议签署完毕即产生法律效力，对各方主体均有约束力，任何一方违约都要承担违约责任。对于可能考取研究生的大学生，在签署就业协议时候可以在备注栏中加上"如本人考取研究生凭录取通知书，该协议效力终止，不承担违约责任。"这种约定可从根本上避免因违约而产生的经济损失或者其他争议。

(资料来源：本书作者整理编写)

第五节　签订劳动合同

签订劳动合同.mp4

对于初涉职场的大学生来说，与用人单位签订劳动合同是就业后一个关键环节，也是劳动者合法权益的有力保障之一。劳动合同是劳动者与用工单位之间确立劳动关系，明确双方权利和义务的协议。建立劳动关系应当订立劳动合同。

一、劳动合同法

(一)《中华人民共和国劳动合同法》概述

《中华人民共和国劳动合同法》于 2007 年 6 月 29 日经第十届全国人民代表大会常务委员会第二十八次会议通过，自 2008 年 1 月 1 日起施行。该法从劳动合同的订立、履行、变更、解除到终止，明确了劳动合同双方当事人的权利和义务，重在对劳动者合法权益的保护，被誉为劳动者的"保护伞"，为构建与发展和谐稳定的劳动关系提供法律保障。作为我国劳动保障法治建设进程中的一个重要里程碑，《中华人民共和国劳动合同法》的颁布实施有着深远的意义。《中华人民共和国劳动法》与《中华人民共和国劳动合同法》都是为了保护合法的劳动关系和双方的合法利益而制定的法律，《中华人民共和国劳动合同法》是《中华人民共和国劳动法》的特别法，在涉及劳动合同的问题上，优先适用《中华人民共和国劳动合同法》。《中华人民共和国劳动合同法》突出了以下内容：①立法宗旨非常明确，就是为了保护劳动者的合法权益，强化劳动关系，构建和发展和谐稳定的劳动关系；②解决目前比较突出的用人单位与劳动者不订立劳动合同的问题；③解决合同短期化的问题。

(二)劳动合同的定义及特点

1. 劳动合同的定义

根据《中华人民共和国劳动法》第十六条规定，劳动合同是劳动者与用工单位之间确立劳动关系，明确双方权利和义务的协议。根据这个协议，劳动者加入企业、个体经济组织、事业组织、国家机关、社会团体等用人单位，成为该单位的一员，承担一定的工种、岗位或职务工作，并遵守所在单位的内部劳动规则和其他规章制度；用人单位应及时安排被录用的劳动者工作，按照劳动者提供劳动的数量和质量支付劳动报酬，并且根据劳动法律法规规定和劳动合同的约定，提供必要的劳动条件，保证劳动者享有劳动保护、社会保险、福利等权利和待遇。

2. 劳动合同具有的法律特征

(1) 劳动合同的主体由特定的用人单位和劳动者双方构成。劳动合同当事人的一方必须是国家机关、企业事业单位、社会团体和私人雇主等；另一方是劳动者本人。

(2) 劳动合同的标的是劳动者的劳动行为。以劳动行为作为劳动合同的标的，要求劳动者按照用人单位的指示提供劳动，劳动者提供劳动本身便是劳动合同的目的。

(3) 劳动合同一般有试用期限的规定。我国《中华人民共和国劳动法》第二十一条和《中华人民共和国劳动合同法》第十七条、第十九条的规定，劳动合同可以约定试用期，但试用期最长不得超过六个月。

(4) 劳动合同的内容涉及劳动者劳动力的再生产。劳动力既有自然老化的过程，也有再生产的特征。劳动者自身老化的需求和劳动力再生产的需求都需要通过劳动来满足，因而成为劳动合同不可缺少的内容。

(5) 劳动合同的目的在于劳动过程的实现，而不是劳动成果的给付。劳动合同的目的在于确立劳动关系，使劳动过程得以实现。

(6) 劳动合同履行中的从属性和非强制性。劳动者在实施劳动行为时，必须服从用人单位的时间安排，必须按照用人单位的要求完成劳动过程，必须接受用人单位的指示。但需强调的是，劳动者的人身不能强制。

(7) 劳动合同权利义务的延续性。劳动合同权利义务的延续性渊源于劳动者劳动力再生产的自然属性。这种延续性表现在两个方面：①在劳动合同的有效期内，劳动者即使未向用人单位提供劳动，在一定条件下对用人单位仍有劳动报酬的请求权，用人单位仍有支付劳动报酬的义务；②在劳动合同终止或解除后，用人单位仍对劳动者负有相应的责任。

(8) 劳动合同内容的法定性。合同的基本要义在于当事人双方的合意，劳动合同也是一样的。有所不同的是，劳动合同的内容具有更多的法定性。

由此可见，劳动合同具有非常重要的作用，它不仅仅规定了劳动者的劳动内容以及劳动行为，对劳动单位有重要意义；同时它还是劳动者维护自己合法权益的重要依据。

案例 12-11

李某某是某国有企业的职工，与该企业签订有无固定期限劳动合同。2020 年以来，由于行业不景气，受社会环境影响，企业生产任务不饱满，李某某作为企业市场部的司机，像其他员工一样，每天的工作量很少，经常是早上上班后到企业转一圈就走，有时甚至根本不来。部门领导考虑到企业里的事又不多，员工的收入较低，于是对此现象听之任之，未进行严格管理。

近两年来，企业效益开始好转，生产逐步走上了正轨。为了加强企业规范管理，严格执行劳动纪律，企业向所有职工发出书面通知："以前由于管理不严，一些职工有违反企业考勤和管理规定的行为，我们对此既往不咎。但从接到通知以后，企业各部门要严格考勤纪律，要求每个职工必须按时上下班。如有违者，将按企业有关规定严肃处理。"

李某某接到通知后的第一个星期，每天还能坚持出勤，并完成企业交给的工作任务，但工作一段时间后，发现自己的实际收入并无实质的改变，就时常让自己的朋友驾车替他为客户送货，而他自己却有时闲逛，有时在另一家企业兼职做推销产品的工作，以从中获得兼职收入。后来，李某某请他人代自己上班的情况被企业发现了。企业经过调查，获得了李某某在一个月内累计十天以上无故不上班，并让其朋友替班送货的证据。按照该企业关于考勤制度的规定，李某某的行为应按旷工处理，情节严重。最后，根据该企业规章制度中的相关规定："凡有下列严重违纪行为之一的，予以解除劳动合同：……2.旷工累计三天以上；……5.擅自从事第二职业或为其他企业从事兼职工作的。"做出了解除李某某劳动合同的决定。

李某某对企业解除劳动合同的决定十分不满，接到通知后就向劳动争议仲裁委员会提出了仲裁申请。要求撤销企业以严重违纪为理由做出的解除劳动合同的决定，并支付解除劳动合同的经济补偿金，同时另外支付违约金。李某某的请求能够得到仲裁机构的支持吗？

（资料来源：本书作者整理编写）

当然不能。理由如下：

劳动合同是一种具有身份性质的合同，其人身属性很强。劳动力存在于劳动者肌体内，与劳动者的人身不可分离，这决定了劳动者以外的其他人不能代劳动者完成劳动任务。劳动关系的人身性决定了劳动合同具有专属性，即劳动者未经用人单位同意不得由第三人代其向用人单位履行劳动义务。劳动是劳动者谋生的手段，劳动者让渡劳动力使用权获取生活资料，用人单位支付工资使用劳动力，在此基础上形成财产关系。但处理劳动法律关系中的财产关系时，不能完全适用民法调整平等主体间财产关系的原则，要考虑其人身性。

在本案中，劳动合同的当事人是李某某和其所在的企业，劳动合同关系只能发生在他们之间。《中华人民共和国劳动法》第三条规定"劳动者应当完成劳动任务"，这里指的是劳动者应当亲自完成。

李某某无视劳动纪律和亲自履行劳动义务的要求，擅自让朋友替自己完成送货任务。尽管每次当班未影响工作，但劳动关系是特定主体间的关系，劳动过程中的权利与义务只能由劳动者本人承担。李某某未亲自履行劳动合同义务，违反了劳动合同基本原则，构成违约。同时，他在朋友代班期间到其他单位兼职从事第二职业，严重违反了所在单位的规章制度。

《中华人民共和国劳动合同法》第三十九条规定，劳动者有下列情形之一的，用人单位可以解除劳动合同：

① 在试用期间被证明不符合录用条件的；

② 严重违反用人单位的规章制度的；

③ 严重失职，营私舞弊，给用人单位造成重大损害的；

④ 劳动者同时与其他用人单位建立劳动关系，对完成本单位的工作任务造成严重影响，或者经用人单位提出，拒不改正的；

⑤ 因本法第二十六条第一款第一项规定的情形致使劳动合同无效的；

⑥ 被依法追究刑事责任的。

既然李某某的行为构成企业规章制度中所列明的严重违纪行为，企业完全可以依据《中华人民共和国劳动合同法》第三十九条规定，解除与李某某的劳动合同。并且按照《中华人民共和国劳动合同法》第四十六条规定，这种情况下企业解除劳动合同无需向李某某支付经济补偿金。另外，由于企业与李某某解除劳动合同的决定合法有效，所以也不存在支付李某某违约金的问题。

二、签订劳动合同应遵循的原则

劳动合同一般有三种形式：有固定期限的劳动合同、无固定期限的劳动合同、以完成一定的工作为期限的劳动合同。不管订立哪种劳动合同，都应遵循以下原则。

1. 平等自愿的原则

平等，是指订立劳动合同的双方当事人具有相同的法律地位。这一原则赋予双方当事人公平地表达各自意愿的机会。

自愿，是指劳动合同的订立完全是出自双方当事人的真实意愿，是在充分表达各自意见的基础上，经过平等协商而达成的协议。

2. 协商一致的原则

协商一致，是指劳动合同的内容必须由当事人双方在法律法规允许的范围内协商讨论，取得完全一致后确定。协商一致的原则是维护双方当事人合法权益的基础。

3. 不得违反法律、行政法规的原则

即订立劳动合同的合法原则。这条原则是劳动合同有效并受国家法律保护的前提条件。

(1) 劳动合同的内容必须合法。所谓内容合法，是指双方当事人在劳动权利与义务条款上必须符合法律法规和政策的规定。

(2) 劳动合同的主体必须合法。所谓主体合法，是指双方当事人必须具备订立劳动合同的主体资格，必须合法的经营范围、履行能力以及承担经济责任的能力。劳动者必须具备法定的劳动年龄，具备劳动权利能力和劳动行为能力。任何一方如果不具备订立劳动合同的主体资格，所订立的劳动合同就属于违法合同。

(3) 劳动合同的程序与形式必须合法。程序合法，是指劳动合同的订立必须按照法律、行政法规所规定的步骤和方式进行，一般要经过要约和承诺两个步骤，具体方式是先起草劳动合同书草案，然后由当事人平等协商，协商一致后签约。形式合法，是指劳动合同必须以法律，法规规定的形式签订，即"劳动合同应当以书面形式订立"。

案例 12-12

2022 年 9 月，某大学毕业生李某顺利毕业，拿到毕业证和学位证书，但因了解到某企业招聘条件有全国大学生英语六级考试成绩和社会实践要求，于是通过非法渠道购买了伪造的英语等级考试成绩单和社会实践证明材料。在通过一系列的笔试、面试后，李某被该企业录用，双方签订了两年的劳动合同，约定了试用期为 2 个月。

合同履行 2 个月后，公司为李某办理档案接转关系时，发现李某的证明系伪造，遂通知李某立即解除劳动合同。李某不服，向当地劳动争议仲裁委员会提出申诉，要求确定劳动合同有效，并要求公司支付解除合同的经济补偿金。当地劳动仲裁委员会裁决中申诉人李某的申诉请求不予支持，双方签订的劳动合同无效，并且，李某要求公司补偿的要求无法律依据，故也不能得到支持。

李某为了追求自己的利益，违背诚实信用原则，侵犯了公司合法权益，其行为构成了欺诈，因此李某与该企业订立的劳动合同属于无效合同。

(资料来源：本书作者整理编写)

三、劳动合同的主要内容

根据《中华人民共和国劳动合同法》规定，劳动合同的内容。可以分为必备条款和协商条款两部分。必备条款是指劳动合同必须具备的由法律法规直接规定的内容，如果缺少其中之一，那么所签订合同将被视为无效合同；协商条款是指不需由法律法规直接规定，而是由双方当事人自愿协商确定的合同内容。

(一)劳动合同的必备条款

(1) 用人单位的名称、住所和法定代表人或者主要负责人。

(2) 劳动者的姓名、住址和居民身份证或者其他有效身份证件号码。

(3) 劳动合同期限。合同期限主要分为固定期限、无固定期限以及以完成一定工作任务为期限。对于以完成一定工作任务为期限的劳动合同，应明确工作任务内容；对于固定期限劳动合同，需明确起止日期；若劳动合同未明确期限，除符合以完成一定工作任务为期限的情形外，应视为无固定期限劳动合同。

(4) 工作内容和工作地点。工作内容应明确具体的工作岗位和工作职责，工作地点也必须在劳动合同中明确规定，因为工作地点的约定对劳动者权益影响较大。例如，合同中约定工作地点在沈阳，若用人单位未经协商将劳动者调至深圳，属于用人单位变更工作地点，劳动者有权拒绝，用人单位的这种行为可能构成违约。

(5) 工作时间和休息休假。我国实行劳动者每日工作时间不超过八小时、平均每周工作时间不超过四十小时的标准工时制度，但部分用人单位经劳动行政部门批准，可实行综合计算工时制、不定时工时制等其他工时制度。无论采用何种工时制度，都应在劳动合同中明确约定。

(6) 劳动报酬。劳动报酬是劳动者非常关心的内容，劳动合同中应明确劳动报酬的数额、支付方式、支付时间等具体事项。

(7) 社会保险。国家规定用人单位必须为员工缴纳社会保险，即通常所说的"五险一金"，包括养老保险、失业保险、医疗保险、工伤保险、生育保险和住房公积金。

(8) 劳动保护、劳动条件和职业危害防护。对于从事有毒有害、高温高压、海上作业、航空航天等特殊行业或危险职业的劳动者，劳动合同中必须有相应的劳动保护和职业危害防护等内容。

(9) 法律法规规定应当纳入劳动合同的其他事项。随着国家相关部门在实施《中华人民共和国劳动合同法》过程中遇到新问题，会出台新的规定，这些规定涉及的内容也应纳入劳动合同。

(二)劳动合同的协商条款

(1) 试用期。试用期不是劳动合同的必备条款，用人单位与劳动者可以根据实际情况协商是否约定试用期。法律禁止单独约定试用期，如果仅签订试用期合同，该试用期不成立，该期限视为劳动合同期限。根据法律规定，劳动合同期限 3 个月以上不满 1 年的，试用期不得超过 1 个月；劳动合同期限 1 年以上不满 3 年的，试用期不得超过 2 个月；3 年以上固定期限和无固定期限的劳动合同，试用期不得超过 6 个月。

(2) 培训。有些用人单位会对新入职的大学生进行培训，培训一般分为两种：一种是单位内部的上岗培训，主要是让员工了解公司文化、环境及理念等，这类培训通常不收费；另一种是用人单位出资，安排劳动者到专业培训地点接受专业技术培训。只有用人单位为劳动者提供专项培训费用进行专业技术培训时，才可以与劳动者订立协议，约定服务期和违约金，普通的上岗培训不得约定违约金，若单位以员工参加上岗培训为由收取违约金，属于违法行为。

(3) 商业秘密和竞业限制。保守商业秘密是劳动者的法定义务，无论是否签订保密协议，劳动者都不得泄露公司商业机密。竞业限制是指用人单位针对特定岗位的员工，约定其在离职后一定期限内(最长不超过两年)不得在同行业竞争单位任职。若用人单位与劳动者签订了竞业限制协议，则有义务在劳动者离职后按月向其支付竞业限制补偿金，具体补偿金额由双方在劳动合同中约定。若用人单位未支付补偿金，劳动者不受竞业限制条款的约束。例如，在科研岗位工作的员工，在职期间掌握了重要数据或尖端技术，即便未签订保密或竞业限制协议，也必须保守商业秘密；若未签订竞业限制协议，用人单位则不能限制员工离职后去同行业其他单位工作。

🔗 拓展阅读 12-1：劳动合同的变更、终止与解除(扫描右侧二维码)

四、就业协议与劳动合同的区别

就业协议与劳动合同均为用人单位录用毕业生时所订立的书面协议，在就业过程中，有些毕业生有时将两者等同，有时又将两者割裂开来，因而有必要对就业协议与劳动合同进行分析、比较。

案例 12-13

签订《就业协议书》后是否可以不签《劳动合同》

李某是广州市某大学 2015 届本科毕业生。2015 年 6 月 6 日，李某、广州市某科技有限公司和学校三方签订了《就业协议书》。在此之前，该科技公司为李某办妥了人事等相关手续，代李某缴了人事代理服务费和流动服务费合计 2520 元。2015 年 7 月 1 日，李某到该公司上班，负责软件开发，双方约定李某试用期月薪 2000 元，试用期 3 个月。但李某刚工作了一个月，就于 7 月 31 日提出辞职。该公司拒绝发给李某工资并且申请劳动仲裁，认为李某在试用期内解除《劳动合同》，理应赔偿其损失并支付约定的违约金。然而，仲裁机构未予支持。

律师事务所王斌律师解析此案：此案例的重点在于，李某到该公司后曾提出签订《劳动合同》，但公司以试用期内不与员工签订合同为由拒绝了，李某觉得在该公司工作的合法权益得不到保障。工作一个月后，他发觉自己与该公司文化格格不入，提出辞职。在单位招聘中，部分单位认为签订了《就业协议书》可以不签《劳动合同》，或者已签订《就业协议书》为由拒绝签订《劳动合同》，这都是不合法的。

（资料来源：本书作者整理编写）

在大学生毕业离校前，学校将根据《就业协议书》的内容明确毕业生的就业去向，同时转递大学生档案。在毕业生到用人单位报到后，三方协议即告终止。《就业协议书》不是《劳动合同》，毕业生报到后，应当要求用人单位签订《劳动合同》，明确约定试用期、工作时间、工作地点、工资待遇、休息休假等，不能以签订过《就业协议书》为由拒绝签订《劳动合同》。

(一)法律适用不同及争议处理方式不同

《就业协议书》是毕业生在校时，由学校参与见证，与用人单位协商签订的，是编制毕业生就业计划方案和毕业生派遣的依据。劳动合同是毕业生到单位报到后，与用人单位确立劳动关系、明确双方权利和义务的协议。

《就业协议书》要解决的核心问题是毕业生正式毕业后到单位报到，单位在毕业生报到上班时无条件录用的问题。同时，单位应当提供《就业协议书》中约定的劳动报酬、工作岗位等内容。《就业协议书》属于普通的民事协议，因而受《中华人民共和国民法典》的调整。而劳动合同则受《中华人民共和国劳动法》的调整。

因此，《就业协议书》签订后，大学生和用人单位在就业过程中的争议，一般由市高校毕业生就业办公室协调，当事人也可以向人民法院起诉。而履行劳动合同所产生的争议，则需要先进行仲裁，对仲裁不服的，才可以向人民法院起诉。

(二)条款不同

根据《中华人民共和国劳动合同法》的规定，劳动合同的必备条款主要包括下面内容。
(1) 用人单位的名称、住所和法定代表人或者主要负责人。
(2) 劳动者的姓名、住址和居民身份证或者其他有效身份证件号码。

(3) 劳动合同期限。

(4) 工作内容和工作地点。

(5) 工作时间和休息休假。

(6) 劳动报酬。

(7) 社会保险。

(8) 劳动保护、劳动条件和职业危害防护。

(9) 法律法规规定应当纳入劳动合同的其他事项。

《就业协议书》中有关双方权利义务的内容很多与劳动合同一致，但也有不同。例如，上海市相关部门依据《上海普通高等学校大学生就业工作管理办法》对《就业协议书》进行规范，并规定《就业协议书》一般应包括以下条款。

(1) 服务期。

(2) 工作岗位和工作内容。

(3) 劳动保护和工作条件。

(4) 工资报酬和福利待遇。

(5) 就业协议终止的条件。

(6) 违反就业协议的责任。

(三)就业协议与劳动合同的效力衔接问题

在大学生毕业之前不具有签订劳动合同的主体资格，签订就业协议的身份是一个普通的民事主体。随着大学生毕业，其可以取得签订劳动合同的主体资格。因此，在大学生报到入职，用人单位接收后，就业协议实际上便已失效，双方应当签订《劳动合同》，并依照《劳动合同》的约定履行。

案例 12-14

小张在大四时到一家广告公司实习。由于实习表现突出，小张与该公司达成就业意向，并签订了《就业协议书》。双方约定，服务期为 3 年，如果小张提前解约必须赔偿公司 1 万元。至于协议中的待遇、福利等条款暂为空白。公司人事部门让他先签名，具体条款过几天再补上。小张觉得自己是经熟人介绍来的，不好意思提待遇的事。"找个工作不容易，不敢要求太多。反正别人有啥咱有啥呗，差不了事儿。"小张便在协议上签上了自己的名字。

正式上班后，公司与他签订了劳动合同，合同的有效期仅 1 年，而且也没有提前解除合同的赔偿条款。由于待遇与其他员工相差较大，小张在工作第二年便向公司提出辞职。公司提出，必须按就业协议的规定赔偿 1 万元。小张不服，准备通过法律手段维权。那么小张是否需要向公司赔偿这 1 万元费用呢？

本案中，在小张毕业后到广告公司入职时，双方早先签订的《就业协议书》实际上会自行失效。因此，公司要求小张支付就业协议中约定的费用是没有法律依据的，不能得到支持。

(资料来源: 本书作者整理编写)

《就业协议书》与《劳动合同》是用人单位录用毕业生时所订立的书面协议，但两者分处两个相互联系的不同阶段，具体表现如下：

《劳动合同》是毕业生与用人单位明确劳动关系中权利义务关系的协议，学校不是劳动合同的主体，也不是劳动合同的见证方。《劳动合同》是上岗毕业生从事何种岗位、享受何种待遇等权利和义务的依据。

一般来说《就业协议书》签订在前，《劳动合同》订立在后，如果毕业生与用人单位就工资待遇、住房等有事先约定，亦可在《就业协议书》备注条款中予以注明，日后订立《劳动合同》时应对此内容予以认可。

本 章 小 结

大学生的就业权益问题主要包括求职过程中常见的侵权、违法行为，就业协议书的签订流程和注意事项，大学生签订劳动合同应注意的问题，以及社会保险的有关知识。设立本章的目的是让大学生认识就业权益，学会保护自己。通过对本章的学习，大学生对即将到来的就业中可能涉及的问题如何从法律角度去思考有一个概括的了解，从而提高大学生的就业权益保护的法律意识。

复习与思考

(1) 常见的就业侵权、违法行为有哪些？

(2) 大学生维权的途径和方法有哪些？

(3) 就业协议书的签订流程和注意事项有哪些？

(4) 大学生签订劳动合同应注意的问题？

第十三章　认识创业与创业准备

课程目标

- 知识目标：通过本章的学习，大学生了解创业的含义及相关基本要素，熟悉大学生创业过程及如何进行创业准备，了解创业计划书的撰写。
- 能力目标：掌握创业者必备的基本素质和能力，掌握创业想法产生与分析的方法，能够辨别创业与就业的不同，学会自己撰写创业计划书。
- 素质目标：理解创业教育对大学生发展的意义，思考自己的生涯发展，正确认识并理性对待创业。

重点和难点

(1) 创业对大学生职业发展的意义。
(2) 大学生创业必备的基本素质和能力。
(3) 大学生创业的基本步骤。
(4) 创业计划书的基本内容。

知识结构逻辑图

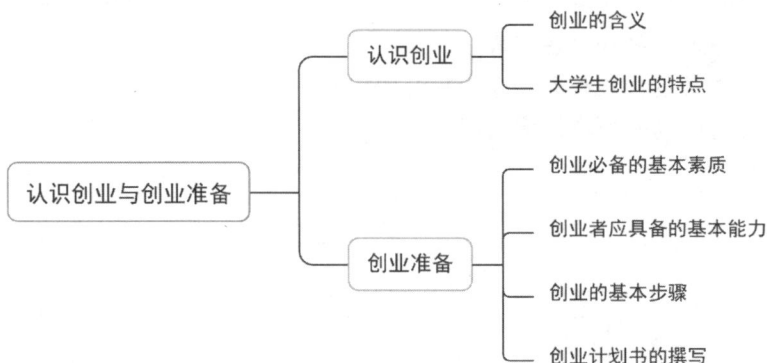

```
                                      ┌── 创业的含义
                          ┌─认识创业──┤
                          │           └── 大学生创业的特点
                          │
认识创业与创业准备 ────────┤           ┌── 创业必备的基本素质
                          │           │
                          │           ├── 创业者应具备的基本能力
                          └─创业准备──┤
                                      ├── 创业的基本步骤
                                      │
                                      └── 创业计划书的撰写
```

情景导入

　　蔡文胜于 1970 年出生于泉州。1985 年，15 岁的他弃学摆地摊，后来还跑到东南亚卖衣服、卖水泥。最终，他因投资域名生意，抢注十多万个互联网域名赚得盆满钵满，随后进入投资领域，相继投资了美图秀秀、58 同城等重量级公司。在 2016 胡润 IT 富豪榜中，他以 105 亿元排名第 35 位。

　　2004 年，一个叫作 hao123 的网站进入蔡文胜的视线。他发现很多人知道网易、新浪、搜狐等门户网站，但不知道怎么进入，而 hao123 正好提供了入口。于是，他创建了265.com，并于 2008 年以 2000 万美元的价格将其卖给了谷歌。同年，他与吴欣鸿讨论互联网未被开发的商机，发现装机必备的 Photoshop 对普通人来说太难用，于是决定开发一款"傻瓜型 PS"工具。蔡文胜让吴欣鸿从 38 人的团队中挑选 18 人，成立了美图公司。后来，一款名为"美图大师"的修图软件在年轻人中流行起来，并更名为"美图秀秀"。

2013 年，蔡文胜出任美图秀秀董事长。2016 年 12 月 15 日，美图秀秀登陆港交所，整体市值近 46 亿美元，成为继腾讯之后香港股市最大规模的科技 IPO。蔡文胜持有美图公司 38.32%的股份，价值约 120 亿元人民币。

蔡文胜曾说："我总是会看到跟别人不一样的东西，我个人觉得，自己思维比较跳跃——总能发现新的机会。"他始终相信，有了用户就迟早能找到商业模式，而不是先有商业模式再找用户。

(资料来源：李贺，王畅. 大学生创新创业基础[M]. 北京：北京理工大学出版社，2019.)

第一节　认 识 创 业

认识创业.mp4

当今时代充满了机遇和挑战，创业活动不仅是解决就业问题的有效途径，更是国家创新和经济持续发展的动力源泉。因而，创新创业越来越受到国家的鼓励和推崇。同时，创业活动以其富于创新性、挑战性，以及可能获得高回报、高价值的特有魅力，成为许多有志者追求梦想的自觉选择。

面对当前的时代和环境，大学生在进行未来规划时，应要把自主创业作为自己生涯规划中的一个选项。从走进大学的那一天起，除了学习并掌握专业知识和技能以外，还要积极做好创业准备，以便在未来的发展中多一些竞争的主动权，在面对激烈的就业竞争时，多一个可以把握的机会，开创一份属于自己的事业。

要想创业，就要及早对创业有一些最基本的了解。我们将对创业的含义及相关基本要素，以及大学生创业教育的目标和任务进行讨论，以便建立起正确的基本理念。

一、创业的含义

创业在《新华字典》里定义为创办"事业"。"创"，篆文从刀，仓声，是形声字"业"，篆文像古代乐器架子横木上的大板，上面刻有锯齿，以便悬挂钟、鼓等乐器，后引申为所从事的学业、事业、职业、行业、就业、产业、创业、工作等。由此可见，创业是"创"字当头，以"业"为基础，这意味着任何一项事业都是一个由无到有、由小到大、由简到繁、由旧到新的创造过程。

创业是一种创新性活动，它的本质是独立地开创并经营一种事业，并使其稳健发展、快速成长。走上创业之路，是人生的一个大转折，它是成就个人事业的过程，也是自我价值和能力的体现。创业要直接面向社会，直接对顾客负责，个人的收入直接与经营利润连在一起。其实，创业的过程就是解决一个接一个矛盾的过程，正如一位作者指出："创业最大的好处，就是可以自己当自己的主人。"

创业被学者们从不同方面进行了定义：

(1) 创业是新颖的、创新的、灵活的、有活力的、有创造性的，以及能承担风险的过程。许多学者指出，发现并把握机遇是创业的一个重要部分。

(2) 创业是包括创造价值在内的、创建并经营一家新的营利性企业的过程。它是通过个人或一个群体投资组建公司，提供新产品或服务，以及有意识地创造价值的过程。创业是创造不同价值的过程，这种价值的创造需要投入必要的时间和付出一定的努力，承担相应的金融、心理和社会风险，并能在金钱和个人成就感方面得到回报。

综上所述，创业是这样一种过程：在这个过程中，某一个人或一个团队，利用组织力量去寻求机遇，去创造价值和谋求发展，并通过创新和独特的方式满足愿望和需求，而不管企业家手中此时有什么样的资源。

🔗 拓展阅读 13-1：改革开放以来中国创业的五次浪潮(扫描右侧二维码)

二、大学生创业的特点

大学生创新创业能力在教育过程中具有非常重要的地位。在当前创新创业(简称"双创")培养理念的倡导和政策利好的驱动下，有越来越多的大学生正参与到创业大军中去。作为创业大军中的特殊群体，大学生拥有较高的文化水平，更容易接触到新事物。他们创业或是为实现自我价值，或是为追求更加自由的工作方式，或是为谋求更高的收入……然而，由于现行大学创业教育的缺失和制度的束缚，导致大学生创业举步维艰。

(一)大学生创业的特点

我国大学生创业的时间并不长，目前大学生创业出现以下特点。

(1) 创业领域集中。当前大学生创业主要集中在服务业领域，因为这些行业门槛较低，特别是商贸、物流等传统服务业。其次是与所学专业相关的领域。这说明专业知识与创业方向有着直接关系。

(2) 创业心态趋于理性。大学毕业生对待创业的心态越来越理性。大学生对未来充满了希望，个个朝气蓬勃。在面临创业时，很多人也能考虑得比较全面，抱着务实的心态实施创业。

(3) 创业认知片面。大学生对创业的理解比较片面，有人认为传统的小买卖、小店铺、摆摊就是创业。实际上，"用智力换资本"才是大学生创业的优选之路。

(4) 行动力不足。想创业的大学生很多，但真正行动的却很少。在大学生群体中，有相当一部分大学生想过创业或表达过创业的意愿，但最终真正创业的人却极少。毕业生数量的急剧增长与国家就业岗位缓慢增长之间的尖锐矛盾，就业不再是件容易的事。再加上现实生活中出现了一些创业成功的传奇人物，如马云、马化腾等，为创业增加了光明的预期，于是大学生萌发了创业的想法。然而，一觉醒来后，他们又认为创业离自己比较遥远。

(5) 创业成功率显著偏低。由于大学生涉世不深、缺乏各种经验、资本积累薄弱等原因，很容易导致大学生创业夭折。统计数据显示，中国整体的创业成功率达到 30%，而在创业大军中，大学生创业成功率仅为 3%左右，仅占成功创业企业的一成。对于创业中的失败和挫折，许多大学生感到迷茫，不知道前进的方向，感到十分痛苦。因为他们在创业前看到的都是创业成功的例子，心态也是理想主义的，一旦失败往往很难再重新开始，对再创业的信心打击比较大。

(6) 创业的科技转化率低。虽然我国大学生创业所涉足的领域比较广，创业的形式也呈多样化发展，但相对于我国庞大的大学生群体，真正在高科技领域创业的却很少，科技转化率普遍偏低。

我们有理由相信，随着素质教育的不断深入，在不久的将来，大学生的科技创业会更加普遍。

(二)大学生创业存在的问题

我国大学生创业教育起步比较晚，虽然取得了一定的成效，但还是存在许多问题。

1. 服务体系不够完善

目前，政府对创业的扶持政策主要聚焦在税费减免和融资服务等方面，对大学生在创业过程中遇到的问题的解决途径关注较少。

2. 融资环境不利

创业是一项对资金需求较大的活动，而大学生普遍没有稳定的收入来源，因此，创业资金不足成为大学生创业需要面临的首要问题。

调查显示，很多创业大学生的创业资金都来源于家庭支持或者是私人借贷，这种资金来源渠道获得的资金数额较小，并且持续性差，对于家庭条件一般的创业者来说，很容易造成沉重的心理压力，影响创业活动的决策。

3. 缺乏经验和技能

由于大学生长期生活学习在校园，对社会缺乏较深入了解，特别是在市场运作和企业运营等领域缺乏相关的知识和经验。

目前，我国高校针对创业和企业管理的系统理论和实践课程较少，实际可用的创业技能较为匮乏。此外，由于大学生缺乏社会经验，对创办企业的各种办事流程不熟悉，社会交往沟通能力也不够，对遇到的问题缺乏预见性，不会主动发现和解决问题。

4. 心理素质不高

现阶段，有很大一部分大学生是为了逃避就业压力而选择创业；另一部分创业者则是受到朋友影响或是一时心血来潮，盲目跟风，真正有创业理想和创业准备的人并不多。刚走上社会的大学生依赖性强，抗挫折能力弱，而市场竞争是残酷的，大学生在创业过程中肯定会遇到各种挫折和打击。在创业初期，生意惨淡，这种情形下，很少有创业大学生能够坚持下来。不少创业大学生很容易就此悲观消沉，最后选择退出创业，导致创业失败。

5. 管理能力欠缺

创业是一件很艰难的事情，需要创业者有较全面的综合素质，其中最重要的一点就是经营管理能力。

在创业初期，创业者个人的经营管理能力至关重要，凡事都要亲历亲为。在企业初具规模后，创业者是否具有管理和领导团队的能力，是否懂得选择并留住合适的人才，这种管理能力往往比自身的经营能力更为重要，而这往往是大多数没有经验的大学生所欠缺的。

案例 13-1

马云说，很多人创业的目的不同，他创业的目的就是为了改变自己的生活状态。"当年我的领导对我说，'马云，好好干。再过一年你就能分到煤气瓶了，再过两三年你就能分到房子了，再过五年你就能评上副教授了'。于是我在他身上看见了自己未来的样子——每天骑着自行车去取牛奶，买菜。我当然不是说这种生活不好，只是希望换一种生活方式。随着在创业的路上越走越远，我发现自己的梦想变得越来越大，也越来越现实。每个人都有梦想，梦想未必要很大，但一定要真实。"

马云在提到阿里巴巴创立之初的情形时说，阿里巴巴刚创立的前三年，一分钱都没赚，员工也很沮丧，他们甚至觉得阿里巴巴已经不像公司的样子。"当时互联网还没被大部分人所接受，电子商务更是很遥远，阿里巴巴这个名字很古怪，我这个人看上去也比较让人没有信任感，"马云略带自嘲地说，"但客户的反馈给了我们坚持的动力。我们收到了很多小企业客户的感谢信，写着：阿里巴巴，因为你们，我们拿到了订单，招到了新的员工，扩大了公司规模。这让我觉得，假如今天我能帮 10 家小企业，将来就能帮 100 家，未来还有 10 万家在等着，这个市场一定存在。"

(资料来源：本书作者整理编写)

(三)创业对大学生职业发展的意义

创业是一种人生态度，也是一种职业发展的精神追求。大学生在创业知识和技能的学习中，不应急功近利，而应将创业学习与职业发展目标相结合，通过将创业学习与职业发展规划相融合，促进自己成才观念的转变，从而顺利实现就业，并进一步创造社会财富。创业学习和实践对大学生职业发展的意义表现为以下三个方面：

(1) 有利于大学生转变就业观念，形成良好的就业心态。随着我国进入经济新时代，社会就业竞争越来越激烈。传统意义上的就业被赋予了"求职"和"创造新的就业岗位"的双重内涵，大学生就业不仅仅是"专业对口"的被动选择，更是一种主动的"创造式"就业。通过参与创业课程学习、竞赛和实践活动，有助于唤起大学生的主人翁意识——寻求就业岗位不仅是为他人工作，更应该树立起为自己事业奋斗的信念，进而确立起对自己负责的职业发展目标，最终提升就业质量和满意度。

(2) 有利于提高大学生的核心就业能力。目前，我国就业市场上存在两难的困境：一方面，大学生就业难的呼声越来越高；另一方面用人单位难以匹配符合要求的高素质人才。这一矛盾的核心在于大学生的就业能力与社会岗位需求不匹配、不对称，即高校人才培养与市场需求存在错位。归结起来，大学生的核心就业能力包括责任感、领导能力、沟通能力、学习能力和创新能力等，而这些能力是可以通过系统的创业学习和参与创业实践得到有效提升。通过培养大学生创业意识、创业精神和创业能力，开发和提升他们就业与创业的核心素质与能力，帮助大学生以创业者的素质和心态去就业，将会大大提高大学生的就业竞争力。

(3) 有利于拓宽大学生的就业途径。受我国传统教育观念的影响，大部分大学生将职业发展目标定位于寻找稳定的工作岗位，使得公务员考试和事业单位招考成为"国考""省考"的热门选择。在这样的氛围中，我国高校培养目标长期聚焦应用型人才，强调对专业知识和技能的掌握，却忽略了对创新精神和创业意识的塑造。实际上，创业教育作为高等教育的新型理念，已经在全球范围内广泛兴起。通过创业知识学习和实践，在全面提高大学生核心素质和能力的基础上，鼓励和扶持有创业意向的大学生真正去创业，这不仅丰富了大学生的职业发展路径，也为未来解决更多大学生的就业问题提供了就业岗位。大学生创业也有多种形式，既可以"在岗创业"，也可以"先就业后创业"，就业与创业并非对立关系，而是相互交叉、相互支撑的统一体。

归纳起来，创业学习和实践不只是指导大学生如何成功创业的途径，更重要的是培养大学生的创业素质和品质，使大学生能够树立新职业目标、端正职业心态，并积累相应知识和能力。对大学生而言，真正的职业发展成功不是拥有多少财富，而是每个人内心的快乐以及为社会进步所作的努力与贡献。

案例 13-2

迈进新时代的科大讯飞

刘庆峰，1973 年生于安徽泾县，1990 年考入中国科学技术大学电子工程与信息科学系。第二年，他就被王仁华教授选入中科大与国家智能计算机研究开发中心共同设立的"人机语音通信实验室"，在导师带领下，开展中文语音合成技术研究。语音合成技术的核心目标是让计算机"会说话"。1995 年，刘庆峰报考了王仁华教授的研究生，并被录取。同年，他在王仁华教授的推荐下，开始担任该实验室承担的国家"863"项目的主要负责人。他说，让计算机像人一样开口说话，听懂人声绝非易事，但我一定要让它变成现实。

1999 年 6 月 9 日，在中科大和导师王仁华的支持下，科大讯飞信息科技股份有限公司正式成立，注册资金 300 万元，已是博士生的刘庆峰担任总经理，开启了从科研工作者到企业家的转型之路。同年 11 月 11 日，智慧成果首次转化为个人的巨额资产——以刘庆峰为首的中国科学技术大学 6 位大学生，因为成功研制出我国第一台"能听会说"的中文电脑，获得 668.85 万元的技术股权奖励。这不仅为"大学生创业年"1999 年画下浓墨重彩的一笔，更使中国在国际人机对话技术领域——只要会说中文，就能非常方便地用语音控制电脑和畅游互联网。

刘庆峰曾两次面临出国机遇，但面对中文语音技术产业化迫切的需求，他毅然放弃出国深造机会和国内外名企的高薪聘请，带领中科大优秀毕业生，充满激情地创办了讯飞公司。他与留下来的十几位同学签订合同，月薪只有 1000 元，而且三年不变。"这些同学没有一个有怨言，他们是把它当成一种事业。要知道，国内的一些 IT 大公司都在以高薪招揽他们。这些人至今还留在讯飞公司，是公司的主体。中科大中文语音技术能领先全国乃至全球，他们功不可没。"当回忆起讯飞公司成立的情形时，刘庆峰自豪地说。

讯飞人始终坚守"顶天立地"的创新发展理念：核心技术务必确保国际领先（"顶天"），技术成果力求大规模推广应用（"立地"）。2002 年 10 月，在国家"863"项目中期成果检查时，其语音合成效果首次超过普通人说话的水平。2003 年科大讯飞获得迄今中文语音研究领域最高荣誉——"国家科技进步奖"，并成为国家信息产业部指定的中文语音标准工作组组长单位。2005 年 12 月，"面向网络和嵌入式环境智能语音合成技术"荣获我国信息产业界最高荣誉——信息产业重大技术发明奖。至此，科大讯飞彻底终结了 1999 年以前中文语音市场被国外 IT 巨头垄断的局面，其智能语音技术已经代表了世界最高水平。

　　2008 年，科大讯飞成为中国语音领域第一家上市公司。2012 年，科大讯飞成为业界公认的中文语音产业第一，成为中国语音产业联盟的理事长单位。2016 年，科大讯飞获 CCTV 十佳上市公司称号，并牵头发布《人工智能深圳宣言》。2017 年，科大讯飞在业界率先提出"人工智能+"概念。

　　有人问："科大讯飞保持企业发展张力和持续创业激情的源泉是什么？"刘庆峰在科大讯飞 18 周年庆典上总结道：

　　(1) 源于热爱的初心坚守。不为谋生，不为博取关注，更非追逐融资，而是坚信必将改变整个世界。

　　(2) 源于"顶天立地"的创新道路。选择最适合讯飞、最契合未来的发展模式。

　　(3) 源于持续拓展的产业梦想。我们每个人在任何一个组织中，也许会有天花板，但只有不断拓展我们的平台，人生才会有意义。

(资料来源：丁忠明. 大学生创业启程[M]. 北京：机械工业出版社，2018.)

创业准备.mp4

第二节　创业准备

　　创业是一项复杂的活动，不仅要求创业者具备广泛的知识和丰富的经验，更需拥有特定的个人素质与品质。有创业潜质的大学生应深刻认识到，个人素质能力对创业成败的重要影响。要成为成功的创业者，在创业准备期就必须对照这些品质，不断地完善和锻炼自己。创业者需坚信其行动能创造价值——这种价值既体现在自身成长中，也体现在对目标受益群体的实际贡献上。同时，创业者应做好投入大量时间，付出艰辛努力并承担风险的准备。

一、创业必备的基本素质

　　创业者是创业活动的核心主体，可以是个体，也可以是团队。经济发展依赖于企业发展，而企业发展的关键在于有一大批具有创业精神的企业家。创业者也被称为创业家、企业家和老板。企业家对生产要素的重新组合是经济增长的基本动力，是经济增长的内在因素，所以现代经济在某种意义上说就是"企业家经济"。创业者之所以成功，不是因为他们走运，而是因为他们足够努力，并且具备了一些有助于其成功创业的独特技能和素质。

　　创业是极具挑战性的社会活动，是对创业者自身智慧、能力、气魄、胆识的全方位考验。创业者要想获得成功，必须具备的基本素质包括心理素质、身体素质、精神素质、技能素质等。

(一)良好的心理素质

　　创业的过程充满艰险和曲折。创业过程中需要面对变幻莫测的激烈竞争，以及随时出现的需要迅速、正确解决的问题和矛盾。这就需要创业者具有非常强的心理调控能力，能够持续保持一种积极、沉稳的心态。否则，一旦遇到挫折就会垂头丧气，甚至是一蹶不振，那么在创业的道路上是走不远的。创业者只有具有处变不惊的良好心理素质和越挫越勇的顽强意志，才能在创业的道路上积极进取、顽强拼搏、才能从小到大，从无到有，闯出属于自己的一番事业。因此，创业的成功在很大程度上取决于创业者的强大心理素质。

(二)强健的身体素质

新创企业有大量外部协调和内部管理的繁重业务，需要创业者具有健康的体魄和充沛的精力。创业初期是艰难的，"不劳筋骨者，不足承大任"，创业者不仅需要大量的脑力劳动，而且体力付出比常人更多。只有具备良好的身体素质和足够的身体耐力，才能长期担当重任，适应创业过程中繁重的工作。

(三)强烈的创业意识

要想取得创业的成功，创业者必须具备自我实现、追求成功的强烈创业意识。强烈的创业意识可以帮助创业者克服创业道路上的各种艰难险阻，将创业目标作为自己的人生奋斗目标。创业意识包括创业动机、创业兴趣和创业理想等。创业动机是推动创业者从事创业实践活动的内部动因，是一种成就动机，是竭力追求获得最佳效果和优异成绩的心理动力。有了创业动机，才会有创业行为；创业兴趣指创业者对从事创业实践活动的情绪和态度的认识指向性。它能激发创业者的深厚情感和坚强意志，使创业意识得到进一步升华；创业理想是创业者对从事创业实践活动的未来奋斗目标有较为稳定和持久的向往及追求的心理品质。

(四)激烈的竞争意识

竞争是市场经济最重要的特征之一，即是企业生存发展的基石，也是社会立足的必备精神。人生即竞争，竞争本身就是提高，竞争的目的就是取胜。因此，创业者如果缺乏竞争意识，实际上就等于放弃了自己的生存权利。创业者只有具备敢于竞争、善于竞争的精神，才能取得成功。创业者创业之初面临的是一个充满压力的市场，如果创业者缺乏竞争的心理准备，甚至害怕竞争，就只能是一事无成。

(五)优秀的创业精神

优秀的创业精神要求创业者要自信、自强、自立和自主。自信能赋予人主动积极的人生态度和进取精神。创业者要相信自己有能力、有条件去开创未来的事业，相信自己能够主宰自己的命运，成为创业的成功者。自强就是在自信的基础上，不贪图眼前的利益，不依恋平淡的生活，敢于实践，不断增强自己各方面的能力与才干，勇于使自己成为生活与事业的强者。自立就是凭借自己的头脑和双手，凭借自己的智慧和才能，凭借自己的努力和奋斗，建立起自己的生活和事业的基础；自主就是具有独立的人格和独立的思维能力，能自己选择自己的道路，善于设计和规划自己的未来，并采取相应的行动。自主还需要有远见，有敢为人先的胆略和实事求是的科学态度，能把握住自己的航向，直至成功的彼岸。

案例 13-3

2007 年金秋，阿里巴巴网络有限公司在香港联合交易所正式挂牌上市。截至收盘，其市值飙升至 1980 亿港元(约 260 亿美元)，打破了百度创下的纪录，成为当时市值最高的中国互联网公司，创造了中国互联网行业最大规模的上市奇迹。

1995 年 9 月，而立之年的马云因精通英语被邀请赴美做商业谈判翻译，偶然的机会，他接触了互联网。当时，在美国互联网较为普及，而在中国"触网"的人还寥寥无几，他看到了网络改变世界的巨大能量，从美国带回了创业火种。回国后，马云便决定辞职创办中国第一家互联网商业网站——中国黄页。在辞职前的一个晚上，马云邀请 24 个朋友一起来"共议大事"。朋友们的反应出奇一致，23 个人说不行，只有一个人说可以试试。但马云没有听进朋友们的"逆耳忠言"，反而更加坚定了自己的行动决心。

为追逐梦想，马云义无反顾，一头扎进了互联网这个"汪洋大海"。那时，大家还不懂互联网，打开一个网页也需要很长的时间，马云到处推销他的"中国黄页"，却被很多人当作骗子。

1999 年 2 月 21 日，阿里巴巴第一次员工大会在马云位于湖畔花园的家中召开。马云用美好的梦想激励大家：在未来的三五年内，阿里巴巴一旦成为上市公司，他们每一个人的所有付出都会得到回报。当时有人问马云阿里巴巴的前景，马云说："以 50 万元起步的阿里巴巴，将来市值将达 50 亿美元。"这一回答几乎无人相信。

2002 年年底，互联网的冬天刚过，马云提出"2003 年将实现盈利 1 亿元"的目标，这在当时是不可思议的，但阿里巴巴最终实现了这个目标。在 2003 年年终会议上。马云又开始展望未来，他提出 2004 年实现日均利润 100 万元，2005 年实现日均缴税 100 万元。

每一个目标的提出，都会招致诸多的怀疑和反对，但马云就像一个神奇的"造梦者"，每一个当初看似不可能实现的梦想都一一变成了现实。后来，当马云提出打造能活102 年的企业，创造 100 万个就业机会，10 年内把阿里巴巴打造成世界三大互联网公司之一和世界 500 强企业之一，以及让淘宝网交易总额超过沃尔玛等梦想时，已很少有人感到吃惊或者怀疑了。正如他所言："梦想是成功的动力，心有多大，舞台就有多大。"

(资料来源：李贺，王畅. 大学生创新创业基础[M]. 北京：北京理工大学出版社，2019.)

(六)全面的技能素质

创业技能是指发现或创造一个新的领域，致力于理解创造新事物(包括新产品、新市场、新生产过程或原材料，以及组织现有技术的新方法)的能力。创业者能运用各种方法去利用和开发这些新事物，从而产生各种新的结果。创业技能是一种特殊能力，直接影响创业活动的效率和成败，是创业者整体素质体系中的核心要素。

二、创业者应具备的基本能力

在实践过程中，创业能力表现为创业者把知识和经验有机结合，并运用于创业管理的过程。创业者通过自身的素质和能力带动整个创业团队，使所创立的企业逐步走向成功。创业者的基本能力包括以下几个方面。

(一)专业能力

如果你对一个专业不懂就去创业，失败的可能性就很大。例如你开一家饭店，假如你自己不是厨师，又没有太雄厚的资金一下子请很多大厨，就很难把控饭店的菜品质量，甚至很容易被大厨师"炒鱿鱼"。所以，当你白手起家、身无分文、资金有限时，一个重要前提就是你必须是你所在创业领域的专家，是一个能控制住专业局面的人。

(二)营销能力

如果你的公司已经创办，产品也制造出来了，下一步怎么办？无数公司创办后倒闭，其原因之一就是它们不懂如何推销自己的产品和公司品牌。因此，创业者要做的是产品，更重要的是卖品牌，即让大众认可你公司的品牌，让大家知道产品出自你的公司。

品牌营销有时甚至比产品营销更重要，其价值是巨大的。这就是为什么我们国产品牌的包最贵的也只能卖几千元人民币，而同样材质的包印上"LV"的标志后就能卖几万元人民币——背后都是品牌价值在起作用。所以，利用营销能力把产品和品牌推销出去，成为企业发展的重要手段，也是创业者必须具备的能力。

案例 13-4

俞敏洪创办新东方时，周围很多培训机构都因优秀老师集体离职陷入困境。这些机构的教师因教学水平突出，大学生满意度高，便向管理者提出加薪要求。由于管理者缺乏教学经验且不愿妥协，最终导致教师集体转投其他机构，培训机构不得不关闭。新东方得以立足发展，关键在于俞敏洪自身的"核心教学能力"。作为机构创始人，也就是说新东方当时开设的很多课程，他自己都能教，其他老师在拿到他们觉得比较满意的工资时，就不会跟他提出过分的要求，他们知道，一旦提出过分要求，俞敏洪既能亲自接手教学工作，同时又不会对新东方造成太大的伤害。

新东方实际营销推广的是新东方的课程，告诉大学生为什么要来上这个课，上完能有什么收获。但是无数的培训机构一直以来也在营销课程，却始终只是小机构。新东方能做大是什么原因呢？很简单，因为营销了品牌。也就是说，新东方开始不断增加内涵，到最后人们不是因为听到新东方有什么课程来上课，而仅仅只是听到"新东方"三个字就来上课，这个时候品牌营销就算是成功了，这就是"无形营销"的成功典范。

(资料来源：本书作者整理编写)

(三)社交能力

进入社会，首先要理解社会，理解别人为什么要这么做。要学会把自己的心态放平和，去理解社会上的人，最终融入这个社会。当你的思想和境界超越社会时，大概就能干出一番事业了。

(四)用人能力

任何创业项目都很难一个人独立完成，因而需要组建团队，发挥每个人的主观能动性。从一开始就得选对人：选了没有能力的人，最后做不出成绩；选了过于有能力的人，最后跟你"造反"，让你也难成事。人招进来后，要让人服你，就得展示你的个人魅力、判断能力和设计能力，让大家觉得跟着你走是有前途的，哪怕在最艰难的时候也愿意跟着你。

(五)革新能力

革新能力就是需要你不断去除旧的，引进新的，进行体制、制度、技术及思想上的革新。一个人或者企业家成长的过程，就是不断否定过去、承认现在、追求未来的过程。一旦你满足于现状，就会失去更大的发展空间。

创业的改革与创新至关重要，尤其是在竞争激烈的市场中，固守旧模式往往会被淘汰。19世纪美国加州淘金热期间，17岁的亚尔默(Philip Danforth Armour)原本也想加入淘金队伍，但他很快意识到：淘金风险高、竞争激烈，而淘金者却面临一个更迫切的需求——饮水。

于是，他放弃淘金，转而挖渠引水，经过过滤后卖给淘金人。这一看似简单的生意，不仅避开了高风险的金矿争夺，还让他短时间内赚取了 6000 美元(相当于今天的数十万美元)。后来，他利用这笔资金回乡创办了肉类罐头厂，并引入机械化生产，最终成为美国"食品大王"。

亚尔默的成功，关键在于他能够跳出常规思维，发现隐藏的市场需求，并通过创新方式满足它。创业者不仅要敏锐捕捉市场机会，更要敢于改革传统模式，探索新的增长点。

(六)控制能力

控制能力首先是对企业的控制，包括企业的发展速度、发展节奏，以及增加投入和产品研发的时间等。其次是对人的控制。人会根据自己的能力和贡献衡量自己应得的回报。人与人之间永远在寻找一种平衡关系。这种平衡需要你洞察人性，随时把握每个人的动向，满足他们的需求，同时压制不合理的要求和欲望，让他们与你齐心协力，共同前进。对人、对环境、对企业发展的控制能力，构成了创业成功的重要条件。

三、创业的基本步骤

自主创业是一个动态发展的运作过程，其最终目标就是把创业者的理想变成现实的事业。创业的实施是整个创业活动的中心环节，其他创业活动都是围绕创业实施展开，其成败直接决定着创业的最终结果。对于实践经验尚不丰富的大学生创业者而言，明确创业实施的全过程和具体的步骤，有计划、有目的地推进是至关重要的。

(一)做好创业准备

创业首先是一种理念、一种精神，一种不满足于现状、敢于创新并承担风险的精神，也是一种在考虑资源约束的情况下把握机会、创造价值的认识。从广义角度看，可以理解为是一个人根据自己的性格、兴趣、专业和能力等选择适合自己的事业，并整合资源、付诸努力，最终实现人生目标的过程。无论从事什么样的行业或职业，创业能力都将在职业生涯中发挥积极作用。因此，大学生创业者首要的任务是，选择一个既能使发挥所长又具有广阔发展前途的创业项目。

(二)把握创业机会

创业机会无处不在，但为什么许多创业者找不到合适的创业机会？这是创业者常常面临的困惑。创业机会虽然普遍存在，但并非每个机会都适合所有人。有很多创业机会最终无法转化为成功的项目。创业者不能把创业机会当成"天上掉下来的馅饼"，全靠灵感和运气，而必须采用科学的环境导向去寻找，在人口、经济、科技、政治法律、社会文化和自然地理环境中，寻找有丰厚利润回报的、可持续的和有核心竞争力的创业项目，从而获得创业成功。

创业机会有显性和隐性之分。显性需求大多容易被发现，竞争也更为激烈。而隐性需求往往只有少部分有视野和格局的创业者才能察觉，竞争者稀少，因而利润优厚。因此，创业者应该致力于寻找隐性需求并把握住这样的创业机会。例如，丁磊的网易抓住了互联网技术的机会，陶华碧则抓住了凉粉酱料(老干妈)畅销的机会。世界上并不缺少创业机会，而是缺少发现创业机会的眼睛。

案例 13-5

寻找海岛卖鞋的机会

英国鞋厂的皮鞋推销员甲和美国鞋厂的皮鞋推销员乙一同前往一个太平洋岛屿开拓皮鞋市场。刚下飞机，两人就分头在岛上跑了一圈后发现岛民从来没有穿鞋的习惯。英国推销员甲心里凉了半截，立即向厂里发出电报："这里没有人穿皮鞋，预计需求量为零，我明天坐飞机回国。"美国推销员乙却惊喜万分，也向厂里发了电报："这里没有人穿皮鞋，甚至没有人穿鞋，他们绝大多数人都得了脚部的疾病。我相信这里的皮鞋市场前景广阔，我将留下来开拓市场，他们的需求量将从零开始。"第二天，推销员甲回去了，继续奔波于推销生涯。而推销员乙则留在岛上，耐心向岛民们讲解穿鞋更健康、更舒适的道理，并把自己的脚与岛民们的脚做了比较。最终岛民们心悦诚服地接受了皮鞋，皮鞋在岛上销售量猛增，推销员乙也顺理成章地成为领导一方的负责人。

资料来源：李贺，王畅.大学生创新创业基础[M].北京：北京理工大学出版社，2019.

(三)开展市场调研

新的创业想法应以消费者为中心。通过调查确定消费者的需求是提供产品或服务的基础。可以通过与人正式或非正式的交谈问卷调查、访谈或者观察等方式进行调研。例如，与家人或朋友交谈，了解他们对现有的产品或服务的满意度，他们希望的改进方向。还可以与厂商、批发商、代理商和零售商这些分销渠道的成员交谈，准备一系列有关的问题，从而更好地判断市场需求。最后，尽可能多地与现有和潜在的消费者交谈，获取更多有价值的信息。

除了交谈，观察也是获得信息的有效方式。例如：决定是否在某条街上开店时，可以观察和计算在特定的天数里通过街道的人数，并且和其他地点进行比较。如果对旅游热点地区感兴趣，进行调查是否有机会开设工艺品店。如果发现某地区或旅游线路上没有正式一点的饭店或旅馆，可以了解一下那里是否有需求，从而确定是否可以提供相应服务。此外还可以通过参加聚会(如酒会)等方式，观察人们未被满足的需求。

(四)组建创业团队

创业并非单打独斗，而是团队协作的过程。虽然没有团队的创业不一定会失败，但是实践证明，优秀的创业团队对创业成功具有举足轻重的作用。随着知识经济和高科技创业企业的兴起，单靠个人力量往往难以成功，创业团队的重要性愈发凸显。初创时期的创业团队旨在成功创建新企业，随着企业的成长，创业成员可能会发生变化，新组建的高管团队成为创业团队的延续，继续推动企业发展或者开拓新领域。创业团队成员往往处于企业高层管理者的位置，会对公司的重要决策产生影响，多数持有公司股份，因此拥有更高的责任感，更关心公司成长，对公司有浓厚的感情。他们共同为目标努力。共享收益，共担风险，为社会创造价值，同时获取利润回报，他们对组织高度认同，不会轻易离开。

(五)制定创业计划书

创业计划书，不仅是开办新公司的发展计划，也是风险评估新公司的主要依据。要求创业者描述公司的创业机会，阐述公司创立过程，说明所需资源，揭示风险和预期回报，并提出行动建议。因此，创业计划书是对创业可行性的全面考验。

(六)创业资源整合

创业者需要明白，企业的任何资源都可以通过整合发挥更大价值。整合资源的能力对创业成功的重要性要远胜于其所拥有的创业资源。在当今时代，单靠企业独立经营力量有限，必须整合各方资源才能把一个企业做大。所谓创业资源整合是指通过寻找并有效利用各种资源，对有限资源进行调整、合并、重组、聚集，实现创造性利用。创业者尽量多地发现有利资源，并以最高效的方式来配置、开发和使用这些资源。资源整合前，大多是零散的，只有通过优化配置，才能发挥"1+1>2"的协同效应。

(七)创业风险与防范

在创业道路上机遇与挑战并存，成功与挫折同行。了解创业过程中的风险并寻找防范措施，避免陷入误区，对大学生创业者具有重要意义。因此，在创业前，大学生创业者必须了解所有与商业有关的法规、执照和许可证的申请细节。需要注意的是，不同区域对营利单位的规定可能有差异，因此要了解所在地区的法律规范。虽然创业风险难以预测和避免，但通过科学方法，可以提前制定防范措施，降低风险发生概率，甚至将风险转化为机遇。

四、创业计划书的撰写

创业计划书通常是创业者为了对外融资而编写的，是一份全方位的项目计划。它从企业内部的人员、制度、管理以及企业的产品、营销、市场等各个方面对即将展开的商业项目进行可行性分析。创业计划书也是用以描述与拟创办企业相关的内外部环境条件和要素特点，为业务的发展提供路线图和衡量业务进展情况的标准。

由于大多数大学生没有接受过撰写创业计划书的专业指导，因此他们撰写的创业计划书往往会存在一些问题，主要表现在以下几个方面：①创业项目的产品或服务描述不清楚；②创业项目的市场竞争态势分析不深入；③创业项目的三年规划不切实际；④创业项目需要的启动资金数额较大且难以筹集；⑤创业项目的市场运营计划不全面；⑥创业项的商业模式缺乏特色；⑦创业团队的人员结构不理想；⑧创业项目的风险分析与控制不足；⑨创业项目的 SWOT 分析不全面等。

(一)创业计划书的意义

(1) 认识创业前景。创业计划书是创业者为自己的未来企业量身定制的一面镜子。在撰写创业计划书的过程中，创业者需要全面审视自己和即将开始的创业活动，这有助于更好地开展创业活动。

(2) 获得风险投资。一份优秀的创业计划书是创业者打开风险投资大门的敲门砖。对于尚在雏形中或尚待创办的新企业，风险投资者无法直接获取其商业数据，通常只能通过创业计划书来了解企业前景，判断其是否具有投资潜力和回报价值。

(3) 整合多方资源。在撰写创业计划书之前，创业者总会对创业过程进行全面思考，完成市场调研、自我评估、市场定位、产品研发、制定营销策略、财务规划和人事安排等工作。实际上，创业计划书就是对这些分散的信息和要素进行系统研究、梳理和整合，形成完整的商业运作计划。在此过程中，创业者还会对社会资源进行分析和运用，充分利用行业人脉和优惠政策来获取创业资金和平台。

(4) 打造创业团队。创业计划书不仅是创业者展示产品或服务的载体，也是展现创业者思想和才华的工具。通过优秀的创业计划书，一方面能使投资者看到创业者的潜力和决心；另一方面，还能吸引志同道合的精英加入创业团队，共同打造实现梦想的平台。

(二)创业计划书的基本内容框架

一份完整的创业计划书是创业项目的核心蓝图，它不仅需要全面展示项目的可行性，还要体现团队的专业性和市场竞争力。撰写时，建议参考以下基本框架，确保内容严谨、逻辑清晰、细节完善。

(1) 封面
- 项目名称、团队名称、联系方式、日期等基本信息。
- 设计简洁专业，突出核心主题。

(2) 摘要(执行摘要)
- 简要概述项目亮点，包括市场机会、商业模式、竞争优势、财务预期等。
- 控制在 1~2 页内，吸引读者进一步阅读。

(3) 公司介绍
- 企业愿景、使命、核心价值观。
- 公司注册信息(如已成立)、法律结构、发展阶段等。

(4) 产品或服务
- 核心产品/服务的功能、技术原理、应用场景。
- 差异化优势(如专利、创新点、成本优势)。

(5) 创业团队
- 核心成员背景(专业、经验、分工)。
- 顾问或合作伙伴(如技术专家、行业资源)。

(6) 技术分析(如适用)
- 技术可行性、研发进展、知识产权情况。
- 技术壁垒或行业门槛。

(7) 市场分析
- 目标市场规模、增长趋势、用户画像。
- 市场需求与痛点分析。

(8) 竞争分析
- 主要竞争对手及优劣势对比。
- 项目的竞争策略(如价格、技术、服务)。

(9) 风险分析与控制
- 潜在风险(市场、技术、政策、资金等)及应对措施。

(10) 市场营销策略
- 推广渠道(线上/线下)、定价策略、销售目标。
- 品牌建设与客户留存计划。

(11) 项目融资与筹划
- 资金需求、用途规划(研发、运营、市场等)。
- 融资方式(股权、债权、众筹等)及回报预期。

(12) 项目财务分析
- 3~5 年财务预测(收入、成本、利润、现金流)。
- 关键财务指标(如 ROI、盈亏平衡点)。

(13) 创业项目股权结构
- 股权分配方案、预留期权池、投资人权益等。

🔗 **拓展阅读 13-2：创业计划书的基本内容(扫描右侧二维码)**

本 章 小 结

客观来看，当今世界已进入一个崭新的创业竞争时代，国与国之间的竞争聚焦于创新与创业水平上。创业是否活跃已经成为衡量区域经济是否发达的重要参考标准。在这样的时代背景下，大学生作为创业阵营中不可忽视的新生力量，在践行"双创"理念的同时，也在激发整个社会的创新活力、提供新的增长动力等方面发挥着日益重要的作用。近年来，大学生创业的比例和数量不断增加，他们创业的目的或是安身立命，或是实现自我价值；创业的方式或是开办新企业，或是在已有企业中开展创新实践。虽然创业途中充满了不确定性，但整个社会也为大学生营造了追求梦想的平台。

复习与思考

(1) 创业的含义是什么？大学生创业的基本特点有哪些？

(2) 浅谈中国创业发展的历程。

(3) 大学生创业必备的基本素质有哪些？

(4) 大学生创业的基本步骤有哪些？

(5) 撰写创业计划书的意义是什么？

(6) 创业计划书的基本内容有哪些？

参 考 文 献

[1]索桂芝，杨燕. 大学生就业与创业指导实务[M]. 大连：东北财经大学出版社，2019.

[2]王仁伟. 大学生就业与创业指导[M]. 2版. 北京：机械工业出版社，2021.

[3]谷利成，邹烨，余晖. 大学生职业生涯规划与就业指导[M]. 北京：电子工业出版社，2024.

[4]唐德勇. 大学生职业生涯规划与就业指导[M]. 北京：中国纺织出版社，2019.

[5]张业平，王建龙，吴优. 大学生就业指导[M]. 北京：人民邮电出版社，2023.

[6]陈叙龙，马文玮. 大学生就业指导[M]. 人民邮电出版社，2023.

[7]何小姬，杨永贵. 大学生就业指导(高等学校新文科教材·通识教育系列)[M]. 北京：中国人民大学出版
社，2024.

[8]匡华云，梁晶. 大学生就业指导[M]. 北京：人民交通出版社，2024.

[9]陶媛媛. 职业生涯规划引导下大学生就业创业指导研究[M]. 北京：九州出版社，2021.

[10]林咏君. 大学生就业指导实用教程[M]. 广州：华南理工大学出版社，2020.

[11]范崇源，姚旭东，杨梅. 大学生职业生涯规划[M]. 辽宁：东北大学出版社，2022.

[12]张德伟，陈燃. 大学生涯与职业发展[M]. 黑龙江：哈尔滨工程大学出版社，2019.

[13]李春华，郝艳君. 大学生职业生涯规划[M]. 辽宁：辽宁大学出版社，2017.

[14]徐红. 大学生职业生涯规划与就业指导[M]. 上海：上海交通大学出版社，2015.

[15][美]唐娜·邓宁著. 你的职业性格是什么？[M]. 王瑶，邢之浩译. 北京：电子工业出版社，2019.

[16]才晓茹，夏立平. 职业生涯规划与就业指导[M]. 北京：人民卫生出版社，2019.

[17]高富春，尹清杰. 大学生就业指导实务[M]. 上海：上海交通大学出版社，2017.

[18]钟谷兰，杨开. 大学生职业生涯发展与规划[M]. 2版. 上海：华东师范大学出版社，2016.

[19]李峻，范建礼. 大学生职业发展与就业指导[M]. 北京：北京师范大学出版社，2017.

[20]汪永青，新常态下大学生就业形势的认识和思考[J]. 中国市场，2020(33)：177+183.

[21]彭新宇，陈承欢，陈秀清. 职业素养的诊断与提高[M]. 北京：电子工业出版社，2018.

[22]王洋，文正建. 疫情"大考"下的高校毕业生就业[J]. 中国大学生就业，2020(5)：14-17.

[23]牟德刚，孙广福，廖传景. 大学生职业生涯发展与就业指导[M]. 北京：科学出版社，2011.

[24]施永川. 大学生创业基础[M]. 北京：高等教育出版社，2015.

[25]人力资源和社会保障部职业能力建设司. 创办你的企业. 创业培训手册[M]. 北京：中国劳动社会保障
出版社，2010.

[26]李峻，范建礼. 大学生职业发展与就业指导[M]. 北京：北京师范大学出版社，2017.

[27]苏文平等. 职业生涯规划与就业创业指导(第2版)[M]. 北京：中国人民大学出版社，2020.

[28]甘萍，吴丹. 大学生职业发展与就业指导[M]. 北京：人民邮电出版社，2019.

[29]尹刚，张海军. 大学生就业指导与创业教育[M]. 北京：现代教育出版社，2016.

[30]张凤. 大学生就业与发展实务[M]. 北京：电子工业出版社，2010.

[31]端木奕祺，杨碧霞，郝勇. 大学生职业发展与就业指导[M]. 北京：国防大学出版社，2016.

[32]通识教育规划教材编写组. 大学生就业指导：慕课版[M]. 北京：人民邮电出版社，2018.

[33]尹华北. 大学生职业规划与就业创业指导[M]. 北京：中国人民大学出版社，2016.

[34]黄才华. 就业指导与创业教育[M]. 北京：教育科学出版社，2014.

[35]苏文平. 职业生涯规划与就业创业指导[M]. 北京：中国人民大学出版社，2016.

[36]曾雄兵，张淑娟. 就业指导与创业教育[M]. 北京：人民邮电出版社，2013.

[37]邓基泽. 大学生职业生涯规划与就业创业指导教程[M]. 北京：中国农业大学出版社，2016.

[38]尚志平. 就业指导与创业教育[M]. 2版. 北京：高等教育出版社，2010.